BASTEI
LÜBBE
TASCHENBUCH

Über die Autorin:
Julia Hollander arbeitet und lebt gemeinsam mit ihrem Mann und ihrer Tochter in Oxford.

Julia Hollander

Wenn du spürst, es geht nicht mehr

Eine Mutter und ihr schwerstbehindertes Kind.
Die härteste Entscheidung ihres Lebens.

Aus dem Englischen von
Brigitte Döbert

BASTEI LÜBBE
TASCHENBUCH

BASTEI LÜBBE TASCHENBUCH
Band 61645

1. Auflage: Dezember 2008
2. Auflage: Juli 2010

Bastei Lübbe Taschenbücher in der Verlagsgruppe Lübbe

Deutsche Erstausgabe

Originalausgabe: »When the Bough Breaks«
Originalverlag: John Murray (Publishers).
An Hachette Livre UK Company

Textredaktion: Angela Kuepper, München
Titelbild: © Joshua Sheldon/getty-images
Umschlaggestaltung: Bettina Reubelt
Satz: Textverarbeitung Garbe, Köln
Gesetzt aus der Times
Druck und Verarbeitung: GGP Media GmbH, Pößneck
Printed in Germany
ISBN 978-3-404-61645-9

Und eine Frau, die einen Säugling an der Brust hielt, sagte: »Sprich uns von den Kindern.«

Und er sagte:

»Eure Kinder sind nicht eure Kinder. Sie sind die Söhne und Töchter der Sehnsucht des Lebens nach sich selber. Sie kommen durch euch, aber nicht von euch. Und obwohl sie mit euch sind, gehören sie euch doch nicht.«

Khalil Gibran

INHALT

EINLEITUNG

Drei Jahre nach den Ereignissen um Imogens Geburt fing ich an, sie aufzuschreiben. Ich hatte genug Abstand, um es auszuhalten, und das Bedürfnis, über das Geschehene nachzudenken, es zu ordnen. Für mich, für meine Familie und für Familien mit ähnlichen Erlebnissen. Ich wollte mit einigen Tabus aufräumen.

Aus der Zeit selbst hatte ich noch Fotoalben, meine Kalender mit den Verabredungen und Terminen, offizielle Dokumente, Briefe und mein »Tagebuch«, das ich seit meiner Teenagerzeit im Bedarfsfall führe. Der Bedarfsfall tritt ein, wenn mir verwirrende, wichtige Dinge passieren, und das Aufschreiben meiner Gefühle und Eindrücke hilft mir, sie zu verstehen.

Als ich diese Tagebücher (es waren drei dicke Hefte) öffnete, war ich von der Fülle an Einzelheiten überrascht. Meine Beschreibungen waren erstaunlich lebendig, und viele wirkten (im Rückblick) seltsam bedrohlich. Ich hätte sie gern als Basis für meine Erinnerungen verwendet, aber ich hätte sie dafür sehr stark überarbeiten müssen. Die Einträge waren fragmentarisch, voller Wiederholungen und so durch und durch persönlich, dass sie kein Außenstehender verstanden hätte. Und trotz des Umfangs dieser Aufzeichnungen fehlten wichtige Teile der Geschichte.

Je länger ich darüber nachdachte, desto mehr fand ich, dass das Leben zu immens und auch zu chaotisch ist, um in ein Buch zu passen, vor allem, wenn dieses Leben so extrem ausfällt, wie ich es nach der Geburt meiner zweiten Tochter erlebt habe. Wie also konnte ich von meinen Erfahrungen berichten? Natürlich musste ich vieles weglassen, und ich hatte Angst, das Bild damit unzulässig zu verfälschen. Ich musste Dinge vereinfachen, von denen ich doch gerade zeigen wollte, wie kompliziert sie waren.

Ich habe diese Probleme sicher nicht vollständig gelöst, aber während des Schreibens habe ich Mittel und Wege gefunden, sie zu umgehen. Ich habe mich damit abgefunden, dass ich mit meinen Worten und Erzählformen die Wahrheit nur eingeschränkt wiedergeben kann. Ich sehe diese Erinnerungen inzwischen als eine Version des Geschehens, die an einem bestimmten Zeitpunkt aufgeschrieben wurde. Wahrscheinlich werde ich sie später einmal lesen und überrascht sein, was ich geschrieben habe. Dann werde ich die Ereignisse vermutlich anders sehen als heute. Der Prozess des Schreibens hat sich auf mein Leben ausgewirkt, und zwar in einer Art, die mich überrascht hat. Ich hatte Angst davor, mich an bestimmte Dinge intensiv zu erinnern, die damit verbundenen Gefühle waren so schmerzhaft gewesen – aber als ich mich damit beschäftigte, war es halb so schlimm. Und umgekehrt bekamen Ereignisse große Bedeutung, die ich früher für nicht so wichtig gehalten hatte.

Nach drei Jahren waren viele Erinnerungen noch ganz frisch und leicht abrufbar. Andere waren tief ins Unterbewusstsein abgetaucht und fast vergessen. Ich wollte sie wiederbeleben, denn ich war davon überzeugt, dass sie früher oder später wieder hochkommen würden und mich ihre destruktive Wucht dann überrollen könnte. Es war besser, mich beizeiten mit ihnen zu konfrontieren. Und ich konfrontierte mich nicht nur mit ihnen, ich schickte sie als Buch hinaus in die Welt.

Aber was ist mit den anderen Personen, die auf den folgenden Seiten vorkommen, besonders mit meiner Tochter Elinor? Sie wird vielleicht gar nicht begeistert sein, dass ich meine Erinnerungen in aller Öffentlichkeit zum Besten gebe. Der Gedanke hat mich sehr beschäftigt, vielleicht fühlt sie sich von dem, was ich geschrieben habe, später einmal sehr beeinträchtigt, und ich will ihr nun wirklich nicht noch mehr Schmerz zumuten.

Dieses Dilemma dürfte zu den Hauptgründen gehören, warum so viele Eltern ihre Geschichte nicht erzählen. Mütter, die in einer ähnlichen Lage sind wie ich, schämen sich, haben Angst vor den Reaktionen und wollen vor allem anderen ihre Kinder schützen. Aber indem wir sie schützen, verstecken wir einen wichtigen Teil unserer selbst, und die Kinder spüren das. Meiner Erfahrung nach führt dieses innerfamiliäre Verschweigen zu Geheimniskrämerei und Ausflüchten, die letztlich schlimmere Folgen haben als die Wahrheit selbst. Ich habe mich daher dazu entschlossen, meine Version unseres Zusammenlebens in den Jahren 2002 und 2003 aufzuschreiben und Elinor damit zu konfrontieren. Sie kann es lesen, wenn sie alt genug ist. Ich habe, so offen, wie es mir möglich ist, unsere Geschichte niedergeschrieben und hoffe, ich kann ihr damit zeigen, dass schmerzliche Erfahrungen nicht ein für alle Mal festgeschrieben sein müssen. Wie alles im Leben haben sie das Potenzial, dass sich daraus etwas völlig Neues entwickelt.

Eine Geschichte wie die meine wird selten erzählt, aber sie kommt nicht so selten vor. Während ich an diesem Buch schrieb, habe ich Kontakt zu Müttern aufgenommen, die Ähnliches erlebt haben und die ich sonst niemals kennengelernt hätte. Und dabei habe ich gemerkt, dass wir trotz ganz unterschiedlicher Lebensumstände sehr ähnliche Erinnerungen haben. Es war für beide Seiten eine große Erleichterung, die dunkelsten und beschämendsten Bereiche unserer gemeinsamen Vergangenheit zu teilen.

Wir haben auch viel gelacht. Und wenn ich mich danach wieder an den Rechner setzte, bekamen meine Worte größere Dringlichkeit: Es sind nicht nur meine Erfahrungen, sondern auch die ihren.

Julia Hollander
August 2007

KAPITEL 1

Eine schwere Geburt

Mittwoch, 19. Juni 2002. Die erste Wehe weckte mich kurz nach drei Uhr morgens, und ich freute mich. Zwei Wochen vor dem errechneten Geburtstermin würde dieses Baby (es war mein zweites) nicht so groß sein. Bald schon könnte ich die Massagen mit den homöopathischen Ölen genießen, die im Geburtshaus angeboten wurden. Vielleicht würde ja sogar die Geburt selbst ein Genuss werden.

Ich kochte mir eine Tasse Tee, aber die Wehen wurden schnell stärker. Zeit, Jay zu wecken, damit er die Hebamme und Nadine anrief – unsere Nachbarin hatte versprochen, auf Elinor aufzupassen.

Im oberen Stockwerk angekommen, konnte ich mich kaum auf den Beinen halten und stützte mich am Bett ab. Unwillkürlich stöhnte ich und hangelte mich, sobald ich Jay geweckt hatte, vorsichtig wieder die steile Treppe in unserem Cottage hinunter, um außer Hörweite meiner schlafenden zweieinhalbjährigen Tochter zu kommen. Es fühlte sich ganz anders an als bei der ersten Geburt, der Schmerz saß tiefer und war viel heftiger. Jay sagte, im Geburtshaus sci nur eine Hilfskraft, die Hebamme selbst vierzig Autominuten entfernt, doch sie würde sich melden. Als sie zurückrief, krümmte ich mich auf dem Boden unseres Wohnzimmers und war nicht in der Lage aufzustehen. Jay hielt mir den Hörer ans Ohr.

»Was ist das für ein Schmerz?«, wimmerte ich. »Warum hört er nicht auf?«

Die Hebamme verwies mich ans John Radcliffe Hospital in Oxford und legte auf.

Und nun? Ich war völlig verzweifelt, all meine Vorbereitungen erwiesen sich als unnütz. Ich musste das JR anrufen (wo war nur die Nummer?)! Während ich mir die gut dreißig Kilometer lange Autofahrt mitten durchs Nichts vorstellte (was, wenn das Baby unterwegs käme?), bohrte sich ganz langsam eine rasiermesserscharfe, dünne Klinge in meinen Unterleib. Jay übernahm das Telefonat mit dem JR und kam durch. Ich sollte dorthin gehen, es war ein großes Krankenhaus. Sie wollten mich sprechen. Ich verlagerte mein Gewicht so, dass ich den Hörer halten konnte. Die Stimme am anderen Ende ratterte eine Reihe von Fragen herunter, die überhaupt keinen Sinn ergaben. Wie viele Kinder ich hätte? Warum mich das Geburtshaus nicht aufnehmen könne? Warum die Hebamme vierzig Minuten weit entfernt wohne? Wie lange ich für den Weg brauchen würde? Ich konnte mich nur mit Mühe konzentrieren, brauchte ich doch meine ganze Kraft, um es mit der Klinge aufzunehmen, die in meinem Unterleib wühlte. Meine Angst hatte sich zur Panik gesteigert, offenbar hatten sich alle gegen mich verschworen. Hörte ich mich wie eine Simulantin an, klang ich, als wäre ich hysterisch? Der Begriff Münchhausen-Stellvertreter-Syndrom schoss mir durch den Kopf, vollkommen irrwitzig.

Dann ein Sturzbach zwischen den Beinen … ich sah die Flüssigkeit in den Teppich einsickern und seufzte, weil der Druck plötzlich nachgelassen hatte.

»Was ist passiert?«, fragte die Stimme.

»Die Fruchtblase ist geplatzt.«

»Gehen Sie ins Geburtshaus, und zwar sofort.« Endlich eine Art Entscheidung und sogar ein bisschen Anteilnahme. Die Expertenmeinung lautete, ich solle die nächstgelegene Einrichtung aufsuchen und damit den Ort, auf den ich gedanklich eingestellt gewesen war. Ich rannte in den Flur und rief Jay zu, er solle mein schwarzes Kleid aus dem Schlafzimmer holen, das ich vor gar nicht langer Zeit bei Ellies Geburt getragen hatte. Ich dachte, es würde mir Glück bringen.

Nadine kam herüber und lächelte. »Ich bin nach dem Anruf wieder eingeschlafen«, gab sie zu. Es war egal. Alles war egal, alles außer den Schmerzen. Beim letzten Mal hatte ich mich jeder Kontraktion hingegeben, war auf der Welle mitgeritten. Aber dieses Mal konnte ich keiner Welle folgen, es gab keine natürlichen Wellenbewegungen, nur eine eisenharte, starre Linie. Ich wälzte mich wieder auf dem Boden. »Massiere meinen Rücken, massiere meinen Bauch, drück es raus … o mein Gott …« Jay konnte nicht helfen, mein Bauch war steinhart und ich zu unruhig, als dass er mir Linderung hätte verschaffen können. Ich kreiste die Hüften, bewegte sie unablässig, um der scharfen Klinge auszuweichen.

Die Rückbank im Auto war mit einer Decke geschützt. Das hatten wir schon beim letzten Mal so gemacht, es war dasselbe fleckig-weiße Stück Plastik. Und es war dieselbe Uhrzeit wie beim letzten Mal, nur dass Ellie mitten im Winter geboren wurde und es damals so dunkel war, wie die Straßenbeleuchtung in London es eben zulässt. Dieses Mal war es Hochsommer in den Cotswold Hills, und es dämmerte bereits. Ich kletterte in das Auto, und als der Motor ansprang, musste ich mich übergeben. Auf allen vieren beobachtete ich, wie das wässrige Zeug auf der weißen Decke herumwaberte; es glänzte im Morgengrauen. Ich blickte hoch und in die mit Wildrosen durchwachsene Holunderhecke. Selbst vom anfahrenden Auto aus erkannte ich klar die herzförmigen Blütenblätter in dem rosa funkelnden Licht. Die nächste Wehe kam, ich senkte den Kopf, kniff beide Augen zu und versuchte, mich auf das dritte Auge zu konzentrieren. Aber ich konnte weder meinen Geist noch meinen Körper beruhigen, beide krümmten sich unter der Dauerattacke. Ich hörte ein leises Babybrabbeln, »bababa, mamama«, und dann merkte ich, dass ich selbst die Quelle dieses Geräuschs war.

Auf dem Parkplatz vor dem Geburtshaus sahen wir, wie die Hebamme mit ihrem silbernen Wagen eintraf. Gott sei Dank! Sie witschte an mir vorbei und die Treppen hinauf – der Aufzug war kaputt, wir mussten laufen. Ich erinnere mich an einzelne Sequenzen dieses Aufstiegs, immer wieder lehnte ich an der Wand und schleppte mich Stufe für Stufe hinauf zum Geburtsraum.

Auf der Liege wurde mir der schwarze Rock hochgeschlagen.

»Sie werden mich jetzt nicht an den Wehenschreiber hängen?«, bettelte ich.

»So ein Gerät haben wir nicht.« Mit dem Schallkopf suchte sie auf der rechten Seite meines Bauchs nach den Herztönen des Babys. »Bitte halten Sie still.« Ich holte tief Luft und versuchte, meinen Körper unter Kontrolle zu bringen. Sie fand den Herzschlag nicht – nur keine Panik. Immerhin, ich war doch noch Herrin meiner Sinne, hatte mich unter Kontrolle – als Hebamme Georgia mich am Tag zuvor untersucht hatte, war der Herzschlag auf der linken Seite gewesen.

»Hier«, ich zeigte hin. Sie schob die Sonde auf die linke Seite, die Herztöne waren deutlich zu hören.

»Das … sind meine«, stotterte ich.

»Nein, es ist das Baby.«

Mein Kopf war vollkommen klar: »Sie sind viel zu langsam«, sagte ich.

»Ja.«

Die Hilfsschwester rannte hinaus und rief den Rettungswagen. Die Hebamme sagte: »Ich muss Sie untersuchen. Bitte versuchen Sie die Beine zu spreizen und stillzuhalten.« Ich versuchte es. »Drei Zentimeter.« O Himmel, der Muttermund hatte sich noch nicht einmal halb so weit wie nötig geöffnet. Die Hilfsschwester war zurück und diskutierte mit Jay, wohin uns der Rettungswagen bringen sollte. Jay bestand auf dem JR, es sei das beste Krankenhaus in der Gegend. Ich konnte an nichts anderes denken, als dass mein Baby bald herauskommen musste – aber wie, wenn sich der Muttermund erst drei Zentimeter weit geöffnet hatte?

»Bekomme ich eine Vollnarkose?«, fragte ich.

»Ja.« Ich stellte mir vor, wie die Chirurgen mich aufschnitten und mein Baby retteten. Ich musste mich damit abfinden, dass ich seine Geburt nicht bei Bewusstsein erleben würde. Es würde unter den Blicken von anderen auf die Welt kommen – tot oder lebendig. Das waren meine Gedanken, während ich mich vor Schmerzen krümmte.

Wertvolle Minuten verstrichen.

Dann fiel mir meine Freundin Nerys ein, die einige Wochen zuvor niedergekommen war. Es hatte damals fast eine Stunde gedauert, bis der Rettungswagen gekommen war; es gab nur einen einzigen im Umkreis von dreißig Kilometern, und der war ständig wegen Herzinfarkten unterwegs. Inzwischen kämpfte mein Baby mit einem Puls von 60, Tendenz fallend. »Wir könnten doch selbst fahren«, sagte ich. Die Hebamme war unsicher.

»Ich kann das übernehmen«, meinte Jay.

Sie nickte und sagte leise zu Jay: »So schnell Sie können.«

Ich stolperte wieder die Treppe hinunter und zum Auto, gestützt auf den Arm der Hilfsschwester, die mich zu trösten versuchte: »Es wird Ihnen bald besser gehen.«

»Es geht nicht um mich, es geht um mein verdammtes Baby!«, schrie ich und kletterte wie ein waidwundes Tier zurück in meine Höhle. Wo blieb die Hebamme? Wir warteten, bis sie den Papierkram erledigt hatte. Ich presste unterwegs, so gut ich konnte, damit das Baby kam. Jay fuhr mit quietschenden Reifen durch eine scharfe Kurve. O Gott, ich erkannte die Straße nach Banbury. Ich wurde nicht zum besten, sondern zum nächstbesten Krankenhaus gefahren. So will es die Vorschrift bei einem Notfall.

Zu der Klinge im Unterleib kamen jetzt noch heftigste Presswehen. Ich streckte meine Arme zur Seite, packte die Griffe über den Fenstern, mein armer Körper bäumte sich auf und drückte die Frucht nach unten. In einer Atempause dankte ich Gott für diese Griffe und den Lärm des Motors.

Inzwischen war die Sonne aufgegangen, der Tag versuchte, uns seine Segnungen zukommen zu lassen. Ich blickte auf und sah die blanken Steinmäuerchen entlang der Straße in South Newington. Es war genau das Worst-Case-Szenario, das ich mir von der Geburt ausgemalt hatte: über unendlich gewundene Landstraßen zum nächsten Krankenhaus rasen. Während ich die nächste Kurve im Blick behielt, um das Gleichgewicht nicht zu verlieren, sah ich das Führerhaus eines entgegenkommenden Sattelschleppers. »O Gott, o Gott, rette dieses Kind, bitte, lieber Gott, hilf uns, Ave Maria, Ave Maria.« Ich bin eigentlich nicht religiös und definitiv nicht katholisch, aber in diesem Augenblick betete ich inbrünstig zur Muttergottes. Der Motor heulte wieder auf, die nächste Wehe warf mich auf die Rückbank.

Wir näherten uns dem Krankenhaus.

»Links?«, fragte Jay die Hebamme.

»Nein, rechts.« Sie erklärte ihm den Weg zum Eingang. Der Motor wurde still. Die Tür ging auf, und ich taumelte hinaus. Ich spürte Arme, die mich auffingen, jemand sagte: »Setz dich, Liebes.«

Es ging nicht, es ging einfach nicht. Ich musste groß. Die aufrechte Haltung im Auto hatte das Baby nach unten gepresst, es drängte durch den Geburtskanal. Sie nötigten mich in einen Rollstuhl und schoben mich, aber irgendwie schaffte ich es, darin zu stehen; die Füße auf den Tritten, die Hände auf den Armlehnen, stemmte ich mein Körpergewicht hoch. Wir eilten durch einen Flur auf eine Doppeltür zu – der OP. Aber im letzten Augenblick bog der Rollstuhl ab. Helles Sonnenlicht fiel durch hohe Fenster in den Raum, Äste streiften über die Scheiben. Im Vorbeirasen sah ich die Zimmernummer an der Tür: 13. Ich hatte meinen Darm nicht mehr unter Kontrolle, roch den Kot und spürte die Masse in meiner Kleidung, während ich aus dem Stuhl aufs Bett kletterte.

Und dann kam sie heraus. Der wunderbare kleine Körper, den ich achtunddreißig Wochen lang gehütet hatte. Ich spürte es ganz deutlich: eine Wehe – ihr Kopf (»atmen, tief atmen«, sagte jemand), zwei Mal pressen – die Schultern, eine letzte Wehe, und sie war geboren.

»Wunderbar, gut gemacht«, hörte ich. Dann wurde es still.

Fürchterlich still. Meine Schreie hatten aufgehört, aber nichts löste sie ab. »Habe ich Syntometrin bekommen?«, rief ich angstvoll, denn ich hatte die Injektion, die die Blutung stoppen sollte, nicht gespürt.

Jemand murmelte: »Ja.«

Ich öffnete die Augen und sah zu dem Grüppchen hinüber, das sich um den Reanimationstisch versammelt hatte. Jay saß neben mir, wir hielten uns fest umklammert und beteten gemeinsam: »Bitte Gott, rette unser Kind. Bitte Gott, rette unser Kind. Hab Gnade!«

Ich sah wieder hinüber. Eine der Krankenschwestern hielt einen kleinen blauen Ballon hoch und drückte ihn in regelmäßigen Abständen zusammen. Vielleicht pressten sie rhythmisch auf die kleine Brust, ich konnte es nicht richtig erkennen. Ich sah rosafarbene Haut zwischen den Rücken der Schwestern aufblitzen. Eine rosige Haut war ein gutes Zeichen.

Aus der Gruppe heraus rief mir die Hebamme zu: »Wissen Sie, welches Geschlecht Ihr Baby hatte?«

Warum gebrauchte sie die Vergangenheitsform?

»Hatte?!«, schrie ich. »Was meinen Sie denn damit?«

»Hat«, korrigierte sie sich hastig.

»Ja«, sagte ich matt, »ein Mädchen.«

Später kam sie zu uns herüber, die Tasche in der Hand, und erklärte, sie gehe jetzt nach Hause. Sie sei seit gestern sechs Uhr morgens bis eben im Einsatz, erst zwölf Stunden im Geburtshaus, dann weitere zwölf Stunden Rufbereitschaft. Sie sei gerade auf dem Rückweg von einer Geburt gewesen, als unser Anruf sie erreicht habe. Ich antwortete nicht.

Die Nachgeburt kam, ohne dass ich auch nur einen Laut von mir gab. Die schnatternden Hebammen brachten das große rote Stück Gelee zur Untersuchung, und eine Frau in dunkelblauer Schwesterntracht trat zu mir.

»Ihr Baby ist oben, machen Sie sich keine Sorgen, es ist eine Kämpfernatur. Das sind die Mädchen meistens.« Bestimmt hat sie recht. Man reichte mir eine Tasse Tee auf einer Untertasse. Meine Hand zitterte, während ich sie an die Lippen führte und schluckte; der Tee war lauwarm und pappsüß, genau das Richtige in diesem Moment. »Und Sie«, sagte die diensthabende Hebamme, »sind in wesentlich besserer Verfassung als viele andere Mütter, die ich schon erlebt habe.«

»Was meinen Sie damit?«

»Wir haben Blutgerinnsel in der Plazenta gefunden, Sie hatten innere Blutungen. Aber jetzt ist alles in Ordnung.« Sie winkte die Hilfsschwester herbei und hob die blutverschmierte Bettdecke hoch, um mich zu untersuchen. »Wie wär's mit ein paar Stichen?«

Ich bat um eine lokale Betäubung – bitte keine Schmerzen mehr, nie mehr. Die Ältere der beiden holte eine Spritze und bereitete die Injektion vor. Wir schwatzen wie die Marktweiber.

»Wenigstens flicken Sie mich wieder zusammen«, witzelte ich. »Beim letzten Mal wurde es vergessen, der Schnitt hat sich nicht von selbst geschlossen, seitdem habe ich eine Spalte da unten!«

Sie stutzte und versetzte dann: »Genau das wollte ich nähen!« Wir lachten, und die anderen Hebammen kamen hinzu und begutachteten meinen Schambereich.

»O ja«, kicherten sie, »die Lappen sind ja lustig!«

◆ ◆ ◆

Ich war ziemlich benommen, lehnte aber das Angebot ab, mit dem Rollstuhl zur Dusche gefahren zu werden. Bei der letzten Geburt hatte ich nach vierundzwanzig Stunden Wehen gestöhnt und gehumpelt, aber dieses Mal fühlte ich mich fit, fast schon euphorisch. Ich überschrie das prasselnde Wasser, während ich duschte, und sagte zu Jay, nach dieser heroischen Fahrt könne er sich locker als Rettungsfahrer bewerben.

Im Aufzug setzten sie mich dann doch in einen Rollstuhl und schoben mich in einen hellen Raum, der einer Küche ähnelte. Jay war nach Hause gefahren, um nach Ellie zu sehen. Eine junge Kinderärztin stand an einem Sideboard und war mit einer komplizierten Arbeit beschäftigt. »Sie haben wirklich einen aufregenden Job!«, sagte ich, aber sie antwortete nicht. Ihre Patientin lag auf dem Tisch in der Mitte des Raums, Drähte stiegen von kleinen Saugknöpfen auf ihrer Brust auf, eine Schiene, aus der Plastikschläuche herauskamen, war mit Tape an ihrem linken Ärmchen befestigt. Auf dem Plastikband um ihr rechtes Handgelenk stand mein Name, auch wenn es mir schwerfiel, diesen ausgestreckten Körper mit dem Wesen in Verbindung zu bringen, das bis vor ganz kurzem noch in mir herangewachsen war. Eine Röntgenassistentin kam mit ihrer Ausrüstung herein, ich wurde hinausgefahren und musste auf dem Flur warten, wo ich die Zettel am Schwarzen Brett las.

Als ich wieder hineindurfte, lag das Baby in derselben Position, die Hände neben dem Kopf, die Knie nach außen gegen das krankenhauseigene Handtuch gedrückt. Wie ein Frosch, der auf der Straße überfahren wurde. Eine junge Schwester war statt der Kinderärztin da und erklärte, sie überwache das Kind wegen möglicher epileptischer Anfälle. »Das ist nicht so schlimm«, sagte sie, »auch als Epileptiker kann man ein ganz normales Leben führen.«

»Die Versicherungen sind da vermutlich anderer Auffassung«, erwiderte ich, ohne einen Moment lang zu überlegen, dass es um die Zukunft meines Kindes ging.

»Es ist schon erstaunlich, woran sich Menschen alles gewöhnen können. Ich meine, wenn man nicht Auto fahren kann, ist damit nicht das ganze Leben verdorben, oder?«

Die Schwester ging hinaus, und ich rollte mich ein Stück näher heran, traute mich allerdings nicht, die fragile Kreatur auf dem Tisch anzufassen. Das dunkle Haar, voller Käseschmiere und Blut, umrahmte ein herzförmiges Gesichtchen. Die Augen waren fest geschlossen, verweigerten sich dieser wenig einladenden Welt. Ein Schlauch kam aus der Nase und war mit Pflaster an der Wange festgeklebt, und darunter standen die großen, roten Lippen leicht offen. Ihre Gliedmaßen, die langen Finger und Zehen, schienen sich gen Himmel zu öffnen, als böte sie sich selbst Gott dar. Vielleicht gehörte sie Gott, nicht mir.

Als die Schwester zurückkam, erklärte sie, der Zustand des Kindes stabilisiere sich, es könne bald auf die Perinatalstation verlegt werden. Ich wurde auf eine andere Station gefahren und in ein schmales Zimmer gebracht. Im anderen Bett saß eine Mutter und stillte ihr Neugeborenes. Vorhänge wurden um mich herum zugezogen, und ich lag völlig gefühllos zwischen ihren Falten. Ich war weder ängstlich noch wütend, ich war nichts als ein neutrales Gefäß, das seinen Inhalt abgegeben hatte. Nach der schmerzhaften Geburt war nichts in mir, überhaupt nichts. Die Verantwortung und das Mitgefühl für mein Baby wurden durch eine hohle Leere ersetzt. Ich fragte mich, ob das so bleiben würde. Vielleicht würde dieses Mal keine Milch in meine Brüste schießen. Vielleicht würde ich keine Beziehung zu dieser ausgestreckten Kreatur entwickeln, um deren Handgelenk sie meinen Namen gewickelt hatten. Das Baby der anderen Frau schrie. Ich bat um ein Einzelzimmer.

Das neue Fenster ging auf den Parkplatz, Sonnenlicht flutete herein, dazu Reflexionen von den parkenden Autos. Ich wollte dieses pulsierende, bewegte Leben nicht sehen, also ließ ich die Jalousien herunter und legte mich hin. Meine

Eltern besuchten mich, traten leise ein, meine Mutter voran mit einem Strauß Rosen – ich erkannte die Blumen aus dem Garten meiner Kindheit wieder, New Dawn heißt die Sorte. Da stand sie im Halbdunkel, gefasst und aufrecht wie immer. Doch den Blumenstrauß ließ sie hängen, und sie sagte kein Wort.

Vor neununddreißig Jahren, fünfzehn Monate vor meiner Geburt, lag Mama allein in einem solchen abgedunkelten Raum auf einer anderen Entbindungsstation. Ihr Erstgeborener, ein Sohn, wurde direkt zum Leichenhaus gebracht und ohne Zeremonie verscharrt. Dachte sie daran? Der Gedanke weckte ein altes Bedürfnis in mir, vielleicht das älteste überhaupt: Ich musste meiner Mutter beweisen, dass sich die Tragödie nicht wiederholte, dass dieses Baby nicht sterben würde. Ein kleines Mädchen, warm und sicher auf der Neugeborenenstation, besser gesagt der »Special Care Baby Unit«, kurz SCBU, was wie Skubu ausgesprochen wird. Dieser spielerische Babyausdruck passte zu einem Ort, wo Neugeborene versorgt wurden. Es klang so optimistisch. Auf der Skubu würde man ihr Leben retten.

Ich ging mit meinen Eltern den Flur entlang zu der Station, auf der Baby Hollander die einzige Bewohnerin war; sie lag in einem großen schimmernden Kasten in der Ecke. Die Schwester zog einen Stuhl für mich heran, öffnete den Kasten an der Seite und wickelte die nackten Beinchen und Ärmchen in mehrere Lagen Baumwolldecken, bevor sie mir die Kleine »zum Knuddeln« reichte. Ich musste aufpassen, damit ich nicht die Drähte abriss, die aus dem Bündel herausragten. Wie eine neue Nabelschnur verbanden sie mein Mädchen mit der Maschine, die über ihr Leben wachte. Ich strich die Stofflagen von ihrem Kinn und legte ihre Lippen an meine rechte Brustwarze (die bei meinem ersten Kind die meiste Milch produziert hatte). Ihre Zunge leckte über meine Haut, die dunklen Augen öffneten sich für einen ganz kurzen Moment. Wir spielten unsere Rolle ganz gut. Meine Eltern lächelten.

♦ ♦ ♦

In der Nacht bat ich um eine Schlaftablette, ich war ja nicht mehr schwanger und konnte das Baby nicht mehr damit vergiften. Und ich fühlte mich so scheußlich schwer, dass ich den Wunsch hatte, mich zu betäuben.

Ich wurde von einer Krankenschwester geweckt, die mich beharrlich schüttelte. »Wir brauchen Sie auf der Skubu.« Ich tappte gehorsam hinter ihr her und bezog Stellung am Brutkasten. »Sie hat offenbar Schmerzen, vielleicht können Sie sie beruhigen.« Ich knöpfte mein Nachthemd auf und nahm das Bündel in den Arm. Die Schwester beugte sich über mich, versuchte, den Kopf des Kindes an meine Brust zu legen. Als ich mich vorbeugte, um ihr die Arbeit leichter zu machen, merkte ich, wie ich wegdämmerte. Jemand sagte, ich solle besser wieder ins Bett gehen, und ich trat erleichtert den Rückzug an.

Ich schlief unruhig, immer wieder beschlich mich dieses Gefühl der Leere. Es war fast wie vor der Schwangerschaft. Nicht nur der letzten Schwangerschaft, sondern so wie vor drei Jahren, noch vor meiner ersten Schwangerschaft – wenn ich so darüber nachdenke, kenne ich mein kinderloses Ich immer noch am besten.

Ich erinnere mich schwach, wie mein Bruder, der zweieinhalb Jahre jünger ist als ich, an der Brust meiner Mutter nuckelte; ich erinnere mich, dass ich meine Puppen, die ich zum dritten Geburtstag geschenkt bekam, in der Wiege gefüttert habe. Doch das war mehr eine Einübung ins Erwachsenenleben als in die Mutterschaft. Über dreißig Jahre lang bestand mein Leben aus Menschen meines Alters oder älter. Babys kamen darin nicht vor.

Zwischen neun und achtzehn besuchte ich eine Mädchenschule. Kinderkriegen stand ganz unten auf unserer Werteskala; jede, die solche Ambitionen zugab, galt als rückschrittlich. Man erzog uns dazu, die Privilegien unserer Generation zu nutzen, Privilegien, die unsere Mütter für uns erkämpft hatten.

Als *Der weibliche Eunuch* von Germaine Greer in die Buchhandlungen kam, war meine Mutter genau so alt wie die Autorin, aber bereits mit Kindern geschlagen. »Ich hätte so viel machen können, wenn ich keine Kinder gehabt hätte …«, pflegte sie zu sagen. Viele ihrer Freundinnen stießen in dasselbe Horn.

Also versuchten wir, den Erwartungen zu entsprechen. Wir haben uns mächtig ins Zeug gelegt. Ich bekam ein Stipendium für die Universität und Ende der Achtziger eine gute Stelle in London. Meine Neigung zu Musik und Theater waren ebenso ausgeprägt wie der Wunsch, in einer typischen Männerdomäne zu brillieren: Es lief auf die Oper hinaus. Als ich ein Engagement am West End Theatre der English National Opera annahm, war ich die erste Regisseurin dort. Frauen übernahmen tolle, große Aufgaben auf der Bühne – in allen anderen Bereichen der Branche hatten Männer das Sagen. Wenn diese Männer Kinder hatten, dann sprachen sie nie darüber. Die Welt der Bühne war von jeder Häuslichkeit denkbar weit entfernt. Ich liebte ihre Wildheit, ihre Leidenschaftlichkeit, die Extravaganz, stürzte mich in die Arbeit und war oft weit weg von zu Hause.

Bei meinen seltenen Besuchen dort bettelte meine Mutter: »Wann werde ich Großmutter?«, doch ich zuckte daraufhin nur mit den Achseln.

»Ich bekomme Aufträge als Regisseurin und als Dozentin«, sagte ich, »und ich bin froh über diese Jobs. Für etwas anderes gibt es keinen Raum.«

»Aber Kinder erziehen ist das Kreativste, was man im Leben tun kann.« Mama sollte es wissen – sie hat nicht nur meinen Bruder und mich großgezogen, sie hat (wie auch schon ihre Mutter) über dreißig Jahre lang als Grundschullehrerin gearbeitet und anderen Menschen geholfen, ihre Kinder großzuziehen.

»Die meisten Frauen werden Mütter«, sagte ich, »aber nicht jede kann mit ihrer Kreativität gutes Geld verdienen. Früher hast du gesagt, ein interessanter Beruf sei das Wichtigste für eine Frau.«

Jetzt aber sehnte sie sich nach Enkeln und hatte all ihre Stoßseufzer – »Wenn ich nur keine Kinder gehabt hätte …« – offenbar vergessen. Oder sie wollte insgeheim, dass ich dieselben Einschränkungen wie sie durchmachte – Elternzeit als Schuldenausgleich.

Mama bekam ihren Willen, meine erste Tochter wurde zwei Wochen vor meinem fünfunddreißigsten Geburtstag geboren; ich hatte gemerkt, dass ich eine Frau wie alle anderen war. Bei allem Glanz und aller Begeisterung für die Welt der Oper hatten sich Einsamkeit und Instabilität in mein Leben geschlichen. Jay hatte mich gerettet, seine Wärme, sein Verständnis erdeten mich, und ich war glücklich. Wir liebten uns, wir lachten oft gemeinsam, ich wusste, er würde ein guter Vater sein. Einige meiner Freundinnen bekamen Kinder oder wollten welche bekommen, die biologische Uhr tickte. Jay und ich waren drei Jahre zusammen und immer noch nicht verheiratet, aber wir sahen keinen Grund für solche Konventionen. Wir waren reif für die Babyphase.

»Sie sind klasse!«, rief die Hebamme, während ich im Kreißsaal zwischen Bett und Badewanne hin- und herpendelte, »Sie sind klasse!« Wieder zu Hause, schickten wir ihr Blumen und Champagner, um den Triumph zu feiern.

♦ ♦ ♦

Donnerstag, 20. Juni. Mein zweites Kind war bereits einen Tag alt. Ich ging früh zur Neugeborenenstation und setzte mich neben den Brutkasten, während eine Schwester mit der Technik kämpfte. Baby Hollander war wach, denn es strampelte mit den Beinchen. Es tat gut, dieses Lebenszeichen zu sehen, ich streckte meine Hand durch die Luke an der Seite und legte sie auf ihren Körper.

»O nein, bitte nicht anfassen«, schnappte die Schwester.

»Aber gestern habe ich sie im Arm gehabt!«

»Gestern hatte sie noch keine Anfälle!«

So hatte es angefangen. Deshalb hatten sie mich wohl in der vergangenen Nacht aus dem Bett geholt. Doch wegen der Schlaftabletten hatte ich kaum etwas mitbekommen. Jetzt war ich hellwach und schimpfte mit mir, dass ich so sehr den Kontakt zu meinem Kind hatte verlieren können.

»Da, die Kreisbewegungen!«, erklärte die Schwester, während die Beinchen eins nach dem anderen in die Luft flogen und sich die Zehen krümmten. Für mich sah es immer noch wie das normale Strampeln eines Säuglings aus. Hatte ich wirklich vollständig vergessen, wie sich Neugeborene bewegen?

»Schauen Sie sich ihre Augen an, wie sie blinzelt.« Ich konnte mich des Gefühls nicht erwehren, als läge eine gewisse Befriedigung in ihrer Stimme, als hätte sich das Kind ihrer Wachsamkeit zu beugen.

»Sie wird sich beruhigen, wenn sie meine Hand spürt!«, konterte ich.

»Nein, meine Liebe, warten Sie auf den Doktor, er wird es Ihnen erklären. Sie fänden es sicher auch nicht toll, wenn Sie rasende Kopfschmerzen hätten und eine riesige Pfote Sie berührt!«

Candice Walker (das Namensschild baumelte direkt vor meiner Nase) lächelte ein berufsmäßiges Lächeln. Ich hasste sie, weil sie auf ihrem Standpunkt beharrte und mich daran hinderte, meine heilende Hand aufzulegen, meine Mutterliebe einzusetzen. Statt nutzlos herumzusitzen, ging ich den Flur hinunter zu dem Raum, in dem eine Milchpumpe stand. Dort fischte ich einen Plastiktrichter aus dem Sterilisationsbad, hängte ihn mit einem Plastikschlauch an die Pumpe, drückte ihn auf meine Brust und stellte das Rädchen auf Maximum. Die Maschine zog an meiner Warze, saugte sie grotesk verlängert in den Hals des Trichters. Als der Druck nachließ, nahm die Warze kurz ihre normale Form an und wurde dann wieder lang. Meine Brüste fühlten sich kein bisschen geschwollen an, vielleicht versagten die Milchdrüsen ihren Dienst.

Ein, aus, ein, aus – ein rhythmisches Schlürfen wie im Kuhstall. Und allmählich fielen die ersten goldenen Tropfen des Kolostrums in die kleine medizinische Flasche. Endlich ein Beweis, dass mein Körper gestern ein Kind produziert hatte – wenn auch nur ein Fingerhut voll.

Jay kam, zusammen gingen wir zur Skubu. Wir mussten unbedingt einen Namen für die Kleine finden. Vor der Geburt unserer ersten Tochter verbrachten wir viel Zeit damit, über Namen zu diskutieren und ihre Bedeutung zu erkunden. Unfähig, eine endgültige Entscheidung zu treffen, hatten wir am Ende eine kleine Liste zusammengetragen. Und als ihr kräftiger Körper da war, als sie ihr Triumphgeschrei anstimmte, als wir ihre Augen blitzen sahen, ihren süßen, verführerischen Geruch einatmeten, war klar, welche Namen zu ihr passten: Noch im Kreißsaal wurde sie Elinor Eve.

Aber dieses Baby war bereits mehr als einen Tag auf der Welt und noch immer namenlos. Ich hatte keine Idee, wie wir sie nennen könnten. Jay schlug Imogen vor. Das hatte nicht auf unserer Liste gestanden, der Name war ihm zugeflogen, aber es klang richtig. Vielleicht lag es an der klanglichen Ähnlichkeit mit »image«, Bild – später erschien uns das vollkommen logisch. Wir hatten so wenig Umgang mit ihr, ihre Augen waren fest geschlossen und ihr Körper in Krankenhausdecken gehüllt. Wir kannten Imogen nur als Bild, geschützt hinter Plastikscheiben. Als wir beim Brutkasten ankamen, war die Entscheidung gefallen: Imogen Cecile. Cecile war der zweite Namen meiner Granny, der Mutter meiner Mutter, die in den Cotswold Hills gelebt hatte und vor zehn Jahren hier im Krankenhaus von Banbury gestorben war.

Cecile war auch die englische Form von Cäcilia, der Schutzpatronin der Musik. Über die Musik sind Jay und ich einander nähergekommen. Wir haben uns bei einer Opernproduktion in London kennengelernt, bei der ich Regie führte; ich erblickte ihn am anderen Ende des Zuschauerraums, sein dichtes, dunkles Kraushaar, die kräftige Statur, den sensiblen Blick. Ich erinnere mich an die Mischung aus Charme und Nachdenklichkeit, mit der er mir einen Drink anbot. Für mich strahlte er Integrität aus. Ich erinnere mich an das kurze Zögern, bevor er mir das Glas gab, die Erwartung in seiner Hand und in seinen Augen. Als Komponist und Dozent teilte er meine Begeisterung für das Theater und die Musik und war geradezu schamlos leidenschaftlich, was diese beiden Bereiche betraf.

Seit jenem Abend verbindet uns die Musik privat wie beruflich. Während der drei gemeinsamen Jahre vor der Familienphase haben wir in mehreren Opernproduktionen zusammengearbeitet, bunte, wilde Inszenierungen, eklektisch und kompromisslos. Ich sagte damals gern, er habe in mir den perfekten Manager gefunden, jemanden, der seine künstlerischen Visionen lebendig werden lassen könne. Aber er gab mir genauso viel Rückhalt bei meiner Arbeit als Regisseurin, sein Vertrauen, seine Bewunderung beflügelten mich. Zu Hause lief immer Musik – wir kochten bei Musik, wir tanzten zu Musik, wir liebten uns bei Musik. Wir spielten vierhändig Klavier, oder er begleitete mich, und ich sang. Tagsüber umgeben von professionellen Sängerinnen, hatte ich einen Riesenspaß daran, abends für meinen Mann zu singen.

♦ ♦ ♦

Gegen zehn Uhr begann die Visite. Zuerst kam ein großer bärtiger Mann mit einer Assistentenschar, die ein brandneues Ultraschallgerät hereinschoben. »Sie ist wie ein Cherub«, schmeichelte mir der Doktor. Er fuhr mit der Sonde über ihren Kopf, auf dem Schirm war nur verschwommene Schwärze zu sehen. Er behauptete, das sei »normal«, und war weg. Dann eskortierte Candice einen Kinderarzt in unsere Ecke. Er erklärte uns, das Baby habe epileptische Anfälle.

»Sie können sich das als vorübergehende Störung vorstellen«, versicherte er uns. »Eine häufige Reaktion auf eine schwere Geburt. Sie wird gesund.« Ich glaubte ihm, blind für die winzigen Signale, die den Experten nicht verborgen blieben. Er habe damit begonnen, krampflösende Mittel zu verabreichen (Phenobarbitol, ein altes Mittel, schon Marilyn Monroe hat es für ihren Selbstmord genutzt), sei zwar mit diesem Krankheitsbild nicht vertraut, aber er habe sich telefonisch mit der entsprechenden Station in Oxford in Verbindung gesetzt und Rat eingeholt. Wenn sich ihr Zustand allerdings verschlechtere (was sehr unwahrscheinlich sei, wie er uns versicherte), könne das Krankenhaus in Banbury nicht mehr helfen: Es habe keine Perinatalstation. Er hielt es daher für das Beste, wenn sie in ein größeres Hospital verlegt werde, sobald ein Platz frei würde.

Danach entfernte ich mich vom Brutkasten und versuchte, meine Gedanken zu sortieren. Was ging hier vor, wie sollte ich mich verhalten? Sicher hätte ich Sorgen und Ängste um mein Baby empfinden müssen, aber das war nicht der Fall. Stattdessen übertrug ich diese Gefühle auf mein anderes Kind, dachte, wie sehr mich Elinor vermissen musste, schließlich war ich in den gut zwei Jahren ihres lustigen, quirligen Lebens immer bei ihr gewesen, und jetzt plötzlich fehlte ich.

Candice platzte in meine Gedanken und verkündete, Dr. Said habe herumtelefoniert und ein Bett in Northampton ergattert. Northampton war noch einmal eine Stunde Fahrt entfernt. Eineinhalb Stunden Fahrt bis zu Ellie. »Leider hat das Haus nur Platz für das Baby, Sie können dort nicht unterkommen.«

Ich ging schnurstracks zum Büro des Arztes. Die Tür stand offen; als ich eintrat, legte er gerade den Hörer auf. Betont ruhig sagte ich: »Es tut mir leid, aber ich kann nicht zulassen, dass das Baby ohne mich in ein Krankenhaus kommt. Northampton ist zu weit weg. Was ist mit dem JR in Oxford? Wenn alles richtig gelaufen wäre, wären wir ohnehin dort.« Er griff wieder zum Telefonhörer und bat mich mit einer Geste, den Raum zu verlassen.

»Gut«, hörte ich ihn sagen, »das ist wirklich ein Fall für euch. Ich mache euch ein Angebot – wir nehmen euch zwei ab!« Der Deal war perfekt. Ich ging wieder hinein und dankte ihm, überrascht von dem Kuhhandel. »Das ist leider ziemlich normal«, gab er zu.

Am selben Nachmittag stand ich auf dem Parkplatz und sah zu, wie ein sargähnlicher weißer Kasten mit dem Baby über eine Rampe in den Rettungswagen geschoben wurde, dicht gefolgt von Schutzengel Candice Walker mit dem ganzen Papierwust. Man hatte uns gebeten hinterherzufahren, genau wie bei einer Beerdigung. Als ich ins Auto stieg, sah ich die Tür zur Entbindungsstation, durch die ich im Rollstuhl geschoben worden war, während sich Imogens Kopf bereits durch meine Beine gezwängt hatte. Ich brach in Tränen aus – Tränen, die ich seit Beginn der Wehen nicht geweint hatte, welche erst gestern Morgen und doch in einem ganz anderen Zeitalter begonnen hatten.

♦ ♦ ♦

Endlich, die weiße Trutzburg des John Radcliffe Hospitals! Als wir auf das Gelände fuhren, wurde mir plötzlich klar, dass es die falsche Richtung war. Beim letzten Kind hatte ich das Krankenhaus noch am Tag der Geburt mit dem Baby auf dem Arm verlassen. So hätte es auch dieses Mal sein sollen. Ich war gesund und voll Selbstvertrauen, ich hätte in meinen neuen

Lebensabschnitt treten sollen, statt mich wieder im Krankenhaus zu verkriechen.

»Kann ich das Fenster aufmachen?«, fragte ich, als ich mein neues Zimmer bezog. »Es ist ziemlich warm hier drin.«

»Ach, Sie mögen es kühl? Ich hab's gern schön warm.« Die Hebamme hüllte sich gegen die Junibrise in ihre Jacke, als ich die Fensterflügel aufstieß. Vom siebten Stock aus konnte ich den Schornstein auf dem Krankenhausgelände und die vertraute Landschaft dahinter sehen. Dort bin ich aufgewachsen, habe die Gegend mit dem Fahrrad und auf Ponys durchstreift. Ich habe die Topografie noch im Gespür, die verborgenen Schlammlöcher und Gräben. Jeden Sommer bin ich ohne Sattel über die Felder galoppiert und habe die Klatschmohnblüten mitgerissen, die über dem Getreide herausragten.

Aus der Entfernung sah ich blasse, rhombenförmige Schatten in den dunklen Heckenlinien. Jay und ich hatten London den Rücken gekehrt. Wir wollten, dass unsere Kinder in einer ähnlichen Umgebung aufwuchsen.

Ich hatte mir diese Kindheitserinnerungen einige Monate zuvor schon einmal ins Gedächtnis gerufen. In der 18. Schwangerschaftswoche lag ich in einem Raum mit fast identischer Aussicht, während draußen ein eisiger Wind gespenstisch heulte und die Wolken über einen bleigrauen Himmel schob. Ich war für einige Untersuchungen eingeliefert worden, nachdem ich leichte Blutungen gehabt hatte und einer der Ärzte eine Fehlgeburt befürchtete. Damals legten die Hebammen mir gegenüber jenes geradezu demütige Verhalten an den Tag, mit dem viele Menschen ihren Respekt vor dem Leiden bekunden: »Wenn ich Ihnen irgendwie helfen kann, und sei es mit einem kleinen Schwatz, drücken Sie ruhig auf den Knopf, auch mitten in der Nacht.« Ich hasste das fremde Mitleid. Zum ersten Mal verbrachte ich eine ganze Nacht im Krankenhaus und war überzeugt, dass hier selbst kerngesunde Menschen krank werden mussten. Ich spürte bereits die Bewegungen des Babys und wollte es vor diesem gruseligen Mitgefühl schützen. Der Blick auf die Felder erinnerte mich an mein schneidiges Reiterdasein früher, die Landluft, in der meine Kinder aufwachsen sollten. Am nächsten Tag entließ ich mich selbst.

Jetzt aber war ich für einen längeren Aufenthalt zurückgekommen, die Hebammen hatten noch immer diesen achtsamen Blick, nicht nur für mich, sondern für alle Patientinnen auf der Station. Jedes der Zimmer hier beherbergte ein tragisches Schicksal oder eine potenzielle Tragödie – Mütter, die eine Totgeburt, eine Fehlgeburt oder eine erzwungene Abtreibung hinter sich hatten oder um ein krankes oder sterbendes Kind trauerten. Ich stellte meine Tasche ab und ging ins Erdgeschoss, um mein Baby zu suchen.

Unten wurden Jay und ich in die Gepflogenheiten auf der Perinatalstation eingewiesen, die uns in den nächsten Wochen so vertraut werden sollten. Zuerst mussten wir klingeln und an einer halbhohen Holztür warten, bis eine Schwester uns in Empfang nahm. Sie begleitete uns durch einen Flur voller Fotos von all den lieben Kindern, die hier gesund gepflegt worden waren, mit deren Geschichten und den erleichterten Dankesbotschaften, weil ein Kind trotz einer traumatischen Geburt oder einer extremen Frühgeburt in der 25., 24. oder sogar 23. Woche überlebt hatte. Wir passierten den blauen Raum, in dem die Winzlinge unter UV-Licht von Gestalten mit Mundschutz und Haube betreut wurden. Am Ende des Gangs wuschen wir uns die Hände an Armaturen mit überlangen Hebeln aus rostfreiem Stahl, die wir mit den Unterarmen bedienten. Man zeigte uns, wie wir die Unterarme ordentlich einzuseifen hatten, indem wir Handflächen, Handrücken und Handgelenke minutenlang gegeneinanderrieben. Ich mochte dieses Reinigungsritual, das Abwaschen von gefährlichem Schmutz aus der Außenwelt, bevor wir den sicheren Hafen betraten. Wenn ich bei meinem Baby angelangte, war ich so rein wie es.

Auf dem Brutkasten war ein Schild: »Imogen Hollander«. Er stand in einem fensterlosen Nebenraum, bis ein Platz auf der Station frei würde. Vielleicht brachten sie gerade diskret die beiden kranken Babys weg, die nach Banbury sollten. Ich fragte mich, wie weit deren Eltern wohl fahren mussten und ob ihnen irgendwo eine Unterkunft angeboten wurde. Ein junger Mann zeigte uns, dass unser Kind fest schlief, und versicherte wie Dr. Said, die epileptischen Anfälle würden vorübergehen. Die Blutungen in der Plazenta seien durch einen »Schlaganfall« während der Geburt verursacht worden; sie würde Zeit brauchen, um sich davon zu erholen. Ich wollte wissen, ob sie mein heilsames Kolostrum durch die Nasenlöcher eingeflößt bekäme, aber er sagte mir, dass ihr Verdauungssystem nur Dextrose vertrüge – dünn und farblos, das ist doch keine richtige Nahrung, dachte ich.

Dann wurde sie auf die Station geschoben. Es war ein langer, schmaler Raum mit acht identischen Behältern an der Wand; gegenüber war eine Fensterreihe und weit hinten eine Tür zu dem Bereich für die genesenden Kinder, die bald nach Hause durften. Vielleicht war dieses Zimmer ursprünglich ein Flur gewesen, der den Science-Fiction-Raum mit dem UV-Licht und den Komfortbereich am anderen Ende verbunden hatte. Mir kam es wie Niemandsland vor. Wie die Vorhölle. In der Vorhölle sind die Toten, die zwischen dem Leben auf der Erde und dem Leben nach dem Tod schweben. Die Kinder auf dieser Station waren zwar geboren, aber noch nicht im Leben angekommen. Zerbrechliche Wesen auf halbem Weg zwischen dem Nochnicht und einer ungewissen Zukunft.

♦ ♦ ♦

Johannistag. Um sechs Uhr morgens erschien ein Gespenst mit Heiligenschein im gleißenden Licht der Tür zu meinem Zimmer. »Was wünschen Sie zum Frühstück?«

Ein rechteckiges Päckchen Cereals wurde auf einem Tablett vor mich hingestellt, eine Flasche Milch und Zucker ordentlich daneben aufgereiht. Es war alles so weiß und akkurat arrangiert, dass es mir wie die Parodie auf echtes Essen vorkam, ähnlich wie Imogens Dextrose. Ich lag auf dem Rücken und presste die Handflächen gegen die Matratze, als könnte ich heilsame Schwingungen sieben Stockwerke tiefer zu meinem Kind schicken. Später rief ich Jay an und bat ihn, mir Croissants und einen starken Kaffee mitzubringen. Diese Geste der Unabhängigkeit munterte mich auf – ich würde mich nicht von dem Krankenhausfraß unterkriegen lassen.

Ich rollte eine elegante chromglänzende Milchpumpe (die ein Witzbold »Ermintrude« getauft hatte) in meinen Raum und begann mit dem tröstlichen Abpumpen der Milch. Überreich spritzte das senfgelbe Gut aus meinen Brüsten und zischte trotzig in die Flasche. Mit meinem Namen beschriftet, verschwand sie anschließend nahe beim Aufzug in einem Tiefkühlschrank und wurde später in der Perinatalstation eingelagert. Ich stellte sie neben die anderen, die viel weniger und viel blassere Milch enthielten. Ich hätte die ganze Säuglingsstation durchfüttern können, wenn das gewünscht worden wäre.

Bevor ich zu Imogen ging, erledigte ich einen Telefonanruf, den ich bisher hinausgeschoben hatte – ich musste Elinor über die Ankunft ihrer Schwester informieren. Ich erinnerte mich sehr deutlich daran, wie ich das als Kind erlebt hatte: Genau zweieinhalb Jahre alt war ich gewesen, als die Stimme meiner Mutter am Telefon verkündet hatte: »Du hast einen kleinen Bruder.«

Ich wollte froh klingen und dachte, ich würde es schon schaffen. Schließlich hatte ich die Nacht durchgeschlafen, und die Ärzte waren doch so optimistisch. Da war mein Kleinkind und quäkte: »Hallo, Mama.«

»Weißt du«, ich zwang mir einen lustigen Tonfall ab, »du hast eine kleine Schwester!« Stille.

»Mama, ich will ein Klettergerüst haben.«

♦ ♦ ♦

Die auf Neonatologie spezialisierte Kinderärztin erwartete uns in einem hübschen Sommerrock und lächelte. Das also war bis auf weiteres Imogens Doktor. Sie sprach immerfort von *ihrem* Baby, »meine Babys« sagte sie, während sie uns zu dem mit Bambusmöbeln und Pastelldrucken ausgestatteten »Familienraum« führte. »Meine Babys werden gewissenhaft betreut …« »Meine Babys brauchen Zeit, Sie werden Geduld haben müssen.«

»Wie lange wird Imogen so schlafen?«

»Die Antwort weiß nur Imogen, fürchte ich.«

Dieser Spruch wurde im Lauf der Tage zu ihrem Mantra, je mehr unbeantwortbare Fragen auftauchten.

»Wann wird sie Milch trinken können? Wann können wir die Dosis Phenobarbitol verringern? Wann kann sie den Brutkasten verlassen? Wann wird sich ihre Körpertemperatur normalisieren?«

»Das weiß nur Imogen.«

Meine Fragen waren von einem gewissen Stolz geprägt, der mich dazu trieb, die Sprechweise der Ärztin nachzuahmen und einen möglichst professionell-kühlen Eindruck zu hinterlassen. Ohne jede Gemütsregung fragte ich nach dem Zustand ihrer kleinen Patientin, wann die Anfälle begonnen hätten, was sie ausgelöst hätte. Ich erinnere mich daran, dass ich wie ein ehrgeiziger Assistenzarzt vorschlug, die Epilepsie habe vielleicht *in vitro* begonnen. Noch während ich es aussprach, fiel mir auf, dass es *in utero* hätte heißen müssen, doch Dr. Nicholas zuckte mit keiner Wimper. Sie war an panische Eltern wie uns gewöhnt, die vorgaben, sie seien vollkommen gefasst. Ich korrigierte den Fehler nicht, wenn doch, wäre wohl die ganze Fassade eingestürzt.

In der Flurstation lag Imogen unverändert, verdrahtet und atmend, aber ohne ihre Umgebung wahrzunehmen. Dr. Nicholas hielt sie für ruhig genug, ich durfte sie in den Arm nehmen, die Schwester holte sie für mich aus dem Plastikbauch, ohne die Verbindung zu dem piepsenden Monitor zu lösen, und ich packte sie unter mein Hemd, damit sie es schön warm hatte. Sie roch nach einem eklig süßen Waschmittel. Ich saß eine Ewigkeit schweigend da, versuchte ihren schwachen Atem gegen meine Haut zu spüren. »Das ist fast so gut wie schwanger sein«, sagte ich, und die Schwester sah verwirrt weg.

Ich war gern schwanger gewesen. Beide Male war ich fit und beweglich, meine Haut wurde rosig, ich bekam dichte, glänzende Haare. Ich spürte gern die tanzenden Bewegungen meiner Babys, die in mir heranwuchsen und alles mithörten. Sie waren eigene Wesen und doch ein Teil von mir, und ich fand diese Intimität wahnsinnig schön. Jetzt, während ich das Baby an mich drückte, fühlte ich mich in einer Weise ganz. Sie hatte mir die letzten Tage gefehlt. Ich war damit beschäftigt gewesen, die Mutter zu spielen, Milch zu produzieren, Ärzte und Schwestern zu sprechen, aber erst in diesem Augenblick kam mein wahres Mutter-Ich durch – die reine, körperliche Verbindung zwischen ihr und mir.

Imogen wurde sicher verstaut, als Elinor kam. Die Schwangerschaftsbücher warnen vor der Eifersucht, die ein Geschwisterkind entwickeln kann, wenn die Mutter das neue Baby beim ersten Treffen im Arm hält. Vieles von dem, was in den Büchern stand, wirkte absurd idealisiert angesichts meiner jüngsten Erfahrungen, trotzdem wollte ich beiden Töchtern gerecht werden. Schwestern, Kameraden, dies war der Beginn einer kostbaren Beziehung. Seit Wochen brüstete sich Elinor damit: »Ich werde Schwester!«, und da war das Geschwisterchen, verdrahtet und schlafend, aber da. Ich führte meine Ältere in die Station und stellte sie auf einen Hocker, damit sie in den Brutkasten schauen konnte. Wenn ich nur stark und zuversichtlich wirkte, würde sie keine Angst haben.

»Das ist deine Schwester«, sagte ich und öffnete die Klappe. »Sollen wir ihr etwas vorsingen?«

Ohne Zögern begann sie mit ihrem dünnen Sopran »I had a little nut tree …« – »Ich hatte ein Nussbäumchen, das wollte nichts tragen, außer einer silbernen Muskatnuss und einer goldenen Birne …« Ich summte die immer höher hinaufkletternde Melodie mit, die zweimal wieder fällt, und fühlte mich von der bizarren Symmetrie getröstet.

Mir war völlig klar, warum sie dieses Lied gewählt hatte: In ihrem Kinderliederbuch war darunter eine Illustration mit zwei Mädchen abgebildet, ein größeres und ein kleineres, die zusammen unter einem leuchtenden Baum auf einer mit gelben Blumen übersäten Wiese tanzen, während Vögel und Schmetterlinge um sie herumflattern. Für Ellie waren das zwei Schwestern, die mit ihren hübschen Locken und fliegenden Röcken herumwirbelten. Ich war dann wohl der Baum, dem zu Ehren sie tanzten. »Das wollte nichts tragen.« Der Baum (ich) war unfruchtbar, aber für sie war er Silber und Gold, Birne und Muskat. Ich hatte dieses hübsche Pärchen geschaffen – die eine rosig und süß, die andere klein und hart. Sie musste ihren Duft erst noch entfalten.

Als Elinor fort war, kam die Schwester zu mir: »Vergleichen Sie die beiden Kinder nicht miteinander«, warnte sie. Ich war weit davon entfernt. Nicht einen Moment lang konnte ich es mir leisten, an die Freude über mein erstes Baby zurückzudenken. Dieses Mal war ich mit Medikamenten und Maschinen und den Prognosen der Ärzte konfrontiert.

♦ ♦ ♦

Mittagszeit. Oben im siebten Stock packte ich meine luxuriösen Backwaren aus, aber der Appetit darauf war mir vergangen. Sie wirkten zu üppig, zu extravagant. Auf dem Bett lag ein Zettel mit der Menüauswahl für den Abend. Ich zückte einen Stift und kreuzte ohne Zögern Shepherd's Pie und Rhabarberstreusel an, tröstlich vertraute Gerichte.

Mein Geburtshelfer, zu dem ich wegen der Vorsorgeuntersuchungen während der Schwangerschaft gegangen war, kam am Nachmittag mit einer Schar schweigend-betretener Studenten vorbei. Der forcierte Charme, den der Gynäkologe während der pränatalen Diagnostik an den Tag gelegt hatte, war verflogen und hatte einem ebenso forcierten Ernst Platz gemacht. Ich wollte wissen, ob die leichten Blutungen in der 18. Woche ein Warnschuss gewesen waren.

»Vielleicht«, sagte er, »aber andererseits haben sehr viele Frauen ohne ernste Folgen während der Schwangerschaft Blutungen.«

Wie konnte es dann zu den Blutungen während der Geburt kommen? Waren meine Yoga-Übungen am Vortag schuld?

»Machen Sie sich keine Vorwürfe, das wäre das Schlimmste, was Sie tun könnten. Solche Sachen ereignen sich aus heiterem Himmel … Eine von hundert Schwangerschaften endet mit inneren Blutungen und einem Frühabgang. Dagegen ist man machtlos.«

Mir selbst die Schuld geben, das war ein Weg, um die Verantwortung für Imogens Leben zu übernehmen. Aber es war ein gefährlicher Weg, der direkt in den Abgrund führte, und mein Doktor trieb mich davon weg. Ich schlug einen Haken und suchte die Schuld bei anderen: Warum hatte mich niemand bei den Telefonaten von zu Hause aus nach den Symptomen gefragt? Eine der im JR arbeitenden Hebammen hatte mir gesagt, ein steinharter Bauch sei ein sicheres Zeichen für innere Blutungen, aber die Hebamme draußen auf dem Land hatte nicht danach gefragt. Ich war wütend, wetterte gegen die Unzulänglichkeiten des Geburtshauses, das er empfohlen hatte, den Mangel an Rettungswagen, die schlecht ausgestattete Entbindungsstation in Banbury … Er murmelte etwas von Statistiken und Risikofaktoren, fragte, wie es Imogen und mir gehe – ich antwortete, sie sei bewusstlos und ich in Agonie.

»Das Wort Agonie beschreibt die Situation vollkommen«, sagte ich und sah ihm direkt in die Augen. Ich wollte, dass er sich in meine Lage versetzte und zugab, dass seine Empfehlung ein Fehler gewesen war. Ich brüstete mich, gute Rechtsanwälte zu kennen – falls Imogen permanent geschädigt worden sei, würde ich den National Health Service wegen Inkompetenz verklagen. Der Arzt griff das auf und erklärte, es gebe einen offiziellen Beschwerdeweg, er würde jemanden zu mir schicken, der mir beim Ausfüllen der Formulare helfen würde. Damit verschwand der ganze Tross aus meinem Zimmer.

Großeltern, Onkeln und Tanten kamen am Nachmittag zu Besuch, und ich führte sie in die Perinatalstation, damit sie einen Blick auf den Brutkasten werfen konnten. Es gab nicht viel zu sagen, höchstens etwas wie: »Sie sieht dir ähnlich!«, aber wie konnte man das beurteilen? Imogen war einfach nur ein neuer, geheimnisvoller Säugling. Sie müssen von den Drähten und Maschinen schockiert gewesen sein. Im siebten Stock quetschten sich alle in meinen Raum, ich saß aufrecht im Bett, angeschlossen an Ermintrude. Jay holte Teetassen und schenkte den süßen Holundersirup ein, den ich erst einige unschuldige Wochen zuvor mit den Blüten aus unserem Garten angesetzt hatte. »Auf Imogen!«, riefen wir. Wir taten es wohl hauptsächlich für Elinor, wir wollten ihr die Sicherheit geben, dass diese Situation nicht lange anhalten und die Puppe in dem Brutkasten wirklich ihre Schwester sein würde. Gut ein Jahr lang sagte Elinor immerzu: »Auf Imogen!«, wenn wir auf irgendetwas anstießen.

♦ ♦ ♦

So vergingen die Tage. Im Zentrum meines Lebens stand ein Kasten auf Rädern, der in einem Flur geparkt war. Das Baby im Kasten wachte nicht auf. Wir beobachteten sie und warteten und nannten sie liebevoll unsere schlafende Schöne.

Virginia Nicholas erklärte, sie könne nicht sagen, warum sie nicht aufwache, ob wegen der Medikamente oder des Schlaganfalls. Niemand sprach das Wort Koma aus, aber vielleicht lag sie im Koma, und das war eine ziemlich beängstigende Vorstellung. Die Ärztin sagte, eines Tages würde sie ganz bestimmt die Augen öffnen. Wann? »Das weiß nur Imogen.«

Ich ging oft mitten in der Nacht hinunter in die Perinatalstation, setzte mich zum Brutkasten und unterhielt mich mit den Schwestern. Ich hörte mir ihre Klagen an, die Probleme wegen der schlechten Bezahlung und des Personalmangels und der ungesunden Arbeitszeiten. Und sie fragten mich nach meiner Vergangenheit. In dieser seltsamen, unwirklichen Umgebung erzählte ich Anekdoten und Geschichten von meinen Reisen, die ich seit Jahren nicht mehr erzählt hatte. Die Schwestern hakten immer wieder nach, vielleicht damit das Gespräch nicht auf das Baby kam. Ich hatte das Gefühl, dass sie mehr wussten als die Ärzte, weil sie ständig bei dem Kind waren, und ich versuchte in ihren Gesichtern zu lesen, was sie wirklich dachten. Manchmal sah ich Mitleid darin; wussten sie, dass die Situation hoffnungslos war?

Am Morgen kamen auch die anderen Mütter. Die Frau mit dem Kind rechts neben Imogen erzählte von der Operation ihrer Tochter, und ihre Schultern beugten sich unter der gewaltigen Last nach vorn. Die Ärzte hatten noch vor der Geburt bemerkt, dass das Baby Probleme in der Speiseröhre hatte; deswegen musste es mit einem Kaiserschnitt geholt werden, weil man es dann besser behandeln konnte. Aber eine große OP in der HNO-Klinik stand der Kleinen noch bevor. Auf der anderen Seite war ein junges Paar, deren Sohn eine schwere Geburt in der 24. Schwangerschaftswoche überlebt hatte – das war noch vor meinem ersten Aufenthalt hier im JR gewesen.

Er lag auf dem Rücken und starrte ein gelbes Mobile an, aus dem »Imagine« von John Lennon dudelte. Die Schwestern waren von dem Jungen begeistert, vielleicht, weil er schon so lange bei ihnen war. Wenn es die Arbeit erlaubte, zogen sie sein Spielzeug auf und sangen den Text von »Imagine« mit.

Wir Eltern saßen meist still bei unseren Kindern und versuchten die Regel zu beherzigen, die anderen Familien trotz der räumlichen Enge nicht persönlich zu behelligen. Eine Mutter, die beim Anblick ihres Brutkastens in Tränen ausbrach, wurde taktvoll beiseite genommen. Eine andere, die die Schwestern lautstark nach Behandlungsmöglichkeiten der Spina bifida ihrer Tochter ausfragte, wurde in einen Nebenraum gebeten. Nur ein Kind wurde nicht von seiner Mutter besucht. Der Junge lag in einem offenen Bettchen und war am ganzen Körper mit Schnitten und Schürfwunden übersät, als hätte er einen Autounfall gehabt. Er war groß, trotz seiner fürchterlichen Wunden gesund und trank seine Fläschchen in Windeseile leer. Einmal lehnte sich eine Schwester über ihn und sagte: »Armer Kerl, hast eine schlimme Zangengeburt hinter dir.« Ich stellte mir vor, seine Mutter läge auf der Intensivstation, schwebe nach einem massiven Blutverlust vielleicht in Lebensgefahr. Währenddessen saß ich, noch nicht einmal anämisch, mit meiner äußerlich unversehrten, unters Hemd gestopften schlafenden Schönen da.

Stunde um Stunde hockte ich neben dem Brutkasten und tat so, als wäre ich wieder schwanger, nur dass ein paar Drähte herausschauten. Sonst hatte ich zu Imogen nur während der regelmäßigen Windelwechsel körperlichen Kontakt. Dabei wurde der Brutkasten an der Seite geöffnet, ein Behälter mit sterilisiertem Wasser entsiegelt und kleine Päckchen mit steriler Verbandswatte aufgerissen. Damit wusch ich zur festgesetzten Zeit ihren ausgestreckten Körper. Die Haut war schrumpelig und rot, eine lose Hülle, in die sie erst noch hineinwachsen musste. Das einzige äußere Zeichen für ihre traumatische Geburt war die linke Hand, die durch die hastig eingestochene Infusionsnadel und all ihre Nachfolger geschwollen und blaugrün war. Diesen Bereich mied ich beim Waschen, während ich ihre Gliedmaßen hob und streckte, um jede Falte zu erwischen. Manchmal bewegte sie sich, als wolle sie gegen meine Übergriffigkeit protestieren.

Während ich sie wusch, redete ich mit ihr in meinem Babysingsang. Vielleicht hörte sie es, auch wenn ihre Augen und ihr Mund fest geschlossen blieben: Die Ohren waren offen. Hatte sie die saubere Windel an und war der Brutkasten wieder geschlossen, presste ich mein Gesicht an die Luke, verdrängte den piepsenden Monitor und summte ein Schlaflied nach dem anderen, die die Luft rund um mein Baby erfüllten.

◆ ◆ ◆

Genau eine Woche nach unserer Ankunft im JR öffnete Imogen die Augen. Es war ganz undramatisch, nur ein Blinzeln, während ich sie sauber machte. Ich hatte den Eindruck, dass sie ihre Beine und Arme heftiger als sonst bewegte, angeregt vom kalten Wasser. Vielleicht kamen die Dinge endlich ins Rollen. Ich verkündete den Schwestern meine Neuigkeit, sie lächelten und nickten dazu. Ich sollte nicht davon ausgehen, dass es sich sehr bald wiederhole, warnten sie mich. Aber wenn ich mir ihren klinischen Zustand vergegenwärtigte, wurden die Fortschritte deutlich. Die Medikamente beispielsweise waren ganz, ganz langsam reduziert worden, ohne dass wieder epileptische Anfälle aufgetreten wären. Imogen konnte für immer längere Zeiträume und schließlich ständig in einem offenen Bettchen liegen, ohne dass ihre Körpertemperatur sank, wenn auch eingehüllt in Wolldecken und mit einer niedlichen Mütze, die für eisige Kälte gestrickt worden war, nicht für dreißig Grad im Schatten.

Der größte Unterschied war ihre Ernährung. Statt Dextrose wurden winzige Mengen meines Kolostrums aufgetaut und über die Nasensonde in ihren Magen geträufelt. Ich sah dabei gern zu, obwohl die Empfängerin wenig Begeisterung erkennen ließ. Der nächste Schritt wäre, dass sie selbstständig saugte, und sei es mit geschlossenen Augen; es wäre eine wichtige Entwicklung.

Dabei war ausgeschlossen, dass sie die Brust von allein fand, aber immerhin konnte ich ihr etwas von mir in der Flasche geben, tropfenweise aufgetautes Kolostrum. Ich holte sie aus dem Bettchen und legte sie in meinen Arm, nahm das Fläschchen und strich mit dem pinkfarbenen Sauger über ihre Lippen. Manchmal öffnete sich der trockene kleine Mund einen Spalt breit, und ein gelber Tropfen rollte hinein und verschwand ohne wahrnehmbares Schlucken. Besonders schön war es, wenn es mir gelang, ihr den Sauger in den Mund zu schieben: Dann öffnete sie die Augen weit, und die Lippen schlossen sich darum. Einmal saugte sie sogar zwei-, dreimal, bevor sie erschöpft wieder abließ. Aber es war genug, das erste Anzeichen für eine normale Säuglingsentwicklung, für ein Leben jenseits der Vorhölle.

Dieses Leben würde natürlich nicht hier stattfinden. Was würde geschehen, wenn wir nach Hause durften? Welche langfristigen Folgen würde all das haben? Die Auswirkungen des »Schlaganfalls« seien nicht vorhersagbar, erklärten die Ärzte, Babys könnten massive Sauerstoffnot wegstecken, deswegen könnten sie unter Wasser schwimmen, nur deswegen könnten sie geboren werden. Dr. Nicholas wollte eine Computertomografie von Imogens Kopf machen, aber auch diese Untersuchung vermochte zu diesem Zeitpunkt keine sichere Auskunft über den Zustand ihres Gehirns zu geben. Das Gehirn von Neugeborenen sei schwer zu deuten, denn die Geburt hinterlasse oft ihre Spuren, ohne dass daraus ein dauerhafter Schaden entstehe. Sie könne einfach keine Prognose geben, erklärte die Ärztin.

Als Dr. Nicholas ihren freien Tag hatte, fragte ich ihre Vertretung zu der Wahrscheinlichkeit aus, ob mein Baby ganz genesen könnte. Die Kinderärztin blieb ganz sachlich: Imogen habe mit zwei Wochen angefangen, Nahrung aufzunehmen (dreizehn Tage, um genau zu sein), damit stünden die Chancen 50:50, dass ihr Gehirn dauerhaft geschädigt sein könnte. Aber das Spektrum an Symptomen sei sehr groß, es würde Monate, wenn nicht Jahre dauern, bis sie entdeckt würden.

Ihre Statistik verstörte mich nicht, vielleicht hatte ich weit Schlimmeres erwartet, vielleicht war ich einfach erleichtert, eine Zahl genannt zu bekommen, egal welche. 50:50 strahlte eine beruhigende Symmetrie aus. Ich war ein optimistischer Mensch, das Leben hatte mir bisher keinen Grund gegeben, nicht optimistisch zu sein. Mit 50:50 konnte ich leben, ich konnte die Prognose genau genommen in meinen Hinterkopf einsperren.

Dr. Nicholas drückte die Chancen anders aus. »Die Babys oben auf der normalen Säuglingsstation werden letztlich mehr Probleme haben als meine hier unten«, sagte sie. Als ob ihre »Spezialbehandlung« sicherstellte, dass ihre Patienten gesünder wurden als jene, die nur den üblichen Empfang bekamen. Das Problem war, je länger die »Spezialbehandlung« dauerte, desto inkompetenter fühlte ich mich. Konnte ich mich überhaupt um mein Baby kümmern? Hätte sie auf der normalen Säuglingsstation gelegen, wäre ich bald nach der Geburt nach Hause gegangen und hätte sie betreut, so, wie ich es auch mit meinem ersten Kind getan hatte. Aber die Perinatalstation hatte mich verändert. Ich fragte mich ernsthaft, ob ich es ohne ihre Zweiteltern, die Schwestern und die Maschinen, schaffen würde. Ich vertraute den Routinen und den Abläufen der Profis. Ich vertraute ihren piepsenden Gerätschaften und den Informationen, die sie mit großer Selbstsicherheit von sich gaben. Sie waren weit zuverlässiger, als ich es je sein könnte. Imogen und ich, wir beide waren hier gut aufgehoben.

♦ ♦ ♦

Jay überredete mich zu einem Nachmittag jenseits des Krankenhauses. Dr. Nicholas wirkte ziemlich verblüfft, als ich erklärte, ich brauchte eine »Gartentherapie«. Der Garten an unserem Häuschen war eines meiner größten Projekte während der Schwangerschaft gewesen, und ich wollte wissen, wie er sich seit meiner Abwesenheit entwickelt hatte. Unterwegs holten wir Elinor vom Kindergarten ab. Als ich am Tor wartete, fiel mir zum ersten Mal auf, wie locker meine Jeans auf den Hüften saßen. So stark hatte ich noch nie abgenommen – ohne es auch nur zu wollen. Um mein Handgelenk war ein Plastikband gewickelt, das mich als Krankenhausinsassin auswies. Auf die Kids, die aus dem Kindergarten auf mich zuströmten, muss ich sehr seltsam gewirkt haben. Ellie hielt die Hand einer Kindergärtnerin ganz fest, ich ging in die Knie und öffnete meine Arme weit. Steif und scheu stellte sie sich hinein.

Zu Hause saß ich draußen auf dem Rasen, umgeben von der Üppigkeit des Sommers. Ein nagelneues Klettergerüst stand neben den Linden und wartete mit seinen zwei Schaukeln auf das Geschwisterpaar. Ziertabak wucherte in den Töpfen vor der Eingangstür, die Pflanzen ähnelten so gar nicht mehr den winzigen Trieben, die ich mühsam aus Samen gezogen hatte. Ich bewunderte die Wicken, die an der Südwand hochrankten, den Fingerhut, der auf der schattigen Seite wuchs. Auf der Terrasse standen knallbunte Töpfe: gelbe Ringelblumen, blutrote Brunnenkresse, wie Marienkäfer gepunkteter Mohn und die kleinen Clownsgesichter der Stiefmütterchen. Während ich in das unnatürliche Mikroklima der Perinatalstation weggesperrt gewesen war, war diese verrückte, festliche Fülle ohne mich ausgebrochen.

Auf dem Rückweg ins Krankenhaus weinte Jay im Auto. Wir hielten am Straßenrand und lagen uns in den Armen. Ich war froh, ihn zu trösten, ruhig zu sein, während er schluchzte. Die letzten Wochen mussten für ihn fürchterlich gewesen sein, das endlose Warten, die Unsicherheit. Mein Leben hing zusammen mit Imogens in der Schwebe, ich war vorübergehend vom Alltag suspendiert, aber seins ging weiter, und er musste versuchen, Elinor Normalität zu vermitteln. Es war klar, dass sie mich brauchten, mein Krankenhauskerker musste bald ein Ende haben. Aber mein Baby? Ich hatte den Garten für das Kind angelegt, während ich schwanger gewesen war, all die Monate hatte ich mir vorgestellt, wie ich es hier füttern würde. Ich musste sie aus dem Krankenhaus holen und in unser kleines Paradies bringen. Hier würde sie bestimmt gesund werden.

Wie als Beweis für die Kraft des positiven Denkens empfingen uns die Schwestern freudestrahlend: »Sie hat die Flasche genommen! Dreißig Milliliter hat sie getrunken! Sie ist definitiv auf dem Weg der Besserung.« Von diesem Tag an erlaubte man mir, sie von den Maschinen abzulösen und in einem separaten Raum zu füttern. Diese Unabhängigkeit stärkte mein Selbstvertrauen; natürlich konnte ich für ein Kind sorgen, ich hatte es schon bei Ellie bewiesen. In dem Raum stand ein niedriges Sofa, er war mit Teppichfliesen ausgelegt und trotz der fehlenden Fenster und dem Reanimationsgerät in der Ecke wohnlich. Ich legte mein Baby auf ein V-förmiges Kissen in meinen Schoß und wartete, ob sie den Kopf reflexartig zu meiner Brust drehen würde. Ich hielt ihr Köpfchen mit einer Hand und meine (wesentlich größere) Brust in der anderen, stupste die Warze an ihre Lippen, versuchte, sie zum Saugen zu bewegen. Hatte das linkische Unterfangen keinen Erfolg, rettete ich mich mit dem Fläschchen, bugsierte den Sauger in ihren Mund und bewegte ihn so lange, bis sie endlich zu schlucken begann.

Bei einer dieser Gelegenheiten, mit vollen Händen und entblößter Brust, stand plötzlich eine Frau in der Tür und murmelte: »Entschuldigung.« Ich kannte sie, erkannte sie aber nicht sofort. Dann fiel es mir ein – es war meine ehemalige Sportlehrerin aus der Realschule.

»Hallo, Mrs. Le Brocq!«, rief ich. Wir waren so viele Stunden gemeinsam über das Hockeyfeld gerannt, dass mir der Name sogleich wieder einfiel. Sie hatte sich in den zwanzig Jahren kaum verändert, nur die matschverspritzten Sportsachen gegen einen repräsentativen Hosenanzug eingetauscht. Mrs. Le Brocq (»nennen Sie mich doch Clare« – ich brachte es nicht fertig) arbeitete inzwischen als Comments and Complaints Manager im John Radcliffe Hospital und sollte mir bei der Beschwerde gegen das JR, das Geburtshaus und die

Entbindungsstation in Banbury helfen. Sie drückte ihr Mitgefühl aus und fragte, ob mich unsere Bekanntschaft befangen mache.

»Ich denke nicht«, sagte ich und hoffte insgeheim, dass mir das frühere Schüler-Lehrer-Verhältnis zugute kommen würde. Sie setzte sich, wir füllten gemeinsam die Formulare aus und notierten eine Reihe von Fragen zu den Geschehnissen während Imogens Geburt, die als Grundlage für eine »interne Untersuchung« dienen sollten. Es war ein merkwürdiges Gefühl, meinen Sprössling zu füttern und gleichzeitig meine Wut über die schlechte Behandlung zu äußern, die uns zuteil geworden war. Ich hätte gern mein zorniges Ich im Krankenhaus gelassen und nur das mütterliche Selbst mit nach Hause genommen.

Die Schwestern fanden, Imogen sei noch nicht stabil genug, um entlassen zu werden. Aber die Station war völlig überbelegt, ein krankes Neugeborenes musste in einem Seitenraum »geparkt« werden.

»Gut«, lächelte Virginia Nicholas, »gehen Sie heim und tun Sie so, als wären die letzten Wochen nie passiert. Behandeln Sie sie einfach wie ein normales Baby!«

KAPITEL 2

Das Kind im Brunnen

Samstag, 6. Juli. Zweieinhalb Wochen nach ihrer Geburt brachten wir Immie nach Hause, in Decken gewickelt und schwächlich. Obwohl ich überzeugt war, dass der Garten das beste Gegenmittel zu der sterilen Krankenhausatmosphäre darstellte, war ich doch auch nervös. Sie war noch nie an der frischen Luft gewesen. Die einzige Lösung war, den Garten zu ihr hineinzubringen.

Ellie hatte auf dem Rasen Löwenzahn und Hahnenfuß gesammelt und in Vasen gestopft, aber sie ließen die Köpfe auf ihren schwachen Stängeln hängen. Mit der Rosenschere holte ich schönere Trophäen. Bauernjasmin quoll aus dem Krug auf dem Fenstersims, der neben den Glückwunschkarten stand. Es war mir nicht wohl dabei gewesen, diese Karten aufzustellen, besonders eine, auf der die Sohle eines Babyfüßchens zu sehen war, mit zusammengezogenen Zehen, die verdächtig an einen epileptischen Anfall erinnerten. Drinnen stand: »Ein Willkommen für das Trappeln kleiner Füße«. Zu Elinors Geburt hatte ich sicher ähnliche Glückwunschkarten bekommen, und da wir so tun wollten, als seien die vergangenen zweieinhalb Wochen nie passiert, mussten die Karten auf den Sims. Kaum einen Tag später waren sie von gelbem Blütenstaub überzogen.

Steife Wickenstängel standen in den Väschen auf den Nachttischchen. Dieses Jahr hatte ich mich für eine altmodische Sorte mit einfarbigen, dunkelrosa Blüten entschieden, die meine Mutter wegen ihres üppigen Duftes empfohlen hatte (es sei Grannys Lieblingssorte gewesen, sagte sie). In ihrer schweren Wolke schlummerte mein Baby. Ich hatte die Vorhänge schwarz gefüttert, damit es nicht vom Sommerlicht gestört wurde – was sich im Nachhinein als völlig überflüssig herausstellte, sie hatte im Krankenhaus sogar direkt unter der Neonröhre geschlafen. Schlafen war ohnehin ihr Ding. In den ersten Tagen wurde es nur durch das Füttern unterbrochen, bei dem Jay und ich uns abwechselten und ihr wie die Schwestern alle drei Stunden rund um die Uhr das Fläschchen gaben.

Am liebsten waren mir die nächtlichen Fütterungen. Wenn der Wecker klingelte, trug ich meine schlafende Schöne aus dem Schlafzimmer und legte sie auf das Sofa im Flur. Dort zündete ich eine Kerze an. Ich hatte gelesen, das Flackern würde die Entwicklung der Augen von Babys stimulieren, ich sah darin aber auch ein Symbol der Hoffnung – schließlich waren wir der Vorhölle im Krankenhaus entronnen. Schon vor dem Schlafengehen hatte ich in einer Kühltasche ein geeichtes Fläschchen vorbereitet mit der exakten Menge aufgetauter Muttermilch aus meinem Krankenhausvorrat. Im Kerzenlicht schraubte ich es auf, ersetzte den Deckel nach dem Aufwärmen durch einen nagelneuen Sauger und schob ihn zwischen ihre Kiefer. Ohne die Augen zu öffnen, begann Imogen zu schlucken.

In dieser Anfangszeit hatte ich genug Schlafreserven und war glücklich, ihr im Morgengrauen die zweite Flasche zu geben, die in der Kühltasche wartete. Draußen, direkt vor dem Fenster, zirpten und rauschten die Mauerschwalben vorbei. Sie waren dieses Jahr früh zurückgekommen und hatten ihre Nester unter unserem Dachüberstand eilends wieder in Stand gesetzt. Bald – noch vor meinem Krankenhausaufenthalt –

war der erste Schwung schon flügge, offenbar war jetzt bereits der zweite ausgebrütet. Wie sich die Altvögel plagten – noch bevor meine Augen das Tageslicht wahrnahmen, brachten sie schon das Frühstück für ihren Nachwuchs herein.

Und da saß ich, nur ein paar Meter entfernt, und fütterte meinen Nachwuchs. Neugeborene Menschen sind seltsame Geschöpfe, eigentlich haben sie noch wenig Menschliches. Ihre Glieder lassen jede Koordination vermissen, ihre Augen erkennen wenig, ihre verzerrten Münder reißen sie so weit auf wie die Küken ihre Schnäbel, Zungen lecken die Luft. Strampelnde Wesen, ganz auf Körpervorgänge und Empfindungen reduziert, vollkommen abhängig von ihren Eltern. Ich habe sie immer als Bündel von Möglichkeiten gesehen, die sich nach einem zunächst relativ festgelegten Programm entwickeln. Inzwischen gibt es mir einen Stich, wenn ich die Brut anderer Menschen betrachte.

♦ ♦ ♦

Tagsüber war die Luft schwül durch die Julihitze, Gewitterfliegen wurden zur Plage. Die Insekten, nicht größer als ein Komma, hatten sich in die Bilderrahmen im Wohnzimmer gezwängt. Unter dem Glas saßen sie dann in der Falle, durch ihre Feuchtigkeit entstanden Heiligenscheine, die das Papier dauerhaft als konvergierende Kreise verschmutzten. Flog einer der Plagegeister in Immies Auge, holte ich ihn vorsichtig mit der Fingerspitze heraus, nur um zu entdecken, dass ein winziger schwarzer Vetter seinen Platz eingenommen hatte.

Unter dem Fenster im Wohnzimmer stand ein Bett mit einer weichen Wolldecke, auf der Ellie oft als Neugeborene gelegen hatte. Ich hatte sie darauf ausgezogen und beobachtet, wie sie sich streckte und blinzelte. Das war im Winter gewesen, und ihre Schwester trug mitten im Hochsommer ein Wolljäckchen, eine geliehene Mütze und war zusätzlich in eine Decke gewickelt. Ich zog Immie ganz langsam, fast schon feierlich, aus. Es war, als lösten wir die Fesseln, die uns in der Perinatalstation angelegt worden waren, als streiften wir die übereinandergewickelten Schichten des institutionellen Lebens ab. Mein Baby trug wieder ihren Geburtstagsanzug – ihre Haut war rötlich-weiß, ganz wie meine irischstämmige Mutter, während Ellie Jays dunkleren Teint geerbt hatte.

Ich holte meine Kamera, um den Moment festzuhalten – begierig, die verlorene Zeit nachzuholen und von Imogen genauso viele Fotos zu haben wie von dem anderen Kind. Ich wollte kein drittes Kind – Wehen, nein danke –, und insofern war es meine letzte Chance. Ich musste jeden von Immies entscheidenden Baby-Momenten festhalten, den ersten Augenkontakt, das erste Lächeln, wenn sie zum ersten Mal aufrecht sitzen konnte, wenn sie anfing zu sprechen.

Auf der Decke lag Ellies Lieblingsrassel. Der glitzernde Reif mit seinen bunt bemalten Ringen und Kugeln hatte sich als faszinierendes Spielzeug für die erste Zeit erwiesen. Jetzt schüttelte ich ihn dicht vor Immies Gesicht und hoffte, sie würde hinschauen. Aber sie schien sich eher zurückzuziehen, zog die Knie Richtung Bauch und drehte das Gesicht weg in die Falten der Decke. Ich beobachtete sie eine Weile durch die Kamera. Ihre linke Hand (immer noch grün und blau und geschwollen von den Infusionsnadeln) hielt sie an ihrem Ohr, die rechte stützte das Kinn wie Rodins Denker. Sie hatte die Hände oft am Kopf, schon, als ich sie in Banbury zum ersten Mal gesehen hatte, hatte sie eine ähnliche Armhaltung gezeigt. Vielleicht hatte die Krankenschwester ja recht gehabt, und das Kind litt unter den schlimmsten Kopfschmerzen auf der ganzen Welt. Jetzt hatte ich immerhin die Chance, es zu heilen.

♦♦♦

Es gibt nur ein einziges Foto aus Immies ersten Wochen, auf dem sie wach ist. Man sieht mich, wie ich ihren mageren Körper in eine Plastikwanne gleiten lasse, ihre Augen sind offen, in ihrer Pupille spiegelt sich der Kamerablitz. Dieses Bild enthält eine weitere Erinnerung, die im Rückblick noch bedeutsamer ist: Als ihre nackte Haut das Wasser berührt, wimmerte sie wie ein blindes Katzenjunges. Endlich, nach Wochen der Stille, hörte ich zum ersten Mal ihre Stimme. Ich bespritzte sie mit Wasser, und das Wimmern wurde zum Schreien. Aus ihren Lungen strömte ein Lied, dessen Noten sich mit dem plätschernden Wasser vermischten. Seit sich das Fruchtwasser auf den Teppich im Wohnzimmer ergossen hatte, hatte Immie in einer trockenen Welt gelebt, des Elements beraubt, das sie all die Monate in mir genährt hatte. Und jetzt sang sie zur Feier des Wiedererkennens das Lied, das sie bei ihrer Geburt hätte singen sollen.

So habe ich es zumindest beim ersten Mal wahrgenommen. Innerhalb weniger Tage klang es weniger wie ein Lied denn wie Gebrüll – den Kopf zurückgeworfen, die Augen zusammengekniffen, den Mund weit aufgerissen. Wenn ich mich in diese Zeit zurückversetze, fällt mir dieses Schnarren ein, das entstand, weil sie ihr Elend beim Luftholen ebenso wie beim Ausatmen herausbrüllte, Rücken und Knie durchgedrückt, die Schenkel verspannt, schweißgebadet. Ich legte ihr die Hand auf den Bauch und auf den Rücken und hoffte, der Druck lindere das Bauchweh. Ich klopfte ihr auf den Rücken, hoffte, dass sich die Blähungen in ihrem empfindlichen Verdauungssystem lösten. Aber sie wehrte mich ab, warf den Kopf zurück, fuchtelte mit den Armen und hörte nicht auf zu schreien.

Laut Ärzten und Ratgeberliteratur schreien Babys aus einem bestimmten Grund – weil sie Hunger haben, müde sind oder sich nicht wohl fühlen. Schreien ist das einzige Ausdrucksmittel von Neugeborenen, heißt es. Eine Mutter wisse, ob ihr Baby genug gegessen oder geschlafen oder die Windeln voll habe, sie fände rasch die Ursache des Schreiens heraus und beseitige sie. Nicht so bei mir. Was immer ich ausprobierte, es machte keinen Unterschied. Wenn Immie wach war, schrie sie. Immer. Da ich ihr nicht helfen konnte, wäre ich am liebsten davongelaufen. Aber ich habe es natürlich nicht getan, schließlich bin ich ihre Mutter. Also presste ich ihren heißen Körper gegen meine Rippen und schaukelte vor und zurück. Vor und zurück.

Ellie hat als Baby natürlich auch geschrien. Ich habe sie auf meine Knie gesetzt und getröstet. Meistens habe ich ihr die Brust gegeben, das mochte sie offenbar. Vom ersten Tag an nuckelte sie an mir und nahm meinen Geschmack auf. Nachts wachte ich auf und spürte, wie die Milch in die Warze schoss, noch bevor sie quäkte.

Ich musste Immie von der Flasche wegbringen. Es musste einfach gehen, meine Mutter hatte mir erzählt, dass sie mich von der Flasche weg wieder an die Brust bekommen hatte. Ich war eine schwere Geburt, in den Sechzigerjahren lag ich zehn Tage lang in der Kinderklinik, und als ich nach Hause durfte, liebte ich Fläschchen und hatte nicht das geringste Interesse an Mutters Brust, sagte sie. Aber die Hebamme kam jeden Tag und wies mein Baby-Ich in diese Freuden ein. Jedes Mal, wenn ich wimmerte, wurde mir erst eine tropfende Warze angeboten, bevor ich mein Fläschchen bekam. Allmählich akzeptierte ich die Brust, und nach zwei Wochen waren die Gummisauger vergessen. Es gibt ein Schwarzweißbild im Familienalbum, auf dem meine Mutter ein durchsichtiges Negligee trägt, aufrecht im Bett sitzt und ihrem schwarzhaarigen Würmchen die Brust gibt. Als Kind habe ich oft darüber nachgegrübelt, fasziniert von meinem Baby-Ich. Wenn Mama das nicht getan hätte, so dachte ich damals, wäre ich vielleicht nie groß und stark geworden.

Mit Immie wollte ich diesen Trick nachmachen, bloß zeigte meine Jüngste absolutes Desinteresse, und wir hatten keine resolute Hebamme, die uns angetrieben hätte. Ich rief eine Beraterin an, die Stillhütchen empfahl; vorübergehend könnte ich mit diesen Silikonteilen den Sauger vortäuschen, weil der durchlöcherte Bereich, durch den die Milch fließt, gut zwei Zentimeter hoch sei. Da würde mein Flaschenjunkie sicher anbeißen.

Leider werden Stillhütchen vom Mund des Säuglings an Ort und Stelle gehalten. Beim Anlegen waren also Geschick und gutes Timing gefragt; genau in dem Moment, in dem sie die Brust nahm, musste ich das Ding mit Zeigefinger und Daumen zwischen ihren Mund und mich fummeln. Eine Hand an Imogens Hinterkopf, die andere mit dem Stillhütchen bewaffnet, versuchte ich, sie zu ihrem Ziel zu dirigieren. Aber ich war unbeholfen und sie auch. Immer wieder schlug sie mir kurz vor dem Höhepunkt der Operation mit ihrem Gefuchtel das Silikonteil aus der Hand, und ich musste es erst einmal wieder auf dem Boden suchen.

Ich kam ins Schwitzen vor Anstrengung, Immie auch, während sie zornig brüllte. Vielleicht teilten sich ihr die nervöse

Hitze meines Körpers und mein rasender Herzschlag mit. Vor wenigen Wochen noch war sie ein Teil von mir gewesen, und jede meiner Empfindungen hatte sich ihr chemisch mitgeteilt. Trotz unserer Zeit im Krankenhaus oder gerade deswegen fühlte ich mich verantwortlich für ihre Qualen. Jay nahm sie mir eine Weile ab, drückte sie an seine Brust und produzierte ein leises, tiefes Grollen, das Ellie früher geliebt hatte. Und wie zum Beweis, dass alles meine Schuld war, beruhigte sie sich.

Ich dachte, ich hätte es am Ende verlernt. Beim nächsten Mal wollte ich alles so machen, wie es in den Büchern steht – aufrecht sitzen, Bauch an Bauch, Nase an der Warze … Ich sollte den Stillstuhl im Wohnzimmer nutzen, er war ja genau dafür konstruiert worden. Ich holte tief Luft und setzte mich hinein, bat Jay, sich neben mich zu hocken, Immies fuchtelnden Arm festzuhalten und mir zu helfen, dass ihr Kopf an die richtige Stelle kam.

Endlich lag sie an der Brust, und ich presste sie an mich, wagte mich nicht zu rühren, aus Angst, sie könnte wieder loslassen. Sie saugte sehr kräftig, aber mit dem Plastik zwischen uns kam bei meinen Nerven nichts an. Ich musste darauf vertrauen, dass sie etwas von ihren Mühen hatte, sie runzelte die Stirn vor lauter Anstrengung. Ich fuhr mit den Fingern durch ihre schwarzen Locken, sie wurden feucht von meinen verschwitzten Handflächen. Keine einzige Strähne war seit ihrer Geburt ausgefallen, im Gegenteil, in den paar Wochen waren ihre Haare dichter und länger geworden. Und jetzt sah ich, dass sie sich kräuselten, ganz wie bei ihrem Vater. Ihre Augenbrauen, klar ausgebildet, würden vermutlich genauso buschig und dunkel werden wie seine.

Ihre freie Hand war jetzt ruhig, ausgestreckt auf dem Kissen meiner Brust, bewachte sie die nahrhafte Quelle. Ich beugte mich vor und nahm ihre Finger in den Mund, fuhr mit der Zunge in den Raum zwischen den zarten Fingernägeln und dem fleischigen Finger. Einen nach dem anderen kaute ich die Nägel ab; wenn sie das nächste Mal um sich schlug, würde sie sich wenigstens nicht mehr kratzen.

Als sie satt war, öffneten sich ihre Lippen, und ihr Atem zeigte, dass sie einschlief. Aber der Schlaf kam nicht mehr so leicht. Wenn sie spürte, dass sich mein Griff lockerte, wachte sie häufig auf, und das Gequäke begann von vorn. Also behielt ich sie im Arm. Nachts im Bett, selbst verzweifelt schlafbedürftig, schlängelte ich mich in eine liegende Position, während ich beide Arme fest um ihren Körper geschlungen hielt. Oft schlief ich die ganze Nacht mit ihrem Hintern in meiner Hand, den kleinen Körper zusammengerollt in meiner Armbeuge, beide Fäuste in meine Taille geschmuggelt. Vorsichtig bog ich ihre kleinen Finger auf und sah zu, wie sie sich wieder um meinen Zeigefinger schlossen. Und mit diesem Griff hielt sie sich auch im Schlaf an mir fest.

Mitten im Tiefschlaf erreichte mich wieder ihr Gebrüll, lauter und monotoner denn je. Es kostete mich unendliche Mühe, mich aufzurichten und auf die Uhr zu sehen – vor einer Stunde erst hatte sie aufgehört zu trinken, sie konnte nicht hungrig sein. Also tippte ich auf Bauchschmerzen. Ich kletterte aus dem Bett und legte sie über meinen Unterarm, verschränkte die Hände und schaukelte den kleinen Körper vor und zurück, während ich das Körpergewicht von einem Fuß auf den anderen verlagerte. Die Bewegung erweiterte sich bald schon zu großen Halbkreisen, weit wie bei einem Tai-Chi-Meister. Nach ungefähr zehn Minuten gab ich die Bauchwehtheorie auf, setzte mich auf die Bettkante, nahm sie auf den Schoß und hopste im Dunkeln auf und ab. Vielleicht konnte ich sie in den Schlaf zurückschütteln. Um drei Uhr morgens ruinierte ich die Matratze mit meinem Gehüpfe.

Nach dreißig oder vierzig Minuten – solange ich es eben aushielt – kapitulierte ich und gab sie Jay, der ohnehin kein Auge mehr zubekam. Er legte sie huckepack über die Schulter, ihr Bauch drückte hart gegen sein Schlüsselbein, der verschwitzte Kopf hing nach unten. Er marschierte im Dunkeln auf und ab. Vom Bett aus sah ich seine nackten Beine unter dem Schlafshirt, die rundlichen, kräftigen Waden. Wenn die normale Behandlung nicht sofort anschlug, griff er zu härteren Methoden: Er stapfte extra hart mit der Ferse auf, so dass das Baby ein bisschen hochgeworfen wurde – das fand sie anscheinend klasse. Es ist erstaunlich, wie grob man mit einem unter Koliken leidenden Säugling umgehen kann.

Kolik – dieses Rätsel, das uns Eltern als Erstes die Fremdheit unserer Kinder klarmacht. Knie angezogen, Kopf zurückgeworfen, Mund aufgerissen. Bringt eine Verdauungsstörung die Kinder zum Schreien oder ein weniger gut vorstellbarer Wachstumsschmerz, ist es gar ein verspäteter Protest gegen das Trauma der Geburt? Ellies Koliken setzten in der Regel abends ein, wenn sie am Tag zu viel in sich hineingestopft hatte und wir alle erschöpft waren. Bei Immie konnten sie zu jeder Tages- und Nachtzeit anfangen.

Es gibt diverse, erwiesenermaßen wirksame Möglichkeiten, Bauchweh-Babys zur Ruhe zu bringen. Das Auto zum Beispiel, das Motorengeräusch bei einer flotten Fahrt über die Cotswold Hills lullt sie ein. War ich also völlig verzweifelt, gegen drei oder vier Uhr morgens, wickelte ich mich in einen Morgenrock, schnallte Imogen in ihrer Sitzschale fest und ging aus dem Haus. Mit Fernlicht jagte ich bergauf, bergab über die Landstraße, schnitt die Kurven im Vertrauen darauf, dass es um diese Uhrzeit keinen Verkehr gab, warf das halbe Städtchen aus dem Bett, weil wir durch die engen Häuserreihen donnerten, dann ging es steil zum Fluss hinunter und – bang! – an den schlafenden Polizisten vorbei über die Bogenbrücke.

Bis dahin war sie wahrscheinlich durchgeschüttelt genug, aber um ganz sicherzugehen, brauste ich wieder bergauf, weg von den Siedlungen, schaltete einen Gang herunter und fuhr möglichst weit links, wo der Asphalt besonders uneben ist. Ich konzentrierte mich völlig auf den durchgehenden weißen Seitenstreifen, der uns davor bewahrte, in den Hecken zu landen. Wir waren nah genug dran – Immie mochte vielleicht das Klackern der Ästchen und Schafgarbenköpfe auf dem Autoblech.

Ich fuhr bei einer jungen Platane heraus, stellte den Wagen an einer Einfahrt ab, drehte den Zündschlüssel um und lauschte einen Moment in die Stille. Als ich sicher war, dass sie nicht wieder loslegte, stieg ich aus, lehnte die Tür an, immer noch Stille. Offenbar hatte sie sich endlich beruhigt. Meine Augen gewöhnten sich an das Zwielicht, ich erkannte die Straße, die in das breite, dunstige Flusstal hinabführte. Als ich noch geritten bin, habe ich diese Zeit zwischen Nacht und Tag über alles geliebt, wenn ich mit dem Pony noch vor der Schule unterwegs war. Um das wiederzuentdecken, habe ich also fast ein Vierteljahrhundert gebraucht. Ich stellte erst den einen, dann den anderen Fuß auf die Querstreben des Tors, mit einem Schwung war ich auf der anderen Seite, immer noch in verantwortungsbewusster Nähe zum Auto, aber doch allein. Barfuß im feuchten Klee öffnete ich meine Arme und ließ mich von der leichten Morgenbrise anwehen, die nach Erde und frischen Blättern roch.

Im nahen Dickicht begann eine Amsel zu singen. Während sie auf Antwort wartete, schrien Fasane in dem Wäldchen auf der anderen Seite des Tals. Ich kannte die Stellen abseits des Spazierwegs; in einigen Monaten würde die Jagdsaison beginnen. Dort gab es Weiden mit stämmigen Pferdchen, die gern mit den Hufen scharrten. Einen Sommer zuvor war ich regelmäßig mit einer ängstlichen Ellie auf dem Rücken an ihnen vorbeigelaufen. Im September hatten wir im Gras Pilze entdeckt und waren täglich zum Ernten gekommen. Ellie hatte begeistert einen weißen Knubbel nach dem anderen ausgerissen und ihre Angst vor den Pferden vergessen. Es war so schön gewesen, ihr zuzusehen – dieses Jahr würde Immie dabei sein.

Hinter dem Wäldchen, etwas höher den Hang hinauf, zeichnete sich der normannische Kirchturm am Rand unseres Weilers ab. Die Schule, der Pub und der Laden waren geschlossen oder abgerissen worden, aber dieses Gebäude war unverändert in Gebrauch. Wie die alte Kirche in meinem Heimatdorf bot auch diese Gemeinde unserer Familie einen Platz in ihrer Mitte. Und nachdem ich lange Zeit keiner Religion hatte verpflichtet sein wollen, war ich glücklich in die Arme der anglikanischen Kirche zurückgekehrt. Dort fühlte ich mich zu Hause.

Einmal im Monat oder so gingen Jay und ich mit Elinor zur Sonntagsmesse. Die alten Damen, die den Gottesdienst regelmäßig besuchten, glühten vor Freude, dass die nächste Generation den Weg in die Kirche fand. »Lassen Sie sie ruhig herumlaufen«, wiederholten sie mehrmals, »es stört uns überhaupt nicht.« Und so besuchte Ellie gesellig eine nach der anderen an ihrem Platz. Sobald Immie nicht mehr so unberechenbar schrie, würden wir wieder hingehen und mit Wonne in die Kirchenlieder einstimmen.

Der Kirchturm stand im Schatten von Eiben, hinter denen sich fast fünfzig Häuser duckten, auch unser eigenes. Ringsum erstreckte sich die Landschaft und ließ verblüffende Details erkennen. Links zeichneten sich die Dächer von den Schweinekoben aus Blech ab. Rechts leuchtete der helle Weg zu Annes Farm mit ihren schimmernden Getreidesilos und dem großen Schafstall. Die diesjährigen Lämmer zogen längst mit den ausgewachsenen Tieren über die Wiesen hinter unserem Haus. Und in der nächsten Lammsaison wäre Immie neun Monate alt. Vielleicht krabbelte sie dann schon, erkundete den Stall und stopfte sich unterwegs jeden Dreck und jeden Strohhalm, den sie finden konnte, in den Mund. Ich freute mich schon darauf.

In das Zwitschern der Vögel mischte sich ein neues Geräusch, ein leises Brummen. Der erste Zug des Tages kam in Sicht, darin die Frühaufsteher, die weiter westlich wohnten, und gelbes Licht in den Fenstern. Bis vor kurzem noch war ich zwei-, dreimal pro Woche nach London gependelt, hatte unser ländliches Idyll gegen das hektische, weltliche Ambiente der Hauptstadt eingetauscht. Doch meine freiberuflichen Aufträge waren zurückgegangen, vielleicht hatte ich mich nicht mit genügend Nachdruck um neue Engagements gekümmert. Inzwischen betrachtete ich meine Londoner Zeit mit schwarzen Lederklamotten und einem halben Päckchen Gauloises pro Tag als Ausläufer der Studentenzeit. Wenn ich an die Kamikaze-Fahrten in den frühen Morgenstunden mit dem Fahrrad zurückdachte, an die Schimpftiraden gegen Taxifahrer in den Kurven um den Hyde Park, fand ich das reichlich extravagant. Inzwischen fuhr ich ein Auto mit guter Straßenlage und ging früh zu Bett. Nach und nach legte ich die Flüche und Kraftausdrücke ab, mit denen ich früher alle

Unterhaltungen gespickt hatte, und sortierte die alten Fummel aus.

Während ich mit Imogen schwanger war, fiel es mir immer schwerer, mich vom Haus loszureißen. Mit dem zweiten Kind wurde die Familie komplett, vierköpfig wie die Familien, in denen Jay und ich aufgewachsen waren. Zwei Erwachsene, zwei Kinder, eine perfekte Symmetrie zwischen den Generationen. Und mit dieser bilderbuchmäßigen Vollständigkeit kam die Passion. Die Mutterrolle wurde zu der einzigen Tätigkeit, die mich interessierte.

Je mehr ich freilich davor zurückscheute, Geld heranzuschaffen, desto mehr Druck lastete auf Jay. Als freier Komponist konnte er kaum ein regelmäßiges Einkommen nach Hause bringen, deswegen hatte er sich in letzter Zeit auf das Lehren konzentriert. Ich wusste, wie gut er unterrichten konnte – in unserer Anfangszeit war ich in seine Vorlesungen geschlichen und hatte mich über die Begeisterung amüsiert, mit der er im Hörsaal den Studenten etwas vorturnte. Ich war mir sicher gewesen, dass er das ausbauen und eine Familie ernähren könnte.

In London waren wir gleichberechtigte Partner gewesen, finanziell wie künstlerisch, jetzt war ich Hausfrau und Mutter, und er pendelte in die City zur Arbeit. Früher wären wir über diese Veränderung entsetzt gewesen.

◆ ◆ ◆

Der Vorlesungsbetrieb hatte Sommerpause, Jay konnte also zu Hause bleiben. Wie ich wollte er nur eins: die verlorene Zeit mit der Neugeborenen wiedergutmachen. Nach der schrecklichen Geburt und den Wochen im Krankenhaus wollte er sich endlich seine Streicheleinheiten holen.

Die Ratgeber empfehlen direkten Hautkontakt, besonders für Kinder, die zunächst von den Eltern getrennt werden müssen. Der warme Sommer erlaubte uns, sie nackt bis auf die Windeln in den Tragesitz zu setzen, so dass sie sich an Jays haarige Brust kuscheln, ihn riechen und spüren konnte. Oft schrie sie und versteifte sich, aber wir zwangen uns dazu, das zu ignorieren, solange sie sicher festgebunden war und nur die nackten Beine seitlich strampeln konnten. Jay hopste dann mit geschlossenen Knien auf und ab, um sie in den Schlaf zu schütteln. Er hüpfte über die Treppe oder drehte in der Küche eine Runde nach der anderen. Er hatte weniger Bedenken als ich und nahm sie mit nach draußen, lief durch das Feld hinter unserem Haus, und seine brüllende Fracht schlug die Schafe in die Flucht.

Neben liebevollen Berührungen hatte Jay die heilsame Macht der Musik im Angebot. Imogen Cecile war Anlass genug, Noten herauszukramen und sich ans Klavier zu setzen. Er überredete mich mitzumachen, und wir ergötzten uns an unseren alten Lieblingsstücken, vor allem an Mozart. Wenn Immies Gehirn durcheinandergeraten war, so unsere Überlegung, dann würde diese Musik es wieder in natürliche Rhythmen takten. Wir spielten laut, kümmerten uns nicht um falsche Noten oder subtile Dynamiken, sondern hämmerten in die Tasten. Die Resonanz würde ihr gewiss guttun, eingeklemmt zwischen ihrem Papa und dem Klavier. Unser Überschwang war genau das Richtige für unser armes, geschundenes Würmchen.

Im Krankenhaus hatte sie meine Kinderlieder durch die Luke im Brutkasten gehört, zu Hause hörte sie sie den ganzen Tag lang. Dank Elinor hatten wir ein beachtliches Repertoire. Mit der greinenden Immie im Arm fing ich an, und Jay stimmte mit ein, wir sangen ein Lied x-mal, ignorierten den Text und improvisierten zur Grundmelodie. Je schräger die Harmonien, desto besser schien es ihr zu gefallen.

Und was war mit der älteren Schwester, während wir so sangen? Wie kam Elinor damit zurande, dass beide Eltern völlig auf das neue Kind fixiert waren? Ich muss zugeben, dass ich mich in dieser Hinsicht kaum an die ersten Wochen zu Hause erinnere. Als die Schulferien begannen, konnte Ellie tageweise in den Kindergarten, sie fühlte sich dort wohl, und die Kindergärtnerinnen wussten, was wir durchgemacht hatten, also durfte sie drei- bis viermal pro Woche dorthin. Sie sei so verspielt und selbstsicher wie sonst auch, sagten sie. Sie hatte ein gewinnendes Wesen, aber auch eine Zurückhaltung, die sie älter wirken ließ. Inzwischen konnte sie gut laufen und sprechen und mochte den strukturierten Tagesablauf des Kindergartens, erfüllte ihre Aufgaben und setzte sich dann folgsam in die Leseecke.

Zu Hause versuchte ich ebenfalls, einen geregelten Familienalltag aufrechtzuerhalten. Das Essen war schon immer ein zentraler Teil des Familienlebens gewesen; die Mahlzeiten sollten im Chaos der Eingewöhnungsphase nicht untergehen, insofern wurde oft genug einhändig der Tisch gedeckt und im Topf gerührt mit der brüllenden, über den anderen Arm gehängten Immie. Arbeiten, für die man zwei Hände braucht, Spülen beispielsweise, überließ ich gern Jay. Es hatte seine Vorteile, dass ich sie permanent mit mir herumschleppte – beispielsweise entdeckte ich, dass sie das Brummen der Mikrowelle mochte. Auch wenn es nichts zum Aufwärmen gab, schaltete ich das Gerät ein und hielt Immie daneben. Doch Vorsicht war geboten, das »Ping« am Ende erschreckte sie, und dann fing sie an zu brüllen, lauter noch als zuvor.

Im März hatte ich mit Elinors Hilfe Frühkartoffeln gesetzt, die jetzt mit hübschen weiß-violetten Sternchen blühten. Ellie bat und bettelte, die Schätze aus der Erde auszugraben, aber ich sagte, das ginge nicht einhändig, und mit dem Tragesitz wäre Immie im Weg gewesen; die Kartoffeln müssten also warten. Aber Ellie nörgelte so lange, bis ich mich eines Nachmittags der Herausforderung stellte, Immie hinzulegen. Als sie in meinen Armen schlief, erhob ich mich ganz langsam aus dem Stillstuhl und ging zum Kinderwagen. Ich beugte den Oberkörper vor, ihren Kopf noch immer an meine Brust gepresst, und spürte, wie sich ihr Gewicht auf die Matratze verlagerte. Ich verharrte minutenlang in dieser Haltung, bevor ich sie losließ und mich auf Zehenspitzen davonschlich.

Ich musste mich zwingen, mein Baby allein zu lassen und ans andere Ende des Gartens zu gehen. Elinor war völlig aus dem Häuschen. Die Gabel drang leicht in den Boden und brach die Erde auf. Mein kleines Mädchen sprang in jedes Loch und rief: »Da ist eine … und hier ist eine!« Es war schön, die Erde unter den Fingernägeln zu spüren. Schnell trugen wir unsere Ausbeute in die Küche und schrubbten die Knollen, bevor Immie erwachte; die Schale löste sich wie die Haut nach einem Sonnenbrand. Ungeduldig warf ich die Menge in einen Kochtopf und drehte das Gas so stark auf, dass das Wasser überkochte. Uns blieb gerade noch die Zeit, das heiße, weiße Fruchtfleisch zu kosten, dann zerriss das Geschrei die selige Ruhe.

Ich hatte mich auf eine harte Zeit mit zwei Kindern eingestellt, und aus den Büchern wusste ich, dass das erst der Anfang war. Aber Ellie wusste es nicht. »Das Baby schreit immerzu, Mama«, beschwerte sie sich. »Mein Kopf tut davon weh.« Ich erklärte ihr, sie wäre nach ihrer Geburt genauso gewesen, kleine Babys schrien eben und wollten immerzu getragen werden. Sie könne nicht erwarten, dass das Püppchen aus dem Krankenhaus gesprungen käme und direkt mit ihr spielen würde. Sie hätte doch ein schönes neues Klettergerüst bekommen, und draußen auf dem Rasen stehe ein tolles Planschbecken, sie müsse eben Geduld haben.

Vieles deutete darauf hin, dass Elinor glücklich war. Auf einem der Fotos steht sie als Nackedei auf dem Treppenabsatz und wickelt sich in Plastikperlenschnüre. Ihre dunklen Locken sind nicht gekämmt, sie grinst so breit, dass man alle ihre Grübchen sieht. Auf einem anderen Bild sieht man sie im Gartenstuhl mit baumelnden Beinen, Körper und Sitzkissen voll mit blauer Malfarbe. Sie amüsiert sich ganz offensichtlich königlich. Aber wo ist ihre kleine Schwester? Ich blättere durch das Album, doch Elinor ist auf den Bildern immer allein – sehr allein. Im Planschbecken sitzt sie mit durchgedrückten Beinen, Hände im Schoß, als könne sie mit dem glitzernden Wasser nichts anfangen. Auf einem Foto klammert sie sich an Jay fest, als hätte sie Angst, herunterzufallen.

Sie wollte wissen, was dem Baby passiert sei, und Jay und ich wussten nicht, wie wir es verständlich beschreiben sollten. Schließlich sagten wir, das Baby hätte einen Unfall gehabt. Ellie begriff, dass es Immies Kopf getroffen hatte, aber wir konnten ihr den Sauerstoffmangel nicht erklären, wir verstanden es ja selbst kaum. In ihrem zweieinhalbjährigen Kopf legte sie sich zurecht, dass das Baby durch einen Unfall plötzlich zwischen meinen Beinen herausgefallen und mit dem Kopf auf dem Boden aufgeschlagen sei. Ich rettete mich mit dem Kinderlied vom kleinen Nussbaum mit Silbermuskat und Goldbirne, das Ellie bei der ersten Begegnung spontan an Immies Bettchen auf der Perinatalstation gesungen hatte und das so weitergeht: »Jack fell down and broke his crown, Jack fiel runter und zerbrach seine Krone.«

Immies Krone war kaputtgegangen. Ich fand kein besseres Bild.

♦ ♦ ♦

Als Immie fünf Wochen alt war, hatte ich sie von der Flasche entwöhnt. Das bedeutete natürlich, dass nur ich sie füttern konnte, was oft Stunden dauerte. Dann schlief sie zwischen einer halben bis drei Stunden, wachte auf und wollte mehr. Es gab keinerlei Regelmäßigkeit, den Unterschied zwischen Tag und Nacht kannte sie nicht. Ich ging meine Aufgabe mutig an, einarmig säugte ich das anspruchsvollste Baby der Welt. Meine Großeltern hatten Hitlers Fliegerangriffe auf London überlebt, auch ich würde mit dem Rücken zur Wand die Stellung halten.

Eines Morgens – die Tageszeit, in der ich besonders viel Milch hatte – saß ich mit Immie im Bett. Jay und Ellie waren unten in der Küche, sie unterhielten sich, während das Radio lief. Der Geruch von Toast mischte sich unter den Wickenduft vom Nachttisch, und da beschloss ich spontan, es ohne das Stillhütchen zu versuchen.

Ich drückte mit Zeigefinger und Daumen die Warze heraus und wartete auf den richtigen Moment, um sie ihr in den Mund zu schieben. Da. Sie schnappte sie, ich spürte das harte Zahnfleisch, und wir waren endlich verbunden, in direktem Kontakt. Ich lehnte mich an das Betthaupt und schloss die Augen, um mir dieses Gefühl genau einzuprägen. Ich spürte das Pulsieren in meinen Drüsen, die schnelle Energie ihrer Zunge. Die Milch floss reichlich. Ich verlor jedes Zeitgefühl, sie trank vielleicht eine halbe Stunde lang, vielleicht auch eine ganze. Schließlich hörte das Saugen auf, und sie schlief ein.

Beim nächsten Mal versuchte ich denselben Trick, aber sie hatte den Vorfall offenbar vergessen. Sie schrie um ihr Stillhütchen, und ich hasste nichts mehr als dieses blöde Plastik zwischen uns. Es war kein Zufall, dass ich es dauernd verlegte, es irgendwo unter Möbelstücken wiederfand, zwischen dem dreckigen Geschirr oder im Spülbecken. Ich wollte die Stillhütchen ein für alle Mal los sein.

Ungefähr eine Woche nach diesem einmaligen plastikfreien Stillen saß ich wieder mit ihr im Bett und versuchte das gleiche Spiel. Plötzlich warf ich sie von mir und schrie: »Ich hasse dich!« Die Wut kam aus dem Nichts und schockierte mich. Doch ich beugte mich nicht vor, um mein Kind zu retten, stattdessen betrachtete ich sie, wie sie da wie ein hilfloser Käfer auf dem Rücken lag. Jay kam herein und hob sie hoch, stützte mit seinen großzügigen, sanften Händen ihren Kopf und Popo.

»Schon gut, schon gut«, murmelte er, während sie brüllte wie am Spieß. Ich warf mich mit dem Gesicht auf das Kissen und blieb so, bis sie den Raum verlassen hatten.

♦ ♦ ♦

Um diese Zeit herum begann Mary, ihres Zeichens »Health Visitor«, mit ihren Besuchen. Sie kam vom National Health Service, der zu allen Müttern von Neugeborenen eine Beraterin schickt, um ihnen in der ersten Zeit nach der Geburt mit Rat und Tat zur Seite zu stehen. Die gebürtige Liverpoolerin hatte dunkles kurzes Haar, lustige Augen und eine beschwingte, energische Art. Sie setzte sich aufs Sofa, beobachtete Jay und mich bei unserem Kampf mit dem Stillhütchen und beglückwünschte uns zur Teamarbeit. Wahrscheinlich gibt es nichts, was Mary in all den Berufsjahren nicht gesehen hat, dachte ich; ich mochte sie gern.

Eines Tages zückte sie ein Formular, mit dem routinemäßig Wochenbettdepressionen erfasst werden sollten, und entschuldigte sich für die Ausfragerei, das sei eben Teil ihres Jobs. Die vierte Frage lautete: »Fühlen Sie sich weniger glücklich als vor der Geburt? Mögliche Antworten: immer, manchmal, nie.«

Ich begann zu weinen, pathetisch schluchzend, wie ein Kind, das gerade ausgeschimpft wurde. Was sie erwartet habe, fragte ich. Ich könne nicht mal mein Kind trösten, wie sollte ich da glücklich sein?, wimmerte ich mit gesenktem Blick. Ellie zu stillen sei einfach gewesen, sagte ich. Aber dieses Mal hätte ich die Geburt verpfuscht und machte immer noch alles falsch.

Mary legte das Formular weg und beugte sich zu mir. »Vielleicht brauchen Sie eine Hilfe.«

Genau das hatte ich befürchtet – Profis, die sich an meine Fersen hefteten und meine Selbstsicherheit untergruben, wie schon im Krankenhaus. Das mit der Wochenbettdepression ist doch Käse, dachte ich. Ich war nie depressiv, ich bin nicht der Typ dafür, ich bin immer noch Herrin der Lage, trotz meiner Tränen. Ich kriege nicht genug Schlaf, das ist alles.

»Ich will es allein schaffen, das bin ich ihr schuldig; ich bin ihre Mutter«, erklärte ich.

»Ja, aber es gibt ein paar Dinge, das Stillen zum Beispiel, warum gehen Sie nicht zu einer Fachklinik und holen sich einen Rat?«

Sich Hilfe in fachlichen Fragen holen, das war nun wirklich keine schlechte Idee. Die Tatsache, dass ich dafür wieder ins JR musste, fühlte sich wie ein Rückschlag an, aber Mary versicherte mir, die Stillberatung des Krankenhauses sei eine Welt für sich. Weithin anerkannte Expertinnen arbeiteten dort, sie würden uns die richtigen Tipps geben.

♦ ♦ ♦

Ich saß einer Frau gegenüber, die die dicksten Möpse der Welt hatte. Ihre Brüste waren nicht nur größer als der Kopf ihres Babys, sondern größer als dessen gesamter Körper. Auch sie stillte bereits ihr zweites Kind, und das hier saugte nicht richtig, es dockte einfach nicht ordentlich an. Es tat mir gut, mir ihre Probleme anzuhören.

Eine der Stillberaterinnen kam herüber und betrachtete die schlafende Immie auf meinem Schoß. Hinter ihr wuchtete meine neue Freundin ihre Möpse ins Blickfeld, ich sah die Venen unter der weißen Haut, die sich wie blaue Flüsse in einer Landkarte dahinschlängelten. Die Beraterin sah zu, während ich meine bescheidene Oberweite auspackte und meinem Kind anbot, das mit Gebrüll reagierte. Ich griff auf den Trick mit dem Stillhütchen zurück, woraufhin die Beraterin rief: »O nein!« Das war gut, sie würde mir helfen, Immie von dem Silikon wegzubringen. Ich steckte ihr meinen kleinen Finger in den Mund und entfernte den unliebsamen Gegenstand. Dann packte die Frau ohne falsche Scheu meine bloße Warze, drückte sie mit den Fingern zusammen und schob sie der Kleinen in den Mund. Immie brüllte.

Wir probierten alle nur denkbaren Strategien. Ich legte mich auf ein Bett, erst auf die eine, dann auf die andere Seite, verhielt mich mal fordernd, mal passiv. Immie verweigerte die Brust und fuchtelte unkontrollierter denn je mit Armen und Beinen. Meine Beraterin schnappte sich das Problemkind und hielt es in Sitzposition vor sich – eine Hand unter dem Po, dass sich die Beine an Hüfte und Knie im rechten Winkel beugten, während die andere Hand den Brustkorb stützte. So hob sie Immie bis auf die Höhe ihres Gesichts und ließ sie, noch bevor die Kleine lautstark protestieren konnte, rasch bis auf Hüfthöhe sinken. Immies verkrampftes Gesichtchen entspannte sich plötzlich, sie öffnete die Augen, offenbar fasziniert von den Veränderungen des Gravitationsfeldes. Solange man mit ihr »Aufzugfahren« spielte, war sie still. »Das klappt bei allen Neugeborenen!«, erklärte die Fachfrau. Vergiss Schaukeln, Hopsen, Jays Schulter oder tollkühne Autofahrten – das »Liftspiel« war die Antikolikmethode schlechthin und für uns ein Riesenschritt nach vorn. Endlich verfügten Jay und ich über eine zuverlässige, wiederholbare Technik. Und aus dem Stand fast vier Kilo auf und ab zu wuchten, war auf jeden Fall ein gutes Training für den Bizeps.

♦ ♦ ♦

Einige Wochen später wurden Jay und ich zu Virginia Nicholas ins JR gebeten. Sie wollte Imogens Fortschritte sehen. Die Plakate im Wartezimmer rieten: »Geben Sie Ihrem Baby einen guten Start!«, warben fürs Babyschwimmen und Elternmagazine. Sie hatten letztes Jahr schon an der Wand gehangen, und ihr Inhalt war für mich genauso irrelevant wie damals.

Im vorigen Juli saßen nur einzelne Frauen hier. Wir mieden damals jeden Augenkontakt und hörten dem Regen zu, der draußen in die Pfützen klatschte. Eine nach der anderen trat in den kleinen, fensterlosen Raum und legte sich auf die abwaschbare Liege, die sich mit weichem Papier von einer Wegwerfrolle etwas angenehmer anfühlte. »Achtung, kalt!«, wiederholte die Frau am Ultraschallgerät, quatschte das magische Gel auf meinen Bauch und verteilte es mit dem Schallkopf. Mit winzigen kreisenden Bewegungen erfasste der Zauberstab die kleinsten Regungen des Lebens in mir, während die unhörbaren Ultraschallwellen von dem Fötus reflektiert wurden. Die Ärztin interpretierte die Schatten auf dem Monitor, erklärte mir Dinge über mein Kind, die ich noch nicht wissen konnte – eine Patientin mit trügerischer Ruhe und ohne Geduld, die geduldig wartete.

Wieder im Wartezimmer, war ich damals drauf und dran, das Schweigen mit einer Ungezogenheit, irgendeiner geschmacklosen Äußerung zu brechen und den Laden ein wenig aufzumischen. Stattdessen wurde ich aufgerufen: Der Gynäkologe mit babyrosa Krawatte zum babyblauen Hemd hatte meine Akte in der Hand. Ich erhob mich, und er trat dicht an mich heran, den Kopf schief zu einem meiner Ohren geneigt. »Würde es Ihnen etwas ausmachen, wenn eine Gruppe meiner Studenten dazukommt?«, fragte er leise. Würde sich jemand trauen, nein zu sagen? Mir machte es nichts aus. Im Krankenhaus war es ohnehin mit jeder Privatsphäre vorbei.

»Haben Sie Gewebebrocken ausgeschieden?«, murmelte der Doktor während der Untersuchung zweimal, ich schüttelte den Kopf. Erst später fragte ich mich, ob er nicht eher Schwangerschaftsmaterial gesagt hatte, er konnte doch nicht Gewebebrocken gesagt haben?!

Für zehn Wochen sei der Fötus kleiner, als er sein sollte, erklärte der Arzt.

»Kommt es zu einem Abort?«, fragte ich. Abort – ich gebrauchte das Wort gern. Monate später, als ich wieder in dem Wartezimmer saß, stellte ich mir vor, wie in der Station gegenüber Kinder auf die Welt kamen, die weiter entwickelt waren als mein Säugling. Ich hätte keinen Schwangerschaftsabbruch vornehmen lassen, nicht einmal dann, wenn ich sicher gewusst hätte, dass das Kind behindert sein würde. Mein Bedürfnis, das ungeborene Leben zu beschützen, war mit einer solchen Zerstörung nicht vereinbar. Aber wenn mir mein Körper die Entscheidung abnähme, wäre das etwas anderes, dieser Abgang läge außer meiner Kontrolle und auch außer der der Ärzte. Der Gynäkologe zuckte angesichts meiner Wortwahl nicht einmal zusammen.

»Sie haben vielleicht die Daten nicht ganz richtig notiert«, schlug er vor.

Das überzeugte mich nicht. »Wir haben es monatelang probiert, ich weiß genau, wann ich meinen Eisprung hatte.«

»Man kann nie wissen. Ich fürchte, Sie müssen sich noch einige Wochen gedulden und abwarten, was passiert. Kommen Sie bitte in zwei Wochen wieder.«

Zwei Wochen Warten. Kein Alkohol erlaubt, um mich zu beruhigen. Aus Sorge um mein Baby wagte ich es noch nicht einmal, mit dem Rad über die Hügel zu fahren oder im Garten zu buddeln. Wofür das alles? Der Fötus war für seine zehn Wochen zu klein, Wirbelsäule und Gehirn mit einiger Wahrscheinlichkeit deformiert. Mein Instinkt sagte mir, dass er nicht durchkommen würde. Ich hatte schon vor Elinor eine Fehlgeburt gehabt und wusste, dass es umso weniger schmerzte und ein neuer Versuch umso früher möglich würde, je früher es zum Abgang käme. Zu Hause schenkte ich mir als Erstes einen großen Gin-Tonic ein, setzte meine Tochter in den Tragesitz und machte einen großen Spaziergang durch die Felder. Als ich zurückkam, blutete ich heftig und plante schon, wann ich das nächste Mal schwanger werden könnte.

♦ ♦ ♦

Als ich nun nach einem Jahr wieder in dem stillen Wartezimmer saß, dachte ich sehnsüchtig an meine damalige Naivität zurück. Ich hatte geglaubt, der Instinkt einer Mutter wisse mehr als die Ärzte über die Vorgänge in ihrem Körper. Seit Imogens Geburt hatte ich dieses Selbstvertrauen verloren, erst die Blutungen während der Geburt, dann ihre merkwürdigen Zuckungen, all das zeigte mir meine Ahnungslosigkeit. Trotz der Wochen zu Hause, der Stärke, die ich meinem Kind beweisen wollte, erinnerte mich dieser Raum an meine Verletzlichkeit und Unwissenheit.

Virginia Nicholas begrüßte Jay und mich in ihrem fensterlosen Raum. Sie legte die schreiende Immie hin und zog sie mit einer Behutsamkeit aus, die ihr sicher durch den Umgang mit »ihren« Frühchen in Fleisch und Blut übergegangen war, diesen Shrimps, die in Alufolie gewickelt in die Brutkästen gebracht wurden. Ich wünschte, sie hätte sich beeilt, damit ich das Baby wiederbekam und beruhigen konnte.

Die Kinderärztin hob den kleinen Kopf hoch und ließ ihn wieder fallen. Kurz bevor er auf dem Bett aufschlug, fing sie ihn auf. Immie brüllte wie am Spieß und boxte mit den Händchen. »Ausgeprägter Mororeflex«, sagte die Ärztin. Dann packte sie Immie unter den Armen, hob sie hoch, so dass ihre Füße eben das Bett berührten. Immies Beinchen stampften auf wie bei einem Droschkengaul, die Zehen immer angezogen, wenn sie die feste Oberfläche verließen. »Alles ganz normal!«

Dr. Nicholas händigte ihre brüllende Patientin der Krankenschwester aus, die sie in eine weiße Decke hüllte, und ging zum Schreibtisch. »Guter Muskeltonus. Ich wünschte, alle Babys würden sich so gut anfühlen!«

Jay und ich setzten uns nebeneinander an die Wand, begierig auf jedes Wort, jede noch so unmerkliche Geste. Die Ärztin wandte sich uns zu. »Sie ist richtig zum Knuddeln, genau so, wie ich meinen Studenten immer sage, dass ein gesundes Baby sein muss. Und wie steht es bei Ihnen?«

Ich beschrieb die Probleme mit dem Stillen, das ständige Schreien … Alles wurde notiert.

»Wie sind die Windeln?«

»Pu, die schillern in den seltsamsten Farben.« Das beschäftigte Jay und mich während der langen durchwachten Nächte. »Ihr Aa«, begann ich (kurz hatte ich überlegt, in Assistenzarzt-Manier von ihrem Stuhlgang zu sprechen, aber irgendwie wirkte Aa höflicher), »ihr Aa ist oft dunkelgrün oder schwarzbraun. Ich weiß nicht mehr, wie es bei unserem ersten Kind war.«

Virginia Nicholas winkte ab. »Machen Sie sich keine Sorgen, die Farbe ist egal, Hauptsache, sie hat regelmäßig Stuhlgang.« Sie notierte auch das. »Sieht sie Sie an?«

»Ich habe das Gefühl, als würde sie durch mich hindurchsehen.«

»Das ist in dem Alter so«, fertigte sie mich ab.

»Es tut mir leid, wir sind Angsthasen«, entschuldigte ich mich. »Und völlig verunsichert.« Dr. Nicholas legte ihren Stift hin und sah uns an.

»Was wollen Sie wissen?« Dieses kalte Lächeln. Ich wusste nicht mehr, was wir wissen wollten. Diese endlos langen Nächte, in denen ich Immie stillte, hatten mein Gehirn ausgelaugt.

»Wir wollen wissen, was auf uns zukommt«, sagte Jay. Stimmt, das war es gewesen. Aber die Ärztin wirkte ungeduldig.

»Das kann ich Ihnen beim besten Willen zum jetzigen Zeitpunkt nicht sagen. Es wird noch Jahre dauern, bis wir zuverlässige Hinweise auf ihren Zustand bekommen.«

Sie hatte bestimmt schon viele neurotische Eltern wie uns vor sich sitzen gehabt und dachte wohl daran, dass sie eigentlich nur für das Kind zuständig war. Aber Jay ließ sich nicht so schnell abwimmeln.

»Glauben Sie, dass sie eine normale Schule besuchen wird?«, fragte er.

Sie ging gern darauf ein. »Aber sicher! Vielleicht wird sie in Mathe ein bisschen langsam sein …«

Jay erwiderte ihr Lächeln. »Wie ist es mit der Universität?«

»Naja, das ist jetzt wirklich noch zu früh, aber ich sehe keinen Grund, der dagegen spricht.« Wir lachten alle miteinander.

Virginia Nicholas sprang auf und nahm das grantige Baby, wickelte ihm die Decke eng um den Kopf, hielt es nah bei sich und sah es genau an. Dann legte sie plötzlich, ohne die Augen von der Kleinen zu wenden, eine Pirouette auf dem Linoleum mitten im Zimmer hin. Gegen Ende der Drehung schob sie die Hand an ihren Hinterkopf und rief der Schwester zu: »Sally, kannst du bitte für uns das Licht ausschalten?« Der Raum versank in Dunkelheit, und das Schreien erstarb. »Mach's bitte wieder an«, und das Geschrei ging von vorne los. »Sie kennt also den Unterschied zwischen hell und dunkel.« Jay und ich saßen da und wussten, dass wir uns hätten freuen sollen. Aber wir konnten uns nicht dazu aufraffen. Die Zauberin gab uns die Requisite zurück, wir klaubten unsere Siebensachen zusammen und gingen.

Zu Hause sprachen wir das Treffen durch, suchten nach versteckten Andeutungen und Hinweisen, fanden aber keine. Wir witzelten über unsere weit reichenden Ambitionen – Schule, Universität. Wen kümmerte es, ob die Tochter gut in Mathe war, wir wollten nur einen Anhaltspunkt, etwas, auf dass wir hinstreben konnten, eine Zeit künftiger Normalität. Wir wollten lediglich wissen, dass sie nicht ihr ganzes Leben lang verkrampft sein und permanent schreien, dass das Elend irgendwann ein Ende haben würde.

♦ ♦ ♦

»Fühlen Sie sich weniger glücklich als vor der Geburt?« Wir mussten den Geburtsschock überwinden. Es gab so viele Gründe, optimistisch zu sein, es gab so viele positive Geschichten über Kinder, die einen schlechten Start gehabt hatten. Eine Bekannte meines Bruders hatte wenige Wochen zuvor eine böse vorzeitige Plazentalösung erlitten, aber das Baby (das auf den stolzen Namen Viktor getauft wurde) hatte sich bemerkenswert gut erholt. Ich hatte ihre Telefonnummer, es bisher aber noch nicht gewagt, sie anzurufen. Ein Freund von Jay erzählte uns, er sei bei seiner Geburt in den Sechzigerjahren fast gestorben, sein steifes Bein gehe auf die problematische Geburt zurück, aber er habe überlebt und sich zu einem stattlichen Mann mit eins achtzig Körpergröße entwickelt. Das Krankenhaus schickte eine Frau von einer Elterninitiative, die uns von ihrem eigenen Leid und dem glücklichen Ausgang der Geschichte erzählte: Ihre asphyktische Tochter hatte soeben einen Platz an einer renommierten Universität bekommen.

Imogen war seit einem Monat zu Hause. Wir hatten geglaubt, sie, wie von den Ärzten empfohlen, wie ein normales Kind behandeln zu können, aber jetzt merkten wir, dass wir durch ihre absolut nicht normale Geburt weit davon entfernt waren. Wir waren zu eifrig darum bemüht, die Umstände dieser Geburt auszugleichen. Wir mussten lockerer werden, das Haus verlassen, ein Familienleben führen. Davon konnten alle nur profitieren, auch Immie.

Vor ihrer Geburt hatte ich mir alle möglichen Beschäftigungen für die beiden Schwestern ausgedacht. Ich hatte mir ausgemalt, dass ich, wie alle anderen Eltern, mit der Neugeborenen in der Babyschale Ellie vom Kindergarten abholte und alle die kleine schlafende Schwester bewunderten. Ich hatte mir vorgestellt, ich würde (erschöpft, aber stolz) in den Kindergarten gehen und die Fingerspiele zu den Kinderliedern mitmachen, bis die Kleine quäkte und ich sie stillen musste. Auf dem Boden sitzend, wie die anderen Mütter. Aber ich war noch nicht dazu gekommen.

Überhaupt hatte ich es noch nicht geschafft, etwas mit beiden Geschwistern zu unternehmen. Es lag nicht nur an den langen Stillzeiten und den meist erfolglosen Versuchen, eine schreiende Immie zu beruhigen. Zwischen mir und Elinor hatte sich etwas verändert. Ich war nicht mehr Teil ihrer Welt, ich wusste nicht, wie ich den Weg zurück zu ihr finden konnte. Ich spürte eine große Distanz, sie war vor mir auf der Hut, wollte von Jay ins Bett gebracht werden, statt von mir.

»Ich mag Daddy, ich mag dich nicht«, erklärte sie, und ich war beleidigt. Mir war theoretisch wohl klar gewesen, dass so etwas passieren konnte, dass meine Sorge um Immie Jay und Ellie zusammenschweißen würde. Aber ich hatte mir nicht vorstellen können, wie sich das anfühlte. Ich schimpfte mit mir, weil mir meine Älteste nicht mehr vertrauen konnte.

Früher war ich mit Elinor regelmäßig zum Cotswold Wildlife Park gefahren. Ich nahm mir vor, das wieder aufzunehmen, schon um mir zu beweisen, dass alles wie früher war. An dem bewussten Tag nahm ich mir viel Zeit, um Immie vor der Abfahrt zu stillen und die Sachen für beide Kinder zusammenzusuchen. Tragesitz und Windeln, Babytücher und Babyhut, Sonnenmilch und Sportwagen. Frische Stillhütchen (wo war die Schachtel?) und für alle Fälle Ellies Gummistiefel. Ellies Sonnenhütchen. Ach, und das Geld. Ach, und die Hausschlüssel.

Unterwegs schlief Immie – es lief wunderbar. Ich sang ein Lied, das Elinor *Donald* nannte, und überließ es ihr, die Tiere auszuwählen.

»And on that farm he had a …«
»Pinguin!«
»… eieieieioh. With a waddle waddle here and a waddle waddle there …«

Als ich den Motor abstellte, wachte Imogen auf, also setzte ich sie in den Tragesitz und tanzte meinen Halt-die-Klappe-Schüttel-Jig zu unserem Lieblingsspektakel: der Fütterung der Pinguine. Es waren Ferien, und eine große Menschenmenge stand an der niedrigen Mauer, um den antarktischen Tolpatschen beim Tauchen und Watscheln zuzusehen. Ein Wärter gab Fakten und Zahlen zum Besten, hatte aber beim Publikum angesichts seiner charmanten Schutzbefohlenen keine Chance. Die Pinguine zupften an seinen Hosen und wollten ihre Belohnung ohne lange Reden abstauben. Aus meiner Sicht allerdings dominierte die Tatsache, dass das Baby vor meinem Bauch die ganze Veranstaltung aus Leibeskräften torpedierte.

Eine andere Mutter lächelte mir dämlich zu. Ich schnappte Ellie, setzte sie in den Sportwagen und ging weiter. Jetzt hatte ich zwei Schreihälse und spürte die missbilligenden Blicke in meinem Rücken, die mir zum tropischen Gewächshaus folgten. Dort war es bestimmt bei dieser Hitze leer. Ich stieß die Plastiktür auf und trat in die schwüle Luft, irgendwo plätscherte Wasser. Plötzlich hörte das Geschrei auf. In der heißen, feuchten Umgebung ging es Immie besser. Sie drückte sich gegen den Tragesitz, als wolle sie sehen, was hinter ihr war. Ich holte sie heraus und hielt ihren Kopf, während sie ins Licht blinzelte. So konzentriert, still und ruhig hatte ich sie noch nicht erlebt, sie genoss offenbar diesen üppigen, menschengemachten Dschungel, die extremen Lichtverhältnisse. Über uns hing ein gewaltiger Baldachin aus Kletterpflanzen, weiter hinten im hellen Atrium wucherten Bananenstauden, an deren Blättern Kondenswasser heuntertropfte. Ich stellte den Sportwagen neben einer Bank ab und setzte mich. Wir drei lauschten den Geräuschen des Wassers; das flirrende Staccato eines Miniwasserfalls überlagerte einen tieferen Grundklang, dessen Ursprung ich nicht erkennen konnte.

Ich dachte, das ist das Glück, nicht wahr? Ich hatte allen Grund, glücklich zu sein. Ich musste nur diesen Moment festhalten. Die Koliken würden vorübergehen, das wusste ich doch. Bald würden ruhigere Zeiten anbrechen. Bald.

KAPITEL 3

Achterbahnfahrt

Donnerstag, 25. Juli. »Was für ein hübsches kleines Ding!« Jay und ich waren im Krankenhaus wegen der »internen Untersuchung«, und mein Geburtshelfer war wieder ganz der Alte. Er wirkte sehr aufgeräumt, hatte vielleicht gerade einige Operationen durchgeführt, ein paar frühmorgendliche Wunder vollbracht. Der furnierte Konferenztisch, auf dem Tee und Plätzchen standen, füllte den Raum, die passenden Stühle hoben sich gegen die Fenster ab. Immie schrie, während wir Platz nahmen. Ich knöpfte unter der Jacke meine Bluse auf, fischte nach dem Stillhütchen und hantierte mit Warze und Silikon, bis mein Kind endlich an der Brust lag. Dann erst sah ich den Arzt an. »Sie hat wohl alles Recht der Welt, hier ein Wörtchen mitreden zu wollen«, sagte ich. Neben ihm saßen etliche Personen, Menschen, die wissen wollten, warum ihre Kollegen im Juni so wenig Interesse gezeigt hatten. Sie hatten die Unterlagen vor sich liegen und gingen sie Punkt für Punkt mit uns durch. Warum hängte die Hebamme vom Geburtshaus auf, als sie mich zurückrief? Warum mussten wir das JR selbst anrufen, wäre das nicht ihre Aufgabe gewesen? Warum stellte die Hebamme im JR mir belanglose Fragen, wo sie sich doch nach meinen Symptomen hätte erkundigen sollen? Es wäre für eine sachkundige Person relativ einfach gewesen, die vorzeitige Plazentalösung zu vermuten und mich an ein Krankenhaus zu verweisen, das für ebendiese Probleme ausgestattet war.

Clare Le Brocq, Comments and Complaints Manager des JR, führte das Protokoll und verteilte die Liste mit Fragen, die wir seinerzeit zusammen aufgeschrieben hatten. Während sie allen Anwesenden die Blätter zuschob, kam mir ein Vorfall in Erinnerung, der über zwanzig Jahre zurückliegen musste. Diese Frau, damals meine Sportlehrerin, stand im samstäglichen Nieselregen hinter mir und hielt meine Schulter. »Du bist okay«, sagte sie, »beug dich nur weiter vornüber.« Ich hatte auf dem Hockeyfeld bei einem Angriff den harten, weißen Ball abbekommen, er war direkt in meinen Mund geflogen. Hellrotes Blut spritzte auf meinen Schläger, aber zum Glück waren meine Zähne heil; das Zahnfleisch war jedoch verletzt und über eine Woche so dick geschwollen, als hätte sich der Ball darunter versteckt. Später blieb vernarbtes Gewebe zurück.

Während ich die Kopie in Empfang nahm, fuhr ich mit der Zunge über die Stelle und überlegte, ob sich Mrs. Le Brocq wohl an den Vorfall erinnerte … ob sie sich daran erinnerte, wie sie sich um mich gekümmert hatte, und ob sie sich auch diesmal um mich kümmern würde.

Eine der Anwesenden erklärte, warum die Hebamme aufgelegt hatte, sie zitierte aus ihren Aufzeichnungen: »Hebamme Savory wollte, dass Miss Hollander so schnell wie möglich ins JR fuhr.«

Ich unterbrach. »Warum? Hatte sie eine Vermutung, dass die Geburt problematisch werden könnte?«

»Ja, sie hatte einen Verdacht.«

»Und warum hat sie mir das nicht gesagt?«

»Sie wollte keine unnötigen Ängste provozieren …«

»Aber einfach auflegen hat es noch schlimmer gemacht, ich habe mich im Stich gelassen gefühlt.« Wie oft hatte ich mir vorgestellt, zufällig der Frau im Coop neben dem Geburtshaus zu begegnen, ihr mein Baby in die Arme zu drücken und sie so anzubrüllen, dass alle Besucher des Supermarktes es hören mussten: »Schaut her, was sie gemacht hat! Seht euch an, welche Folgen ihre Inkompetenz für uns hat! Warum, glaubt ihr, schreit dieses Baby? Weil diese Frau es im Stich gelassen hat!«

»Und die Hebamme im JR hat sich auch nicht groß gekümmert!«, fuhr ich fort.

»Health Care Assistant.«

»Was?«

»Sie haben mit einer nicht examinierten Hilfskraft gesprochen.«

»Und wo war die Hebamme?«

Offenbar waren zwei Hebammen auf der Station gewesen, aber sie hatten diesen Anruf einer angelernten Pflegerin überlassen, weil sie angenommen hatten, es handele sich um eine normale Geburt. Ja, die Pflegerin hätte meinen Fall an eine qualifizierte Fachkraft übergeben sollen. Sie hätte mich nicht ins Geburtshaus schicken dürfen. Im Rückblick war das klar, und die Gruppe stimmte mir auch darin zu, dass die erste Hebamme nicht hätte auflegen dürfen und verpflichtet gewesen wäre, das JR anzurufen. Keine der Frauen hatte sich an das vorgeschriebene Prozedere gehalten.

Ich war frustriert. Ich wollte eine Entschuldigung hören für die Fehler der Mitarbeiter, aber diese Bürokraten dachten nicht daran, die Verantwortung zu übernehmen. Sie traf keine Schuld. Die einzige anwesende Person, die eine gewisse Schuld traf, war mein Gynäkologe, aber in den vergangenen Wochen hatte ich meine Meinung über ihn geändert. Ich konnte ihn nicht anklagen, so hatte ich es mir zurechtgelegt, ich hatte ihn mir schließlich selbst ausgesucht. Frauen wie ich gehen gern zu einem Arzt, der ihnen das sagt, was sie hören wollen. Es gibt nicht viele Ärzte, die ländliche Geburtshäuser empfehlen, aber dieser gehörte dazu – er hielt auf der ganzen Welt Vorträge über die Vorzüge einer natürlichen Geburt mit möglichst wenig Technik und Einmischung seitens der Hebammen und Ärzte. Offenbar belegten die Statistiken, die ihm zur Verfügung standen, dass eine Geburt in einem Geburtshaus nicht riskanter war als eine im Krankenhaus.

Außerdem war er attraktiv und charmant und strahlte Selbstbewusstsein aus. Ich fühlte mich bei ihm gut aufgehoben, er glaubte an meine Fähigkeit, mein Kind zu gebären, ohne ärztliche Hilfe in Anspruch nehmen zu müssen. In der 18. Schwangerschaftswoche, nach der wegen der Blutungen im Krankenhaus verbrachten Nacht, bestätigte er mir, dass er keine Notwendigkeit für einen längeren Aufenthalt sehe, dem Ungeborenen gehe es ausgezeichnet. Er begleitete mich den Flur hinunter und fragte mich, ob ich Schulsprecherin gewesen wäre. Ich war angenehm überrascht – wie hatte er dieses Detail aus meinem nicht schwangeren Leben herausgefunden?! Er sei an derselben Schule gewesen, erklärte er, habe dort während seines Studiums als Assistant gearbeitet. Wir verglichen die Daten und lachten. Wir waren nur wenige Jahre auseinander, hatten die Teenagerjahre am selben Ort verbracht. Ich vertraute ihm.

Ich vertraute ihm ehrlich gesagt mehr als den Hebammen. Nachdem die erste Geburt problemlos verlaufen war und mich kein einziger Arzt im Kreißsaal besuchen musste, wollte ich das Geburtshaus ausprobieren. Meine Mutter mahnte zur Vorsicht – ihr erstes Kind war in einem abgelegenen Landhospital gestorben, und das Geburtshaus erinnerte sie daran.

Also zeigte ich ihr die Geräte für Reanimation und die Medikamente gegen Blutungen, die für alle Fälle bereitstanden. Bei einer der Vorsorgeuntersuchungen zog die Hebamme den Vorhang beiseite und zeigte mir den Landeplatz für den Rettungshubschrauber, für den ein Karree auf dem Parkplatz reserviert war. »Keine Angst, hier sind Sie sicher«, sagte sie. Aber ich wusste, dass sie zu wenig Personal hatten und schlecht ausgestattet waren, ich wusste, dass eine Katastrophe im Bereich des Möglichen lag, ich war nur nicht davon ausgegangen, dass es mir passieren würde.

Wir hatten die Liste nicht einmal zur Hälfte abgearbeitet, da war die für das Treffen anberaumte Zeit um. Sie hatten ihre Mittagspause für mich geopfert und mussten zurück an die Arbeit. Mrs. Le Brocq vertröstete mich auf eine andere Gelegenheit, aber ich bekam allmählich das Gefühl, dass das ganze Unterfangen reine Zeitverschwendung war. Es hielt nur die Erinnerung an ein Trauma wach, das ich am besten vergessen sollte. Sie nickten, als ich resümierend die sogenannte »Fürsorge« als eine einzige Sauerei bezeichnete.

Ich sagte, es gehe mir vor allem darum, dass andere Frauen nicht dasselbe erleben mussten wie ich, die Hebammen sollten die Möglichkeit einer vorzeitigen Plazentalösung bedenken und nicht einfach den Hörer auflegen. Das Prozedere würde entsprechend geändert, versprachen sie mir, die Vorschriften für Überweisungen und die Entscheidungsprozesse überprüft. Der Gynäkologe sagte sogar, er werde seine Empfehlung für Geburtshäuser überdenken. »Ach, ich bin hier doch nur auf Stippvisite«, witzelte ich zum Abschied, und sie lachten. Wäre es doch nur so gewesen, wäre es doch nur bei einem vorübergehenden Besuch in ihrer gigantischen Maschinerie geblieben.

Aber als Jay und ich zu Hause über das Meeting sprachen, musste ich zugeben, dass diese Schlussfolgerung reines Wunschdenken war. Es war sehr unwahrscheinlich, dass wir im Krankenhaus seltene Gäste sein würden. Virginia Nicholas hatte uns gewarnt, es werde Jahre dauern, bis wir eine zuverlässige Diagnose hätten und wissen könnten, ob und wenn ja, welche Schäden die Geburt verursacht hatte. »Die Zeit, bis wir das Ergebnis kennen«, so hatte es einer der Besprechungsteilnehmer formuliert.

In der Perinatalstation hatte man uns gesagt, die Wahrscheinlichkeit einer Hirnschädigung liege bei 50:50, aber wir hatten diese Prognose verdrängt. Das Meeting hatte uns wieder daran erinnert; wir mussten uns mit der Tatsache auseinandersetzen, dass Immie geistig behindert sein konnte. In einem oder zwei Jahren mochten wir ebenso gut mit einem schlechten wie mit einem guten Ausgang konfrontiert sein. Und im schlechten Fall müssten wir unsere Drohung, den National Health Service zu verklagen, sowieso wahr machen. Das wiederum hieße, der Entbindungsstation die Schuld zu geben. Bei dem Treffen dürften alle Anwesenden, auch meine ehemalige Lehrerin, an diese Möglichkeit gedacht haben, an die Front, die dann zwischen unseren Rechtsanwälten und den Rechtsanwälten des Krankenhauses verlaufen würde. Verdammt, ich hätte nicht so nett sein sollen. Ich hätte den Arzt nicht in Schutz nehmen sollen, ich hätte nicht auf den Bluff mit dem »Protokoll« hereinfallen sollen. Ich hätte sie alle der Vernachlässigung beschuldigen sollen – sie waren darauf gefasst gewesen.

Je länger wir über das Meeting sprachen, desto mehr verstärkte sich unser Eindruck, dass es nicht darum ging, uns den Seelenfrieden zurückzugeben. Es war vielmehr der Beginn einer juristischen Auseinandersetzung. Während des Meetings hatte jemand gesagt: »Sie hatten starke Blutungen«, und ich musste an die Hebammen in Banbury denken, die meine Plazenta fortbrachten. Waren die Blutungen wirklich so stark gewesen? Damals war davon keine Rede gewesen, Virginia Nicholas hatte es überhaupt nicht erwähnt. Wussten die Mitarbeiter der Geburtshilfe – ebenso wie die Schwestern auf der Perinatalstation mit ihren mitleidigen Blicken – am Ende etwas, das mir die Kinderärzte nicht sagen wollten?

Ich holte die Kopie aus meiner Akte und ging die Beschreibung von Immies Geburt Punkt für Punkt durch. Beim Stichwort »Plazenta« stand »vollständig«, bei »Blutverlust« waren 200 Milliliter eingetragen, bei »Plazentaanomalien« stand in Großbuchstaben »grobkörnige infarzierte Blutgerinnsel«. Im Wörterbuch las ich unter dem Stichwort »infarziert«: »abgegrenzter Bereich mit Gewebe, das durch Unterbrechung der Blutzufuhr abgestorben ist«. Das tote Gewebe beschäftigte mich, wie lange war es schon da gewesen? Seit den Blutungen in der 18. Woche? Und dann der Blutverlust bei der Geburt selbst, kaum eine Tasse voll, mir hatte er nicht im Geringsten geschadet, aber Immie? Welchen Schaden hatte mein Baby davongetragen?

Vor einer Behinderung hatten Jay und ich Angst, so sehr, dass wir nicht darüber redeten. Wir hätten uns an den Rechner setzen und uns alle möglichen Informationen zusammensuchen können, aber wir haben es nicht getan. Dass es enorm viele Möglichkeiten gab, war uns klar, und wir entschieden uns dafür, es dabei zu belassen. Aber die selbst gewählte Unwissenheit war alles andere als ein Segen – die Angst hing in der Luft.

Jay ärgerte sich, weil ich meinen Geburtshelfer in Schutz nahm. Er war überzeugt, meine Fehlgeburt und die frühen Blutungen wären ein Vorzeichen für das drohende Unheil gewesen, der Gynäkologe hätte das berücksichtigen müssen. Selbst der Tod des ersten Babys meiner Mutter kam aufs Tapet – er hätte in die Risikoeinschätzung einfließen müssen. Wenn mein Doktor verantwortungslos gewesen sei, entgegnete ich, dann gälte das auch für mich, weil ich ihn ausgewählt und mich dieser Ideologie verschrieben hatte. Ich empfand die Anschuldigung meines Geburtshelfers als persönlichen Angriff, dachte, Jay wolle mir die Schuld zuschieben. Doch dagegen verwahrte ich mich: Nicht der Geburtshelfer, sondern die faule Hebamme sei verantwortlich, und die geldgierigen Manager, die ihr 24-Stunden-Schichten ohne Pause aufbrummten.

Und so stritten wir uns in den frühen Morgenstunden, während Elinor schlief und Immie greinte. Keiner der Schuldigen war greifbar, der einzige Adressat unserer Anschuldigungen war der jeweils andere.

♦ ♦ ♦

Damals gab es nicht viele andere Menschen in unserem Leben. Die Einlieferung ins Krankenhaus hatte unsere Freunde von einem Besuch abgehalten, in der ersten Zeit zu Hause warteten sie wohl taktvoll auf eine Einladung. Aber ich wollte, dass sich die Lage erst normalisierte: Sobald Immies Koliken nachließen und das Leben in ein ruhigeres Fahrwasser gelangte, sobald die Ferien vorbei waren …

Kam unangemeldeter Besuch, tat ich mich ziemlich schwer, durch die Stillerei rund um die Uhr war ich praktisch hirntot. Nerys kam an einem warmen Augustnachmittag mit ihrem strammen Jungen vorbei, der nur zwei Wochen vor Immie im Rettungswagen auf dem Weg nach Banbury zur Welt gekommen war. Während der Schwangerschaft hatten wir zusammen Yogakurse besucht und gemeinsam musiziert. Jetzt wollte ich entspannt und normal mit ihr umgehen und führte sie hinaus auf den Rasen, um das schöne Wetter zu genießen. Im Schatten der Linde stillten wir unsere Kinder, ich versuchte das Stillhütchen zu verstecken, damit es genauso natürlich aussah wie bei ihr. Aber das schien den Unterschied nur noch mehr zu betonen. Ich war froh, dass der Mähdrescher, der genau hinter unserem Zaun die Felder aberntete, jeden Versuch einer Kommunikation vereitelte. An einem anderen Tag kam die Yogalehrerin, schüchtern, gekleidet in einen safranfarbenen Wellnessanzug. Sie hielt mein schlafendes Baby und bewunderte es am ausgestreckten Arm, während ich nicht von ihrer Seite wich, damit ich ihr Immie abnehmen konnte, falls sie aufwachte. Ich erzählte ihr nichts von der Versicherung meines Geburtshelfers, die Yogaübungen hätten nichts mit der vorzeitigen Plazentalösung zu tun. Bestrebt, mich selbst nicht schuldig zu fühlen, machte es mir nichts aus, wenn sie sich schuldig fühlte.

Aber um eine Freundin musste ich mir keine Gedanken machen: Nadine war anders, sie gehörte zur Familie. Das war so seit jenem Sommerabend vor zwei Jahren (einem der ersten in unserem ländlichen Idyll), als sie auf ihrem Mountainbike angefahren kam. Sie legte es umstandslos auf den Rasen und machte sich nicht die Mühe, an der Tür zu klingeln, fesch und stark in Fahrradhosen aus Lycra nahm sie immer zwei Stufen auf einmal zur Terrasse: »Hallo, ich bin Nadine. Seid ihr die Londoner?« Etliche Gin-Tonic später saß Baby Ellie auf ihrem Schoß und hatte sie als Granny adoptiert. Nadine war voller Geschichten von ihrer spanischen Kindheit, ihren fünf erwachsenen Kindern und ihrem polnischen Mann und seinem plötzlichen Tod. Sie wohnte seit über einem Jahrzehnt in dem Dorf, hatte ihr Cottage von einer alten Dame geerbt, die sie gepflegt hatte, und kannte den ganzen Dorfklatsch. Sie brachte mich zum Lachen.

Wenn sie Gewissensbisse wegen ihres späten Erscheinens bei Imogens Geburt hatte, so zeigte sie sie nicht. Sie blickte lieber nach vorn. Jetzt war ihre praktische Art bitter nötig, ihre ungebrochene Vitalität, ihre Großzügigkeit. Sie platzte ins Haus und nahm mir meinen Schreihals weg. »Ach, kleine Wicke«, summte sie mit ihrer tiefen Raucherstimme, »was hast du denn heute, was bist du denn für ein Horrorbaby!« Andere Menschen behandelten Immie wie einen gebrechlichen Invaliden, nicht so Nadine. Sie packte sie unterm Arm, warf ihr die Decke über das Gesicht und den ganzen Kopf, und wirbelte sie in jeder beliebigen Richtung durch die Küche, auf und ab, und klopfte dem Baby dabei im Takt auf den Rücken.

Nadine arbeitete in der Altenpflege und versorgte gebrechliche Menschen, die noch selbstständig wohnen konnten, aber an ihren freien Nachmittagen stand sie an der Tür und bot mir an, Immie zu übernehmen. Ich sei mit meinem anspruchsvollen Baby schon über einen Monat zu Hause, ich brauchte eine Pause, sagte sie. Durchhaltewillen sei gut und schön, aber Mütter müssten auch an sich selbst denken. Sich die Zeit nehmen, ihre Batterien wieder aufzuladen. Sie verabreichte mir eine kühlende Maske für die Augen und sagte, ich solle mich ein paar Stunden aufs Ohr hauen. Und weg war sie, wollte sich bewegen, während sie den Kinderwagen, in dem Immie lauthals brüllte, vor sich herschob.

Nadine behauptete, ich sei die typische Zweitgebärende. Wie alle anderen auch hätte ich die schlimmen Seiten des Elterndaseins schlicht vergessen, sonst würde man schließlich nicht freiwillig ein zweites Kind kriegen. Als ich sie an dem

Tag anrief, an dem ich Immie mein »Ich hasse dich« entgegengebrüllt hatte, gluckste sie vernehmlich ins Telefon und erklärte mich für völlig normal. »Zeig mir die Mutter, der so etwas nicht früher oder später passiert!«, sagte sie. »Du kommst schon drüber weg.« Was stimmte, zumindest eine Zeit lang. Bis ich mich einmal gerade an den Mittagstisch gesetzt hatte, um zu essen, und Jay mit der brüllenden Immie hereinkam und sagte, sie sei wohl hungrig. »Nicht jetzt!«, schnappte ich und sah den Schock in seinem Gesicht, während Elinor mich anstarrte. Als sie klein gewesen war, hatte ich sie oft und gern während der ganzen Mahlzeit gesäugt, aber mit Immie war es anders. Ich wollte dieses minimale Aufladen meiner Batterien um jeden Preis durchsetzen, aß weiter und versuchte, jeden Bissen zu genießen, obwohl Jay vor mir stand und auf den Moment wartete, in dem ich Messer und Gabel hinlegte, um mir das Baby zu übergeben.

Mein zweites Kind war kaum zwei Monate alt, da wuchs mir der Betreuungsstress bereits über den Kopf. Das permanente Schlafdefizit machte mich mürrisch und ungeduldig, das ständige Geschrei brachte mich an den Rand meiner Selbstbeherrschung. Und um das Maß voll zu machen, spürte ich, wie die Auswirkungen der Geburt in mein Bewusstsein krochen. Die körperlichen Schmerzen waren bald abgeklungen, aber nach einigen Wochen waren die verbannten Gefühle bereit für eine Wiederauferstehung.

Eines Augustmorgens traf eine Ablehnung für eine Stelle ein, für die sich Jay beworben hatte. Das war in unserer ungewissen freiberuflichen Tätigkeit ganz normal und hätte mich früher nicht weiter aufgeregt, aber dieses Mal rastete ich aus. Ich konnte nicht akzeptieren, dass mein Mann nicht die volle Kontrolle über seine Welt hatte. Beim Frühstück, Ellie saß auf der Bank vor mir, wetterte ich: Ob denen eigentlich klar sei, dass er eine Familie zu ernähren hatte? Er sei der bei weitem beste Kandidat … Jay zuckte mit den Achseln, und das schürte nur meinen Zorn. Er ließe sich herumschikanieren, warf ich ihm vor, er solle denen man ordentlich seine Meinung geigen, aber dazu sei er ja nicht fähig, er habe keinen Mumm in den Knochen!

Jay hatte sehr wohl Mumm und konnte gut seinen Mann stehen. Ihm musste klar sein, dass meine Wut auf ihn sich nur mit meinen Ängsten und Sorgen wegen Immie erklären ließ. Er hat meine Gefühle schon immer besser verstanden als ich selbst; warum versagte sein Einfühlungsvermögen gerade jetzt? Wir hatten uns so oft gestritten, wir wussten, dass wir es lösen konnten, dass ich auf ihn hören würde. Aber er blieb stumm. Er saß da, zusammengekauert und klein, und sein Bart versank in seinem Hemdkragen.

Ich war voll in Fahrt, er sei ein hoffnungsloser Fall, immer das Opfer, er würde nie erwachsen werden … Er hätte der Fels in der Brandung sein sollen, nach allem, was mit Immie passiert war. Ellie fing an zu weinen, aber das brachte mich nicht zum Innehalten. Mein Zorn befand sich im freien Fall; die frustrierte Hausfrau, die von ihrem unmöglichen Baby von jeder Lebensfreude und ihren Freunden abgeschnitten war – ich –, brauchte diesen Ausbruch. Als Jay flüchtete, rannte ich hinter ihm her, bis er sich schließlich sein Fahrrad schnappte und losfuhr. Er sagte nicht, wohin, und mir war es egal.

In dieser Nacht begann er, unten zu schlafen. Weniger Chancen, unabsichtlich Imogen zu wecken, vernünftelten wir, weniger Chancen für einen Ehekrach. Ich erinnere mich an eine nutzlose Autofahrt im Morgengrauen, nach der ich den lärmenden Babysitz in den Flur knallte und mich ins Obergeschoss flüchtete. Ich konnte mich darauf verlassen, dass er sich vom Sofa schälte, das Baby über die Schulter legte und im Parterre seine gewohnten Kreise zog – erst im, dann gegen den Uhrzeigersinn. Ich wollte nur noch meine Ruhe haben.

♦ ♦ ♦

Die Gesundheitsbeauftragte kam jede Woche, um Imogens Wachstum im Auge zu behalten, wie sie sagte. Ich hatte den Verdacht, dass sie immer noch in Habachtstellung war, um bei mir den Babyblues zu diagnostizieren, und sorgte vor jedem Termin dafür, dass das Haus ordentlich und sauber war, dass ich ein hübsches Sommerkleid mit möglichst wenig Milchflecken trug. Jay war meistens zu Hause, und wir zeigten Mary, was für ein tolles Team wir immer noch waren.

Ich gestand Mary, dass ich möglicherweise die emotionalen Nachwehen der Geburt durchlebte. Sie nickte, als wüsste sie es längst, es war wohl nach den Büchern eins der häufigsten Phänomene. Sie schlug vor, ich solle ein Tagebuch führen, in dem ich Imogens Verhalten festhielt. So könnte ich die Anfänge neuer Gewohnheiten feststellen, unterschwellige Veränderungen ihres Schlafverhaltens, wann sie nach dem Füttern einschlief und warum. Wenn ich auf Regelmäßigkeiten stoßen würde, würde ich mich eher als Herrin der Lage empfinden. Die Idee gefiel mir. Ich erinnerte mich, wie sich unser Leben beruhigt hatte, sobald Klein-Ellie zu regelmäßigen Zeiten getrunken und geschlafen hatte. So ein Tagebuch konnte ich mir außerdem mit Jay teilen.

Am Samstag, den 3. August kaufte ich ein kleines Büchlein mit einer ländlichen Szene auf dem Umschlag und begann mit dem »Schrei- und Stilltagebuch«, notierte mir, wann das Baby schlief, wann es trank, und seine Stimmungen in den Zeiten dazwischen. So fängt es an:

2:30 Wach. Stillen (rechte Brust). Kampf mit dem Anlegen. Hört nach 40 Minuten plötzlich auf (Bauchweh).

3:30 Schreit und schreit. Schaukeln hilft.

4:00 Sitzen und hopsen hilft. Bäuerchen. Schläft kurz in meinen Armen.

5:00 Schreit wieder nach Autofahrt. Stillen (wieder rechte Brust). Plötzlich: Sie schläft!!!

6:30 Blähungen. Windeln gewechselt (grünes Aa). Bauchweh.

7:30 Still an der Brust. Schläft.

So geht es Tag für Tag weiter. Oft fehlt das Datum, weil die Tage und Nächte ineinander übergingen und ununterscheidbar wurden. Trotzdem führten Jay und ich das Tagebuch einen ganzen Monat lang. Vermutlich dachten wir, je länger wir dabei blieben, desto eher würden wir ein Muster entdecken.

Mary behielt recht, das Tagebuch gab mir ein Gefühl von Kontrolle zurück. Auf diese Weise konnte ich mein Baby etwas objektiver beurteilen und sein Elend und mein Elend besser trennen. Am 7. August schrieb ich: »Dreht beim Stillen durch«, aber Jay vermerkte mit seiner kompakteren Schrift darüber: »Mutter extrem angespannt.« Wir stritten uns deswegen. Er meinte, er unterstütze das arme, schuldlose Geschöpf; ich wollte ihn davon überzeugen, dass ihre Stimmungen nicht mein Fehler waren.

Das Tagebuch wurde nun regelmäßig der Austragungsort unserer Auseinandersetzungen. Beispielsweise schrieb Jay am 10. August, einem Samstag, zur Mittagszeit: »Viele ruhige Blicke, lauscht still.« Und ich widersprach ihm: »Wimmert, Bauchweh, will nicht trinken, beruhigt sich nicht.«

Ungefähr zu dieser Zeit, einige Wochen nach dem Treffen zur internen Untersuchung, fing ich mit offen negativen Einschätzungen an. Ich sagte Dinge wie: »Wir wissen nicht, wie stark ihr Gehirn in Mitleidenschaft gezogen wurde.« Jay pflichtete mir nicht bei, er bekämpfte meinen Pessimismus, als könnten die bloßen Worte schon Unglück anziehen. Für mich war es genau andersherum; wenn ich mir eingestand, wie schlimm die Situation war, wenn ich mich auf das Schlimmste vorbereitete, dann würde mich eine Wendung zum Besseren überraschen und freuen. Den Trick hatte ich in der Schule gelernt; ehrgeizig wie wir waren, jammerten wir Mädchen immer, dass wir bestimmt durch die Prüfung fallen würden, nur um zu jubilieren, wenn wir Spitzennoten abgesahnt hatten.

Am 12. August schrieb ich plötzlich wie aus heiterem Himmel etwas Positives: »Stillen ist kommunikativer, Blickkontakt, empfänglich.« Ich kann mich nicht an die Situation erinnern. Ich weiß noch, dass ich verzweifelt darauf gewartet hatte, ich starrte stundenlang während des Stillens ihren Kopf an und wollte, dass sie mich ansah. Meiner Erinnerung nach erhaschte ich höchstens einen unbestimmten Blick, aber im Tagebuch habe ich die schriftliche Bestätigung des Gegenteils. Ich kann es eigentlich nur geschrieben haben, um Jay zu versöhnen oder mit Blick auf einen eventuellen künftigen Leser (Immie zum Beispiel), der wissen wollte, wie unsere Familie den August 2002 erlebt hat.

Ich fand es ungeheuer mühsam, gut gelaunt zu sein. Viel anstrengender als der plötzliche, gedankenlose Zorn, der sich in unseren Krächen Bahn brach. Die schönen Dinge zu sehen verlangte eine gewaltige Willensanstrengung.

Eines Nachmittags traf ich vorm Metzger einen netten Nachbarn, den ich vom Gottesdienst kannte.

»Was macht Ihr Baby?«, erkundigte er sich.

»O, sie macht sich … Die Ärzte sind zufrieden mit ihren Fortschritten«, entgegnete ich.

»Welche Erleichterung. Unsere Gebete helfen also!«

Mir wurde regelrecht schlecht von dem Gedanken, dass andere für uns beteten, dass so viele für uns hofften. Was, wenn wir sie enttäuschen mussten?

Eines Nachts – es war ganz dunkel, kein Mond, keine Kerze – schaukelte ich Immies zornigen kleinen Körper hin und her und verstärkte die Bewegung ein wenig. So würde es sich anfühlen, wenn ich ihren Kopf an die Wand schmetterte. Es wäre so leicht, der weiche Schädel würde wie ein gekochtes Ei eingedellt, ich müsste sie nur ein bisschen stärker herumwirbeln.

Ich erzählte niemandem von meinen Fantasien, aber sie beunruhigten mich sehr, die Selbstverständlichkeit, mit der ich mir sehr real und sehr wirklichkeitsnah vorstellte, mein Kind zu zerstören.

♦ ♦ ♦

Nadine kam mit einem blauen Schnuller, ich war dagegen. Ich hatte Ellie mit unablässigem Stillen getröstet und hielt solche Hilfsmittel für überflüssig. Aber Nadine wischte meine Vorurteile beiseite; alles, was gegen das Schreien helfe, sei legitim, sagte sie und stopfte ihn in Immies offenen Mund. Er blieb genau dreißig Sekunden darin, dann spuckte ihn Immie angewidert aus. Mein Kind habe offenbar einen besseren Geschmack als sie, neckte ich Nadine.

Eines Morgens sah ich in der Drogerie Medikamente gegen Koliken. Auch das war gegen meine Prinzipien, ich war so stolz gewesen, dass mein Baby keine Medikamente mehr brauchte und nur mit Muttermilch aufwuchs. Aber als ich im Regal die Wundermittel sah, dachte ich, zur Hölle, und kaufte sie. Zu Hause rief ich die Expertinnen in der Stillberatung an und fragte, welches Mittel am schnellsten wirke und ob es für mein medikamentenfreies Baby gut sei. Die Frau, die uns den Trick mit dem Anti-Kolik-Lift gezeigt hatte, war offenbar belustigt: Es sei ziemlich egal, ich solle das nehmen, was mich am meisten anspreche. Weltweite klinische Tests hätten immer zu denselben Ergebnissen geführt.

»Zu welchen?«, fragte ich.

»Sie werden das nicht gern hören«, sagte sie, »aber bislang konnte die Wirksamkeit von Medikamenten bei Koliken wissenschaftlich nicht nachgewiesen werden. Es ist wohl hauptsächlich eine Art Plazebo für verängstigte Eltern. Aber nachdem ich Ihnen das verraten habe, ist es auch damit vorbei, oder?!«

Im Grunde war ich erleichtert, nun doch nicht auf Medikamente zurückzugreifen; ich wollte mir die Zuversicht bewahren, dass ich als ihre Mutter Immies Aua fortpusten könnte. Aber die Idee, über meine eigenen Möglichkeiten hinaus etwas gegen das Schreien zu unternehmen, setzte sich in mir fest. Ich hatte von der Cranio-Sacral-Therapie gelesen, die von der Vorstellung ausgeht, dass bei einer überstürzten Geburt die noch weichen Schädelplatten des Kindes mit solcher Wucht zusammengepresst werden, dass sie sich nicht wieder selbstständig entspannen. Ein Cranio-Sacral-Therapeut konnte mit sanften, fast unmerklichen Handbewegungen den Druck lösen. Jay wollte Virginia Nicholas um Rat fragen, aber ich mochte mit dem Krankenhaus so wenig wie möglich zu tun haben. Für das Wohl meiner Tochter bezahlte ich gern eine unabhängige Spezialistin.

♦ ♦ ♦

Dienstag, 14. August. Das Haus der Therapeutin befand sich am Ende einer holprigen Straße, hinter der sich das freie Feld und weiter unten das Flusstal erstreckte. Ich stellte das Auto vor der Garage ab und lief an einem blühenden Rosenbeet, das von den silbrigen weichen Blättern des Wollziest gesäumt wurde, vorbei zur Eingangstür. Als Kind hatte ich oft am Rand des Rosenbeets meines Großvaters gesessen und diese Blätter gestreichelt und mir vorgestellt, es seien kleine Lämmer – denn im Englischen heißt die Pflanze *Woolly Lamb's Ear*, Wolliges Schafsohr. Die Eltern meiner Mutter wohnten ein wenig flussaufwärts in einem ähnlichen honigfarbenen Cotswold-Cottage mit einem ähnlichen Blick auf das grüne, grüne Tal. Wir besuchten sie jedes Wochenende ohne Ausnahme: Großpapa stutzte immerzu die Sträucher im Garten, und Granny war völlig aufgelöst in der Küche mit dem Sonntagsessen beschäftigt.

Clare öffnete mir die Tür in einer gestärkten Bluse und einem Glockenrock mit Gürtel. Sie war wohl genauso alt, wie meine Großmutter damals gewesen war, aber eine 60-Jährige sieht umso jünger aus, je näher man selbst an dieses Alter herankommt. Und sie war wohltuend unaufgeregt. Behutsam nahm sie mir den Babysitz ab, führte mich in ihren Behandlungsraum und stellte ihn auf der Massageliege neben einem Stapel frischer Handtücher ab. Der Raum mit seinen sandfarben gestrichenen Wänden und den Lamellenläden am Fenster war sauber, aber nicht klinisch rein.

Wir müssen uns unterhalten haben, und Clare hat sich bestimmt Notizen gemacht. Aber ich habe vor allem ein Gefühl von liebevoller Offenheit in Erinnerung: Clare vertiefte sich langsam und sanft in die Probleme meines Babys. Als Immie erwachte, zeigte sie auf den Stillstuhl in einer Ecke. Dort setzte sie sich neben mich, während ich die Stillhütchen herausholte. Ich hielt den Körper meiner Tochter fest in meinen Armen, während sie trank, aber ihr Kopf war frei, und Clare untersuchte die Luft um den Schädel mit ihren Handflächen. Ich weiß noch, dass ich mich zurücklehnte und die Augen schloss, um sie nicht zu stören. Während sie arbeitete, ließ ich meinen Tränen freien Lauf, sie rollten mir über die Wangen und auf das Baby. Dann spürte ich Clares Hand, die mir lautlos die Tränen fortwischte.

Das Still- und Schreitagebuch belegt, dass wir von diesem Tag an – Immie war acht Wochen alt – dreimal pro Woche zu Clare fuhren. Einmal gönnte sich Jay selbst während der Sitzung eine Massage; wieder zu Hause, erzählte er, er hätte ordentlich geschrien, es wäre befreiend gewesen. Ich versuchte es auch, kam aber nicht einmal in die Nähe eines Klagelauts. Ich lag auf dem Rücken, Clare schüttelte meine Beine und zog nach allen Richtungen an ihnen, um die Anspannung in meinem Becken zu lösen. »Menschenskind, Sie verlangen sich aber viel ab«, sagte sie. Doch darüber wollte ich nicht nachdenken, sie sollte die Spannung in meinem Baby lösen, darauf kam es mir an. Vorher konnte ich nicht gesund werden.

Sie konzentrierte sich also auf Immies Kopf und die Wirbelsäule, beugte und streichelte sie mit ihren gedankenschweren Fingern. Sie redete dabei, verströmte aufbauende, beruhigende Worte. Manchmal schrie Immie nur umso lauter, aber Clare gab nicht auf und bugsierte sie in eine Stellung, in der sie schließlich einschlief. Friedlicher Schlaf, mehr wollten wir gar nicht. Ich erinnere mich an ein solches Mal, als Immie nackt und im Sitzen schlummerte; der Oberkörper war nach vorn zwischen die Beinchen gesunken, so dass der Kopf auf dem Tisch ruhte. Diese perfekt ausbalancierte Position hatte Clare mit einem neuen Beruhigungstrick erreicht – sie schob ihren Finger zwischen Immies Lippen und drückte ihn an den Gaumen, so dass sie anfing zu saugen. Den Mund um die Fingerspitze geschlossen, konzentrierte sich Immie ganz auf das Saugen; irgendwann fiel ihr Gesicht in Clares Hand, und sie schlief ein.

Ich erinnere mich an eine andere Sitzung im Stillstuhl. Das Baby an der Brust, beobachtete ich Clares Hände, die über Immies Schädel schwebten. Wieder und wieder schloss sie eine Hand und entfernte sie aus dem Bereich um den Kopf, als nehme sie etwas weg und werfe es fort, in die Luft. Was sie da tue, fragte ich.

»Ich spüre etwas Schwarzes«, antwortete sie, »und will es loswerden.« Das muss der Geburtsschmerz sein, dachte ich damals, das schlimme Kopfweh, das er meinem Baby gemacht hatte; ich glaubte fest daran, dass Clare sie von dieser Vergangenheit befreite.

Aber dann passierte die Geschichte mit der Dahlie. Clares Freund gab Elinor eine riesige kanariengelbe Dahlie aus dem Garten – ein wunderschönes Geschenk. Wir schnitten den Stiel ab und setzten die Blüte in eine Schüssel mit Wasser, und sie leuchtete auf dem Küchentisch. Nach ein oder zwei Tagen wurden die äußeren Blütenblätter schwarz, und ich musste gegen das Bild ankämpfen, dass in Immies Gehirn dasselbe geschah.

♦♦♦

Jede Woche beobachtete ich vom Schlafzimmer aus, wie die Beraterin vom National Health Service aus dem Kofferraum ihres weißen Peugeots die Waage holte und drückte mir selbst die Daumen, dass wir es diese Woche wieder schaffen würden. Aber ab Mitte August fielen die Werte, Anlass zur Besorgnis. Wenn Immie nicht zunähme, müsste ich eventuell zufüttern. Mary hatte die Stillhütchen im Verdacht, sie würden den Milchfluss behindern und wahrscheinlich auch Immies Bauchweh verschlimmern – ich sollte versuchen, dass sie ohne trank.

Kaum war sie weg, machte ich mich an die Arbeit und wollte, dass Immie meine blanke Brust nahm. Aber wie üblich schrie und zappelte sie. Jener einzige Morgen, als es ohne Stillhütchen geklappt hatte, wirkte wie eine Fata Morgana, als hätte ich meine Erfahrung von Immie mit dem völlig unproblematischen Stillen von Ellie durcheinandergebracht.

Wieder mit den Stillhütchen versöhnt, war ich wild entschlossen, Immies Gewicht noch vor dem nächsten Besuch der Gesundheitsberaterin wieder zu steigern. Wenn das misslang, wäre die wochenlange Arbeit, sie von der Flasche wegzubringen, umsonst gewesen. Ich konnte nicht messen, wie viel Milch sie aus der Brust bekam, das war mit geeichten Fläschchen einfacher, aber ich konnte Zeit investieren. Jetzt wurde jeder wache Moment meines Babys im Stillstuhl genutzt. Drohte sie einzuschlafen, versuchte ich sie wach zu halten, kitzelte ihre nackten Füßchen und spielte so fröhlich mit ihr, dass es meine Verzweiflung Lügen strafte. Am Morgen, an dem Mary fällig war, stand ich noch früher auf als sonst, um meinen Säugling gute drei Stunden an die Brust zu legen, bevor er auf die Waage gepackt wurde. Aber als der Zeiger zur Ruhe kam, stand er bei derselben Zahl wie eine Woche zuvor.

Mary gab mir die Telefonnummer einer Fabrik, die Milchpumpen herstellte, und ich bestellte die stärkste Maschine, die sie hatten. Ermintrude II wurde einen Tag später per Kurier geliefert, und ich stattete sie mit zwei Trichtern aus, damit ich meine Milch so schnell wie möglich – beide Seiten gleichzeitig – abpumpen konnte. Aber ich konnte die animalische Zufriedenheit nicht zurückholen, die ich im Krankenhaus empfunden hatte, und meine Brüste weigerten sich, die damaligen Mengen zu produzieren. Ich ergänzte meine eigene Milch um das teuerste, muttermilchähnlichste Präparat, das ich finden konnte, damit Immie wenigstens die maximale Kalorienzahl zusammen mit meinen Antikörpern aufnahm. Aber ich hasste die Plastikflaschen, die sie mir vorzog. Ich hasste den Geruch der künstlichen Milch und die ranzige Ausdünstung, die sie meinem Kind verlieh. Wo war mein »Zuckerpüppchen«? Ellie hatte immer so süß gerochen, wie das englische Kinderlied vom »sugar and spice girl« behauptet. Wo blieb das Muskataroma, auf das ich seit Imogens Tagen im Brutkasten wartete?

Nadine holte mich aus meiner Selbstbemitleidung heraus. Wir mussten Immie aufpäppeln, das Kind musste essen, und nur darauf kam es an. Nadine setzte sich in einen Sessel mitten im Raum, nahm Immie auf die Knie und das Fläschchen in die Hand und brachte beide in Position. Dann schaukelte sie Immie auf den Knien und redete mit spanischer Babysprache auf sie ein. Ohne einmal innezuhalten, schritt die Fütterung voran. Und während ich ihnen zusah, schalt ich mich selbst: Diese Frau war eine starke Eiche und ich ein dünnes Bäumchen, das unter dem Gewicht eines Winzlings zusammenbrach.

Ich war erschöpft. Das Leben mit Immie war kein Spaß. *Fühlen Sie sich weniger glücklich als vor der Geburt?* Das Formblatt hatte vor mehr als einem Monat die Frage gestellt, und ich war in Tränen ausgebrochen. Jetzt war klar, dass es nur eine Antwort gab: *Ja, absolut. Die ganze Zeit.* Aber ich hätte das Mary gegenüber niemals zugegeben, ich kam schon ohne ihre Antidepressiva aus. Wichtigeres stand auf der Tagesordnung, und ganz oben stand da Immies Lächeln oder, genauer gesagt, die Tatsache, dass sie noch immer nicht lächelte.

Ich kannte die Entwicklungsstufen, jeden einzelnen Meilenstein, den ein Baby des einundzwanzigsten Jahrhunderts erreichen muss, und das Lächeln ist der erste davon. Elinor lag mit ungefähr sechs Wochen genau im Zeitlimit, wie die meisten Babys. Aber Virginia Nicholas hatte den Punkt auf Immies Liste immer noch nicht abgehakt. Sechste Woche, siebte, achte, neunte, zehnte … Immie lächelte nicht.

Ellie meinte, wir wären nicht lustig genug. Jay meinte, sie hätte einmal gelächelt, als er sie gefüttert habe, ich meinte, es müsse ein Pups gewesen sein. Das verpasste Lächeln wurde zum Familienwitz, Elinor rief vom Rücksitz im Auto: »Sie lächelt!«, und wenn sich einer von uns umdrehte, lachte sie: »Verpasst!« Wenn ich Immie bodybuildingmäßig vor meinem Körper auf und ab sausen ließ, versuchte ich die Distanz herauszufinden, auf der ihre Augen sich auf mein grinsendes Gesicht fokussierten. Ihre großen Regenbogenhäute waren nicht länger blau wie meine, sondern hatten die Farbe von Graphit.

Aber sie lächelte nicht zurück, sie starrte auf die geometrisch gemusterte Tapete hinter mir.

Mary meinte, es sei kein Grund zur Beunruhigung, wahrscheinlich hätten sich ihre Augen noch nicht ganz von der schweren Geburt erholt, und solange sie nicht sehen konnte, wie wir lächelten, konnte sie nicht lernen, wie das geht. Sie zeigte mir eine besondere Art, die Wange zu streicheln und die Mundwinkel mit der Fingerspitze hochzuschieben, auch während sie schlief, um das Lächeln zu stimulieren. Mary erklärte, sie hätte viele Babys erlebt, die monatelang mit den Folgen einer schlimmen Geburt zu kämpfen hatten. Und als die Waage zeigte, dass Imogen anfing zuzunehmen, gab es etwas zu feiern.

Ich holte mein Baby aus der Waagschale, ja, vielleicht fühlte es sich runder und pummeliger an. Dann sah ich mir ihre Glieder an und war sicher: Die faltige Haut an den Gelenken füllte sich wirklich. Es war nicht leicht, denn ich war so vertraut mit ihr, dass mir der Unterschied nicht aufgefallen war. Auch nachdem ich sie nicht mehr stillte, hielt ich sie Tag und Nacht, als sei sie ein Teil meines Körpers. Das verhinderte vielleicht einen klaren Blick, ich war einfach zu nahe dran. Vielleicht war genau das schuld an der ganzen Konfusion und den Ängsten der letzten Wochen. Wenn ich mich nur etwas von ihr lösen könnte, würde ich mich besser fühlen. Zumindest bekäme ich mehr Schlaf.

Nadine bot mir an, sie für eine Nacht zu sich zu nehmen. Dafür sei es immerhin gut, dass ich mit dem Stillen aufgehört hätte. Und sie sei daran gewöhnt, nachts mit ihren alten Leutchen zu arbeiten, ihr Haus sei in derselben Straße wie unseres, und ich könne sie jederzeit anrufen. Eine ganze Nacht lang schlafen – es war zu verlockend, um nein zu sagen. Wir machten einen konkreten Termin aus, wir bereiteten die Mahlzeiten vor, packten alle nötigen Sachen zusammen. Am Abend brachte Jay ihr das Bündel, aber als er zurückkam, lag ich im Bett und hätschelte das Baby. Ich rief Nadine an und entschuldigte mich – es ging einfach nicht, ich stand eine ganze Nacht ohne Immie nicht durch. Nadine verstand mich.

♦ ♦ ♦

Mary brachte eine Schwester aus dem JR mit. Sally trug keine Schwesterntracht, bewahrte aber einen reinlichen, adretten Professionalismus, das glatte blonde Haar straff zurückgekämmt, kerzengerade Haltung. Sie versicherte uns, dass es allen Eltern so ging, deren Kinder in Virginia Nicholas' Abteilung gelegen hatten; die Zeit danach gleiche einer Achterbahnfahrt, das sagte jeder. Wir machten das richtig gut, es sei wichtig, sich auf die Gegenwart zu konzentrieren und nicht über die Zukunft nachzudenken. »Lassen Sie es dabei bewenden«, sagte sie, »leben Sie in den Tag hinein, vergleichen Sie sie nicht mit anderen Babys, denken Sie nicht über die Entwicklungsstufen nach, akzeptieren Sie das Baby so, wie es ist.« Sie nahm Jay Immie ab und setzte sie auf ihre Knie. Dann hielt sie einen Zeigefinger einige Zentimeter vor ihr Gesicht. »Sie schaut ihn an«, erklärte sie und beschrieb ganz langsam mit ihrem Finger einen Halbkreis. Jay nickte, ja, sie folgte tatsächlich der Bewegung. Ich saß dabei, als wären sie die Eltern und ich ein verständnisloser Zaungast. Ich sollte wirklich etwas gegen den Baby-Blues unternehmen.

Und ich musste schon deshalb den Baby-Blues überwinden, weil der August und damit auch Jays freie Zeit bald zu Ende war. Wenn er nach London fuhr, musste ich allein klarkommen. Als es so weit war, hatte sein Rad einen Platten, und Jay musste ihn erst reparieren, bevor er fahren konnte. Das dauerte, und nachdem ich innerlich darauf eingestellt war, allein zu sein, irritierte mich diese Verzögerung ungemein. Ich wollte, dass er ging, ich wollte allein sein. Stattdessen fuhr ein Pendlerzug nach dem anderen ohne ihn nach London. Als er endlich den Reifen geflickt hatte und ich ihn vom Küchenfenster aus wegfahren sah, platzte der Reifen wieder. Mit gesenktem Kopf schob er das nutzlose Rad zurück zum Haus, und ich lief ihm entgegen. »Du bist ein Versager«, brüllte ich, »Mann, du bist einfach ein verdammter Versager!«

Bevor er antworten konnte, lief ich zum Gemüsebeet, um den Kohl auf Raupen abzusuchen. Als ich eine auf der silbrigen Blattunterseite fand, schleuderte ich sie auf den Weg und zertrat sie, hoch zufrieden mit dem hellgrünen Schlier, den die Aktion auf den Steinplatten hinterließ.

Wie ich Jay darum beneidete, dass er abhauen und die Sorge um die Kinder mir überlassen konnte! Währenddessen war ich ans Haus, an den Stillstuhl gefesselt, in dem ich das Fläschchen mit dem Sauger an Imogens harten Gaumen presste. Sie war immer ausgehungert, konnte aber nie mehr als ein paar Milliliter trinken, bevor die Bauchkrämpfe wieder überhand nahmen und ich sie beruhigen musste. Ich hatte eine ganze Batterie unterschiedlicher Sauger besorgt, um herauszufinden, mit welchem Modell sie am besten zurechtkam. Nadine meinte, sie sei so gierig wie ein Fettwanst und hätte den Magen eines Zwerges.

Sally schaute auf ihren nächsten Touren von einer Achterbahn-Familie zur nächsten regelmäßig vorbei. Aus meinem

Stuhl hörte ich ihren Wagen über die Auffahrt knirschen und wusste, dass ich ein bisschen Zeit haben würde, um mich zu sortieren, während sie die Papiere ausbreitete. Sie ging immer zuerst direkt ins Badezimmer, um sich die Hände zu waschen – das alte JR-Ritual. Eines Tages, meine Mutter war zu Besuch, hatte sie ihren Test dabei, um zu prüfen, ob Immie inzwischen Gegenstände mit den Augen fixierte: Auf mehreren DIN-A4-Blättern waren schwarze, einfache geometrische Figuren eingezeichnet. Sie hielt eins hoch, aber Immie hörte nicht auf zu schreien. Ich erlöste sie schließlich, indem ich ihr meinen Mittelfinger in den Mund steckte.

»Sie sind eine Heilige«, sagte Sally.

»Es ist mein Baby«, antwortete ich.

Mit den Heiligen war ich mir nicht so sicher. Sankt Julia. Als Kind hatte mir meine Mutter erzählt, es gebe keine heilige Julia in der Bibel, und das hatte mich damals eher erleichtert – auf den Bildern wurden Heilige immer nur gemartert. Als ich mit Immie im Krankenhaus war und darauf wartete, dass sie wach wurde, sagte eine Freundin: »Dass so was immer den ganz Netten passieren muss!«, und ich musste lachen. Mit einem leidenden Säugling wurde ich sofort zu einer der Nettesten. Und jetzt, wo sie ununterbrochen schrie, wurde ich heilig gesprochen. Dabei sah ich keine Alternative, ich war ihre Mutter, also musste ich den Heiligenschein wohl oder übel hinnehmen.

»Ich habe nicht das Gefühl, dass sie mich ansieht«, sagte ich und ging davon aus, dass Sally die Äußerung genauso abwehren würde wie Virginia Nicholas. Aber sie notierte es nur in die Akte. Ich sah, wie die Lippen meiner Mutter schmal wurden. Sie hatte Angst, es sei ein Symptom für eine Hirnschädigung, das wusste ich. Mein Vater fürchtete sich so sehr, dass er nicht im Haus sein mochte, solange Sally da war. Er stand draußen und kratzte die Hinterlassenschaften der Schwalben von den Fensterbänken, überzeugt von der Bedeutung seiner Aufgabe.

Ich wollte mich nicht mit den Ängsten meiner Eltern belasten, das hatte ich noch nie gewollt. Die ganze Teenagerzeit über hatte ich an meiner Fähigkeit gearbeitet, lautlos die Treppen hochzugehen, damit sie beruhigt schlafen gingen und glaubten, ich sei gegen Mitternacht nach Hause gekommen und nicht erst um vier Uhr in der Frühe. Vor langer Zeit hatte ich gelernt, die gefährdete Seite meines Lebens vor ihnen zu verbergen. Im eigenen Interesse; solange sie nichts von meinen Ängsten und Sorgen wussten, konnten sie für mich stark bleiben.

Jetzt hatte ich selbst Kinder und erkannte, wie viel Sicherheit Mama mir gegeben hatte, und ich wollte es ihr meinen Kindern gegenüber gleichtun. Aber mit Imogens Geburt waren die Dinge kompliziert geworden. Ich wollte, dass Mama mir Sicherheit gab, dass sie mir sagte, alles sei okay. Aber das konnte sie nicht. Ich hätte das Baby am liebsten vor ihr versteckt, dann hätte ich ihre Angst nicht spüren müssen.

◆ ◆ ◆

Eines Morgens, die Sonne stand schon hoch und brannte, kam Ellie in die Küche gerannt: »Ein Tierbaby ist am Zaun, ein Tierbaby.« Ich folgte ihr zum Komposthaufen. Im hohen Gras um den Stacheldrahtzaun erkannte ich den stacheligen, braun-grauen Rücken eines Igels. Nur eine Zweieinhalbjährige war klein genug, um ihn zu sehen. Ich teilte das Gras und sah, dass der Igel-Körper von der unteren Befestigung des Maschendrahts durchbohrt war und sich nicht bewegte. Traurig über diesen Tod holte ich ein Paar Arbeitshandschuhe und eine Schippe, um das arme Geschöpf zu beerdigen (auch für meine Tochter, die so sehr von der Sterblichkeit und den damit verbundenen Ritualen fasziniert war). Aber als ich zurückkam, schrie Ellie: »Es lebt, Mummy, das Baby lebt!« Tatsächlich bewegte der Igel ganz langsam seine Pfoten in der heißen Sommerluft. Ich befreite ihn behutsam von seiner Folterbank und setzte ihn in den Schatten, wo er flach liegen blieb, zu erschöpft, um sich zusammenzurollen.

»Sollen wir ihn füttern?« Zu meinen frühesten Erinnerungen, von denen ich Elinor erzählt hatte, gehörte das Futter, das ich im Erdbeerbeet für den Igel ausgelegt hatte. Wir holten Bacon aus dem Kühlschrank und legten zwei, drei Streifen zusammen mit einem Schälchen Wasser neben den Körper. Als wir am Nachmittag zurückkamen, waren Fressen und Gast verschwunden. Ich erklärte Ellie, das könne nur eins heißen: Dem Baby gehe es besser und es suche jetzt nach seiner Familie. Wir beide mussten dabei an Immie denken.

♦ ♦ ♦

Nadine fand, ich hielte mich tapfer, aber Jay schlug vor, eine Hilfe einzustellen. Ich behauptete eisern, das könnten wir uns nicht leisten. Jay entgegnete, es sei schließlich nicht für immer. Ich meinte, ich wolle nicht jemand Fremdes dafür bezahlen, auf meine Kinder aufzupassen, wo ich doch meine Arbeit an den Nagel gehängt hatte, um bei den Mädchen zu bleiben. Es gehe ums Prinzip, wir hätten uns bewusst für Kinder entschieden, und mit den Fehlgeburten sei es schwer genug gewesen. Wenn wir Ellie und Immie schon mal in die

Welt gesetzt hätten, wäre es ja wohl das Mindeste, das wir uns selbst um sie kümmerten.

»Ich will bei den Kindern sein, egal, wie sie sind«, sagte ich und spürte, wie mein Heiligenschein leuchtete.

»Aber wir müssen auch für uns sorgen.«

»Ich sorge für mich, wenn ich mich um mein Kind kümmere. Du siehst das vielleicht anders!«

Rechtlich gesehen war Imogen mein Kind, nicht Jays. Weil wir nicht verheiratet waren, hatte ich das Sorgerecht. Damit er dieselben Rechte bekam, mussten wir einige Dokumente unterschreiben, hatten aber bisher nicht die Zeit gefunden, uns darum zu kümmern. Und jetzt piesackte ich ihn mit solchen Nettigkeiten.

»Vielleicht hast du keine Lust, ihr Vater zu sein.«

»Das ist absurd, ich vergöttere meine Kinder. Und ich bin zufällig der Meinung, dass du eine gute Mutter bist.«

»Das kannst du aber gut verstecken.«

»Du bist unmöglich!«

»Du solltest mir beistehen, statt dein Baby an irgendwelche Experten auszuliefern.« Die Experten mit ihren Fläschchen und Entwicklungsstadien hatten uns vom Weg abgebracht, sie hatten meine Sicherheit untergraben und mich verwirrt.

»Julia, es ist doch kein Verbrechen! Du bist …«

»Ich bin völlig fertig!«

»Meinst du, ich nicht?!«

Er rannte hinaus, und Ellie kam herein: »Mummy, hör auf, Daddy anzuschreien!«

»Sag ihm, er soll mich nicht mehr anschreien!«

Und sie verschwand, um die Botschaft zu überbringen.

Beruhige dich. Du musst die Ruhe bewahren, du musst die Stellung halten, denk an deine Großeltern im Londoner Bombenkrieg. Lass Jay außen vor, konzentrier dich auf die Kinder, beweise ihm, dass du es schaffst. Du schaffst es.

♦ ♦ ♦

Eines Abends saß ich allein in dem großen Bett, hatte Immie nach einer ausgiebigen Mahlzeit an die Schulter gelehnt und klopfte ihr auf den Rücken. Plötzlich hörte sie auf zu schreien. Ich legte sie in meinen Schoß, drehte mich um und sah eine riesige Milchlache auf dem Laken, vermischt mit Schleim. Es dauerte einen Moment, bis ich kapierte, dass sie das ganze Fläschchen wieder erbrochen hatte, ohne einen Mucks von sich zu geben, Weiß auf Weiß, so dick und glänzend, dass es nicht durch das Betttuch drang. Bis zum Morgen wiederholte sich das Spiel noch zweimal. Ich zog das Bett ab und schlief auf der blanken Matratze.

Einige Wochen später ging die Kotzerei wieder los. Aber von diesem Moment an wurde sie Teil unseres Lebens. Wir fütterten Immie nur noch in der Küche, weil der Linoleumboden die regelmäßige Dusche schadlos vertrug. Bald hatten wir heraus, welche Zeichen ein neuerliches Erbrechen ankündigten: Sie lief rot an, die Wangen wurden dick, und die Augen quollen hervor. Ich drehte sie von mir weg, damit der weiße Strahl nicht mich, sondern den Boden traf. Jay rannte oft zum Spülbecken, und meistens schaffte er es, dass die Kotze dort landete. Ich fragte Mary, ob das ein spastisches Erbrechen sei, und sie sagte nein, dafür müsse sie im hohen Bogen bis zur Wand speien, und das komme ohnehin eher bei Jungen vor.

♦ ♦ ♦

Wenn Sankt Julia ihren Pflichten nachkam, wurde auch von ihrem Kleinkind dieselbe Selbstlosigkeit erwartet. Aber dass ich meinen Heiligenschein akzeptiert hatte, hieß noch lange nicht, dass Ellie es mir nachmachte. Sie rächte sich, indem sie auf den Boden pinkelte. Das gab Krach. Ich war so stolz gewesen, dass sie aufs Töpfchen ging, bevor ihre kleine Schwester geboren wurde. Und jetzt dieser Rückfall, sie stellte sich mitten ins Zimmer, die Beine gespreizt, und ließ eine ordentliche Dosis Urin auf den Teppich laufen. »Oh dear«, sang sie und bewunderte den dunklen Fleck, der sich unter ihr ausbreitete. Ich brüllte sie an – sie musste ja nicht dem Vermieter die verdammte Einrichtung ersetzen! Verschreckt von meiner Wut, schlug ihr Kichern in Weinen und schließlich in lautes Schluchzen um, ein perfekter Kontrapunkt zu Immies Wimmern. Jeder Versuch, sie zu trösten, schlug fehl, sie trat mich, als ich sie in den Arm nehmen wollte. Also packte ich sie und setzte sie wie einen aufsässigen Welpen in den Garten. Zum Glück riefen unsere Nachbarn nicht das Jugendamt an.

Elinor versuchte nur, sich trotz Immies Geschrei, das nun schon Monate anhielt, ein Stück ihres früheren Lebens zurückzuholen. Sie hatte recht – warum sollte sie alles für ein freudloses Baby opfern, das solche Spannungen in unserem Zuhause provozierte?

Das tägliche Baden beispielsweise. Die halbe Stunde am Abend, in der man fröhlich planschen durfte. Ellie setzte alle ihre Schwimmentchen und Gummifische und die wasserunempfindlichen Puppen in Reih und Glied und schenkte ihnen Tee mit ihrem Plastikteekännchen ein. Ich war der Ehrengast auf ihrer Party und nahm meine Tasse mit angemessenem Zögern entgegen: »Oh, vielen, vielen Dank, mmh, das ist ja köstlich!«

Seit Immie da war, war es mit diesem Spiel vorbei. Seit dem Besuch im Zoo wusste ich, dass plätscherndes Wasser sie beruhigte, also ließ ich das Wasser so lange wie möglich laufen. Ellie musste eben warten. War die Wanne voll, hatte ich keine Hand frei, weil ich Immie hielt; ich konnte die Teetasse nicht in Empfang nehmen. Stattdessen schrieb ich ihr ständig vor, sie solle die Tasse aus großer Höhe ausgießen, damit ihre Schwester ruhig blieb. Sie gehorchte, aber ich zahlte die Zeche später, wenn sie wimmerte: »Ich will meinen Daddy, ich will zu meinem Daddy!«

◆ ◆ ◆

Die Schulferien waren vorbei, und der Kindergarten konnte Ellie nur noch für die üblichen eineinhalb Tage betreuen. Ich war davon ausgegangen, dass ich zu diesem Zeitpunkt mit beiden Kindern zu Hause gut zurechtkommen würde, aber ich musste mir eingestehen, dass es nicht so war. Das Baby brachte mich an den Rand meiner Kräfte, und auch mit meinem Kleinkind wurde ich immer angespannter, befürchtete, jeden Moment werde die Anarchie ausbrechen. Vielleicht war die Idee mit dem Kindermädchen doch nicht so verkehrt, überlegte ich, als vorübergehende Maßnahme, bis Immie ruhiger würde. Wir mussten an unsere Ersparnisse gehen, um das zu bezahlen.

Eine Agentur schickte an einem brütend heißen Septembermorgen eine Bewerberin vorbei; ich saß drinnen und hatte die Vorhänge gegen die Sonne zugezogen. Seit Stunden fütterte ich Immie und war froh, Gesellschaft zu haben. Lorna erzählte, sie wohne in der Nähe, sei alleinerziehende Mutter, aber ihre große Familie unterstütze sie sehr. Sie nahm Immie in den Arm und gab ihr die Flasche. Als sie sich nach der Geburt erkundigte, dachte ich: Ach, warum soll sie nicht wissen, dass Immie vielleicht einen Hirnschaden davongetragen hat. »Aber sie trinkt, das ist ein gutes Zeichen«, antwortete Lorna, und sie wusste, wovon sie sprach.

Ihre Nichte Joely war vor vier Monaten in der 27. Woche mit einem ernsten Hirnschaden auf die Welt gekommen. Lornas Schwester litt unter Bluthochdruck und war deswegen ins JR geschickt worden. Und dort, auf der Toilette, fingen die Blutungen an. Als sie wieder aufwachte, sagte man ihr, man habe das Baby mit einem Kaiserschnitt geholt und sie könne froh sein, dass sie noch am Leben war. Ihr Baby sprang dem Tod mehrfach von der Schippe, und als sie endlich die Perinatalstation verlassen durften, eröffnete man ihr, das Kind müsse lebenslang mit einer Sonde ernährt werden und würde niemals sprechen oder laufen lernen. »Wahrscheinlich haben sie sich nicht getraut, es ihr früher zu sagen, am Ende hätte sie sich geweigert, das Kind mit nach Hause zu nehmen«, sagte Lorna. »Aber so eine ist meine Schwester nicht. Meine Güte«, seufzte sie, »bei einer so großen Familie wie meiner muss einer wohl Pech haben.«

Ich war schockiert, und obwohl ich Lorna sympathisch fand, fürchtete ich mich vor Neuigkeiten über das Baby ihrer Schwester. Irgendwie hatte ich Angst, dessen Schicksal könne sich auf Immie übertragen. Ich lehnte Lorna ab.

Ungefähr eine Woche später wartete ich beim Apotheker auf eine neue Sojamilch für meinen Säugling (Mary hatte diese als besonders leicht verdaulich empfohlen) und sah eine junge Frau, die ihren brüllenden Sprössling im Tragesack auf und ab wippte.

»Hörst du«, sagte ich zu Elinor, »die Kinder von anderen Leuten schreien auch.« Die Frau bestellte dasselbe Produkt wie ich, deswegen sprach ich sie an, und als ich in den Tragesack guckte, wurde mir klar, wer das sein musste. »Ist das Joely?« Natürlich – der Schlauch zur Sonde war an ihrer Wange befestigt, die Augen waren sehr dunkel und starr. Ich erklärte, wie ich Lorna kennengelernt hatte, und erkundigte mich nach der Geburt. Wir erzählten uns von unseren Dramen im JR. Ich fragte, ob sie das Risiko einer weiteren Schwangerschaft eingehen würde und ob sie überlegt hätte, das Krankenhaus zu verklagen. Sie fange eben erst an, über solche Sachen nachzudenken, entgegnete sie.

Ich weiß noch, dass ich Joely und Immie als »die Schlaganfall-Babys« bezeichnete, aber es kam mir überhaupt nicht in den Sinn, dass Immie genauso massive Schäden erlitten haben könnte wie dieses Kind. Ich gab Lorna recht – ihr Saugen war ein gesundes Zeichen.

Es stellte sich heraus, dass Mary auch zu Joelys Mutter kam, und bei ihrem nächsten Besuch fragte ich sie nach der Kleinen aus. »Ich darf nicht über andere Patienten reden«, sagte sie. »Aber eins kann ich Ihnen sagen – Joely ist ganz anders als Imogen. Ihr Baby hat Leben in den Augen.«

♦ ♦ ♦

Nadine erklärte, wir brauchten kein Kindermädchen, sondern nur jemand, der mir das Baby für ein paar Stunden abnahm, damit ich mich mit Ellie beschäftigen konnte. »Bezahl mir, was ich für die Altenarbeit bekomme, und ich mache das für dich«, bot sie an. Der Stundenlohn war doppelt so teuer wie der für unsere bisherigen Babysitter, aber denen konnte ich

Immie nicht anvertrauen – das musste jemand sein, der etwas davon verstand. Diesen Menschen hatten wir in Nadine. Aber ich spürte, wie sich eine Distanz in unser Verhältnis einschlich, als wir die Bedingungen aushandelten und ich die Stunden festlegte. Es war schade, dass aus der Granny von nebenan eine Pflegekraft geworden war.

Für mehrere halbe Tage die Woche verschaffte mir Nadine Immie-freie Zeit. Zeit für Ellie. Zeit für Jay und mich und den Besuch bei einer Paarberatung. Das muss Jays Idee gewesen sein, ich wäre nie darauf gekommen. Ich bin mir ziemlich sicher, dass ich es mit dem Argument abschmettern wollte, das würde unseren sinnlosen Streitereien viel zu viel Gewicht beimessen, wir müssten einfach mehr unter Leute und wieder etwas Schönes miteinander erleben. Aber er wandte ein, die Situation sei inzwischen so verfahren, dass wir einen Mediator brauchten, jemanden, der sich die Argumente beider Seiten anhörte. Und ich war ihm einen Versuch schuldig. Bei der ersten Sitzung fragte die Therapeutin, was wir noch gemein hätten. Wir waren uns einig: die Kinder. Sie schlug vor, wir sollten uns alle in den Arm nehmen. Als wir nach Hause kamen, stand Elinor in der Eingangstür, während Nadine mit dem Baby in der Küche blieb. Jay wirbelte Ellie hoch und legte sie sich quer über die Brust; ihre Beine baumelten herunter, länger und schlaksiger, als ich sie in Erinnerung hatte. Ich trat einen Schritt vor und umarmte alle beide, schlang meine Arme um seine Taille und lehnte meinen Kopf an den meiner kleinen Tochter. Unsere Körper verschmolzen, ein vollkommenes Dreieck, ganz natürlich, ganz weich. »Das ist ein Ellie-Sandwich!«, rief Ellie.

KAPITEL 4

Härtetest

S*onntag, 15. September.* Imogen war zwölf Wochen alt, also in dem Alter, in dem die Koliken laut der Babybücher aufhören sollten (angeblich manchmal über Nacht). Für diesen Tag hatten wir die Namenszeremonie festgesetzt, eben weil wir hofften, unsere Tochter würde sich an die Bücher halten. Sie tat es nicht, aber wir konnten nicht über dreißig Angehörige und Patentante Fiona wieder ausladen, die mit ihrer dreijährigen Tochter extra aus Australien anreiste. Ohnehin wollte ich meinen Missmut überwinden und meinen Eltern beweisen, dass wir mit unserer schwierigen Zweitgeborenen gut zurechtkamen. Es war eine Gelegenheit für Jay und mich, Stärke zu demonstrieren. Ich nahm einigen Druck heraus, indem ich das Essen bei einem Catering-Service bestellte. Die Dame, die Ellies Kindergarten belieferte, war in den letzten Wochen sehr nett zu uns gewesen, und ihr Essen schmeckte ausgezeichnet. Sie nannte eine ziemlich bescheidene Summe als Honorar, so dass ich mich schon fragte, ob sie es aus Mitleid für uns tat.

Nach dem Frühstück bezog Jay seinen angestammten Posten und spülte das Geschirr. Dabei pfiff er die Melodie von den *Teletubbies*.

»Sei doch still«, fuhr ich ihn an.

»Was?«

»Du merkst wirklich gar nichts, oder?«

»Was?«

»Dein Gepfeife ist unerträglich.«

»O, lass mir meine Ruhe, ich pfeife, wann und wo ich will.«

Dieses Mal rannte ich aus der Küche. Es war nicht nur die anstehende Namenszeremonie, die mich an den Rand meiner Kräfte brachte. Trotz Nadines Hilfe und der Paarberatung war ich streitsüchtiger denn je, und ich wusste es. Vielleicht war der nächste Termin mit Virginia Nicholas schuld; die monatliche Untersuchung war am kommenden Tag fällig, und Immies fehlendes Lächeln, das häufige Erbrechen und das nicht enden wollende Elend würden dann auf den Prüfstand kommen.

Ich pflückte die letzten Wicken, am Ende der Saison waren sie eher blau als pink, und stellte sie in einer Vase auf den Wohnzimmertisch. Ich druckte die Unterlagen zur Zeremonie aus, die wir damals bei Elinor gefeiert hatten, und räumte auf.

An diesem grauen Nachmittag drängten sich die beiden Familien im Zimmer, um die feierlichen Erklärungen von Eltern und Paten anzuhören.

Wirst du dich dein Leben lang um Imogen bemühen, sie unterstützen und ihr helfen, wann immer es notwendig ist?
Ja.

Ich erinnere mich, dass ich Immie demonstrativ während des »Aufzugfahrens« auf die Wange küsste, während mir die anderen dabei zusahen, dass ich sie vor meinem Körper auf- und abwuchtete. Die Zeremonie bewahrte mich davor, mit den Gästen in einen echten Kontakt zu kommen. Jay hatte ein Gedicht von Sylvia Plath entdeckt, in dem sie von etwas spricht, das so verschwommen ist wie Nebel und ersehnt wie ein Brief, und doch weiter weg noch als das ferne Australien:

Vague as fog and looked for like mail
Farther off than Australia.
Bent-backed Atlas, our travelled prawn.

Ich konnte mich nicht auf das Gedicht konzentrieren, hatte das Gefühl, dass alle mich und das Baby ansahen, statt Jay zuzuhören. Aber im Rückblick fällt mir auf, dass sich die Worte auf das ungeborene Kind der Plath beziehen, das noch in ihrem Bauch ist. Für Jay war Imogen genauso rätselhaft, immer noch wie ein Bild, dem sie ihren Namen verdankte.

Fiona trat vor. Wir waren seit unserer Jugend befreundet und hatten auch während meiner Schwangerschaft korrespondiert. Eine lange, schockierende E-Mail erreichte sie nach der Geburt in Australien. Als sie sagte, sie hoffe, wir hätten das Schlimmste hinter uns, war ich den Tränen nah. Aber ich war als Nächste dran, ich durfte nicht heulen. Also drückte ich fest auf meinen Solar plexus und trat vor, um mein Wiegenlied von Mozart zu singen. Ich hatte mich für ein ausgelassenes Lied entschieden, kein bisschen einlullend, und stellte mir vor, wie es jemand singen würde, der so war wie Nadine, handfest und humorvoll und überhaupt nicht sentimental. Während Jay die ersten Töne auf dem Klavier spielte, kam Elinor zu mir und nahm meine Hand; ihre Nähe gab mir Kraft. Ich vergaß, wo Immie war (wahrscheinlich hatte sie jemand aus dem Raum getragen, damit sie die Musik, die doch für sie war, nicht störte) und fixierte das Gehölz auf der anderen Seite des Flusses, das ich durch das offene Fenster sehen konnte. Ich hörte meine

Stimme über das Feld hinausschwingen, *Schlafe, mein Prinzchen, schlaf ein.*

Beim Essen umklammerte Jays Mutter das Baby und verkündete laut: »Sie wird gesund, sie wird ganz bestimmt gesund.« Mein Vater verschränkte die Arme vor der Brust und zog die Luft durch die aufeinandergebissenen Zähne ein. Nadine saß da und betrachtete finster unsere feige Sippe.

Als die Gäste gegangen waren, setzte ich mich auf die Terrasse, trank die Flasche Schampus aus und sah den Mauerschwalben zu, die über die Felder dahinglitten. Sie flogen ständig hin und her, um die kleinen blau-schwarzen Köpfe zu bedienen, die sich aus den Nestern reckten. Über zwei Monate war es her, dass ich oben am Fenster gesessen und Immie gefüttert hatte, während die Schwalben der gleichen Beschäftigung nachgingen. Auch diese Brut musste längst flügge und genauso kräftig und selbstständig wie ihre Eltern sein. Und mein Küken? Nichts hatte sich in den letzten Wochen verändert, ich kämpfte noch immer damit, die Milch in ihren gierigen Schlund zu bugsieren, und ihre Bewegungen waren so unkoordiniert wie eh und je.

Ellie kletterte auf meinen Schoß, und ich drückte sie an mich. Sie war still und vergnügt wie schon lange nicht mehr. »Immie ist unser Häschen, Mummy«, flüsterte sie.

♦ ♦ ♦

Fiona und ihre Tochter übernachteten bei uns, aber das Aufräumen und Putzen ließen kaum Zeit, um uns zu unterhalten. Als die beiden Älteren im Bett waren, setzte sie sich zu mir in die Küche und half mir, das quengelnde Baby mit dem »Aufzugfahren« zu beruhigen. Ihre Tochter litt unter chronischen

Bauchschmerzen, sie wusste, wie das war. Gestärkt von mehreren Gläsern Whisky, stemmten wir Immie umschichtig auf und ab, auf und ab und versicherten uns, wie fit das macht. Ich musste fürchterlich lachen, als meine Freundin das ungnädig protestierende Paket bis kurz über den Boden brachte und dann mit dem Urschrei eines Gewichthebers bis weit über den Kopf wuchtete.

Der Montag war sonnig und mild, und wir beeilten uns mit dem Frühstück, damit wir in den Garten konnten. Ich hatte mich kaum um ihn gekümmert, das Juli-Paradies war längst verblüht. Statt den lustig nickenden Wicken klackerten spröde Samenkapseln im Wind, Schnecken hatten die Ringelblumen bis auf den Stumpf abgefressen und eine silbrige Schleimspur hinter sich hergezogen. Die Lilienstängel lagen am Boden, aber meine Vernachlässigung war die Chance für wilde Eindringlinge. Der Zaun war mit Weidenröschen überwuchert, deren seidige, weiße Samenstände unter der Berührung zerfielen und flauschige Wolken über den Rasen schickten. Zaunrüben rankten sich am Maschendraht hoch, und unsere Töchter waren von den hübschen, aber hochgiftigen Beeren begeistert. Mit Mühe lockten wir die beiden zum Klettergerüst.

Fiona wollte Fotos von Immie mit nach Australien nehmen, Jay hielt sie für die Kamera hoch. Seit ihrer Zeit im Krankenhaus redete er davon, sie wie einen Kampfjet durch die Luft zu wirbeln – Ellie hatte das als Baby über alles geliebt. Doch Immie war so ungnädig und er so ängstlich gewesen, dass er sich nie getraut hatte. Bei dieser Gelegenheit aber verlor er alle Hemmungen, hielt sie zwischen den Beinen und unter dem Arm fest und schleuderte den kleinen Körper herum. »Tschuuuubong«, das Flugzeug setzte zum Sturzflug auf Ellie und ihre Freundin an, und die beiden jauchzten vor Freude. Eins von

Fionas Fotos steht gerahmt auf meinem Schreibtisch – Immies weiche, rundliche Bäckchen an Jays behaartem Arm, der Amorbogen ihrer Lippen zum winzigen Kinn hingezogen, dunkle, ernste Augen. Sie sieht wie ein ganz normales, drei Monate altes Baby aus.

Am Nachmittag stand die Untersuchung in der Klinik bei Virginia Nicholas an. Jay und ich setzten Fiona und die Mädchen bei meinen Eltern ab und waren zu früh dort. Wir warteten im Wagen, gingen erst im letzten Moment hinein. Ich sagte: »Reine Routine, Sally ist da, und sie hat uns ja schon alles gesagt.« Jay lachte über meinen Optimismus.

»Man muss mit allem rechnen«, erwiderte er.

Die Ärztin war schnell mit Sympathieäußerungen ob unserer Schwierigkeiten bei der Hand.

»Sie brauchen eine Auszeit«, erklärte sie.

Ich setzte mich unvermittelt hin, Immie im Arm. Was meinte sie mit Auszeit? Eine Auszeit brauchte, wer Schlimmes durchmachte, der nicht mehr damit zurande kam. Ich sah zu Sally hinüber, die adrett und ordentlich wie immer hinter dem Bett stand. War das ihre Einschätzung? Als sie mich in Gegenwart meiner Mutter als Heilige bezeichnet hatte, hatte sie damit eigentlich sagen wollen, wie kläglich ich versagte? Mary und Sally sahen in uns wohl nur einen Fall von Wochenbettdepression, von gehemmtem Wachstum, reif für die Insel.

Ich weiß nicht mehr, was ich antwortete. Vielleicht habe ich gar nichts gesagt. Mein trotziger Blick sprach wohl Bände.

Die Ärztin setzte sich hinter ihren Schreibtisch.

»Ich weiß, dass Sie Ihr Bestes tun. Aber Imogen ist ein schwieriger Kunde!« Bitte Lächeln! Okay, ich rang mir eins ab.

»Sally, was können wir ihnen anbieten?«

Sally schlug die Augen nieder. »Nichts, fürchte ich«, gab sie zu.

»Nun, wir schauen mal, was wir tun können. Haben Sie irgendwelche Fragen?«

Ich wollte über die Koliken reden – gab es wirklich keine wirksame Behandlung für Immies sensibles Verdauungssystem?

»Wenn ich dagegen ein Mittel hätte, wäre ich reich!« Wir brachten ein höfliches Kichern zustande. »Wenn Sie nachts im Hubschrauber über die Dächer fliegen könnten, würden Sie überall Lichter brennen und Eltern mit ihren Kindern auf und ab gehen sehen, genau wie Sie. Es liegt an der Gegend, fürchte ich.« Imogen saß in meinem Schoß, wach und ohne jedes Zeichen von Kolik. Sie mochte offenbar das Neonlicht.

»Darf ich sie mal knuddeln?« Doktor Nicholas nahm sie mir weg.

»Messen wir doch mal den Kopfumfang, junge Dame«, die Ärztin legte ihr das Maßband um den Kopf. »Achtunddreißig Zentimeter«, sagte sie.

»Ist das normal?«

Keine Antwort. Sie war ins Ausfüllen ihrer Charts vertieft, mein Baby neben ihrer Brust eingeklemmt.

Sie setzte Immie ab und drehte sie frontal zu sich hin. Dann zog sie den Mundwinkel mit ihrem Zeigefinger hoch, so wie es uns Mary gezeigt hatte.

»Schenken Sie uns ein Lächeln, Madame?« Ich spürte die Anspannung in meinen Eingeweiden.

Jay redete los: »Ich finde, sie hat ein glückliches Gesicht …«

Aber die Ärztin fiel ihm ins Wort. »Sie ist extrem spät dran. Das Lächeln ist wirklich der erste wichtige Entwicklungsschritt.«

Jay stand auf und wollte gehen, hob unsere Tasche auf und klemmte sich den Kindersitz unter den Arm. Ich nahm das Baby an mich.

»Rennen Sie nicht weg!« Ihr Ausruf brachte uns aus der Fassung. Jay setzte sich wieder hin, ich steckte Immie einen Finger in den Mund.

»Soll das heißen, sie ist …«, fragte ich.

»Sie ist behindert.« Ich hörte den Satz, aber es war, als verstünde ich die Sprache nicht. Ich spürte Immies Zunge.

»Ich kann Sie nicht belügen, Julia, es ist so gut wie sicher.«

»Aber beim letzten Mal …«

»Wir müssen das betrachten, was jetzt ist, und die Zeichen sind nicht gut.« Sie sprach meine Sprache, daran bestand kein Zweifel, aber es war, als brauchte ich einen Übersetzer; mein Kopf weigerte sich, sie zu verstehen.

»Die Kolik, das ist das Zeichen?«, fragte Jay.

»Wahrscheinlich.«

»Hört das je auf?«

»Das bleibt abzuwarten.« Sie machte eine Pause. Vermutlich dachte sie, dass sie die Neuigkeit erst einmal sacken lassen müsse. Aber ich bekam nichts anderes mit als Immies Schmatzen, das im Raum widerhallte. Jay hatte noch immer die Oberhand, sein Bariton war durchdringend.

»Wird sie uns erkennen?« Pause.

»Nichts ist in Stein gemeißelt. Wir müssen die Dinge nehmen, wie sie kommen. Ihre Bewegungs- und Muskelreflexe sind gut.«

»Wie war das mit Ihrer Prognose, sie könne die Universität besuchen?«

»Ich will Ihnen die Hoffnung nicht rauben, Jay.«

Es war sehr verwirrend, ich wollte nur noch raus. Ab ins Auto, durch die Stadt jagen bis zum Bahnhof, wo Jay den

Zug nach London nehmen musste. Ich fuhr so schnell es ging durch den Berufsverkehr, verfluchte trödelnde Radfahrer und schlug mit den Händen aufs Lenkrad, wenn eine Ampel auf Rot umsprang. Jay legte eine Steely-Dan-CD ein und drehte die Lautstärke auf. Wir wollten beide nicht reden. Meine Gedanken waren bei der Ärztin, wie unmöglich ich ihre Art fand, uns das so zu eröffnen, nachdem sie keine fünf Minuten zuvor behauptet hatte, man könne auf Jahre hinaus nichts Genaues sagen.

Als Jay aus dem Auto stieg, schoss er mir noch schnell eine vor den Bug: »Ich hab dir ja gesagt, dass man mit allem rechnen muss.« Und weg war er.

Auf dem Weg zu meinen Eltern ärgerte ich mich über die Komödie, die ich ihnen mit der Zeremonie am Tag zuvor vorgespielt hatte … immer die Fassung bewahren und das ganze hoffnungsvolle Getue. Als hätte ich sie dazu verführt, Immie wie eine normale Enkelin zu lieben, wo sie doch nichts dergleichen war.

Ich stand mit Immie in der Tür und hielt sie meiner Mutter wie eine kaputte Puppe hin. »Es ist nicht gut, Mama«, sagte ich. »Virginia Nicholas sagt, sie wird nicht normal.« Fiona brachte eilig die Mädchen in den ersten Stock, und meine Mutter nahm mir das Baby ab. Ich war plötzlich völlig erschöpft, am liebsten hätte ich mich auf dem Sofa zusammengerollt. Es war ein Gefühl wie damals, als ich vom Pony gefallen war und eine Gehirnerschütterung hatte. Ungefähr eine Stunde nach dem Sturz übermannte mich eine unglaubliche Müdigkeit, aber Mama ließ mich nicht schlafen, sie hatte Angst, ich könnte nicht mehr aufwachen.

Fiona kam wieder herunter, und wir folgten meiner Mutter in den Wintergarten, wo sie mich traurig ansah, das hübsche

Enkelkind im Schoß. Ich sah die Anspannung in ihren Augen, ihre hängenden Lider verstärkten ihre Traurigkeit grotesk. Sie wartete auf eine Erklärung, aber ich konnte nichts sagen, also wandte sie sich wieder dem schlafenden Engelchen zu, überflutet vom silbrigen Licht.

»Sie sieht nicht behindert aus, nicht wahr?«, bettelte meine Mutter. Fiona hatte einen Bruder mit Downsyndrom, Immie sah nicht so aus wie er.

Schließlich sagte ich: »Sie sieht aus wie ich, nur dass ich okay bin und sie nicht.«

Auf der langen geraden Abfahrt ins Dorf verlor sich das Grün der Eschenallee allmählich. Die Bündel der knallgelben Fruchtstände am Ende der Äste verfärbten sich braun und zogen das filigrane Laubwerk in hässlichen Klumpen herunter. Diese wunderschönen Blätter hatten für dieses Jahr ihren Zweck erfüllt, bald würden sie abfallen und die eleganten, silbergrauen Zweige freigeben. Aber dann fiel mir auf, dass das nicht stimmte, diese Bäume würden nie frei sein: Jeder Stamm war von dichtem Efeu bewachsen, über und über mit kleinen Blüten bedeckt, die bald ihre Pollen in die Welt hinausschicken würden. Man müsste den Efeu zurückschneiden, damit die Bäume eine Chance hatten. Wenn nicht, würden die Eschen wohl kaum den nächsten größeren Sturm oder Schneefall überstehen.

Zu Hause räumte ich als Erstes die Milchpumpe weg. Ich konnte Immie nicht mehr meine Milch geben, ich wollte die enge Verbindung zu ihr lösen. Wie die Eschen wollte ich nicht mehr gebraucht werden. Meine Brüste waren einverstanden, ihnen reichte es auch. Später inspizierte ich im Badezimmer die dunkle Linie, die sich während der Schwangerschaft zwischen meinem Schamhaar und dem Bauchnabel herausgebildet hatte, die *linea nigra*. Sie war in den letzten drei Monaten schwächer geworden und kaum noch zu sehen. Fort war dieser Beweis, dass ich ein Kind geboren hatte, dass es mehr gab als mich, mein einzelnes Ich.

♦ ♦ ♦

Am nächsten Tag war Jay völlig verzweifelt. In den letzten Wochen war er so beschwingt und vergnügt gewesen, jetzt konnte er Immies Zukunft nichts Positives mehr abgewinnen. Diese Veränderung verschob die Gewichte zwischen uns. Für meinen Pessimismus gab es keinen Raum mehr, jetzt musste ich stark sein. Ich sagte, wir wüssten gar nichts, die Ärztin wüsste nichts, wir sollten tapfer sein, wegen Ellie mindestens ebenso sehr wie wegen Immie. Wir mussten Sallys Rat annehmen und in den Tag hineinleben, wir durften der Angst keine Macht über uns gewähren.

Ich merkte, dass ich die Familie zusammenhielt, doch ich konnte mich nicht mit Jays Kummer auseinandersetzen. Eine Freundin von Elinor kam mit ihrer Mutter zu uns, ich führte sie in den Garten und ließ Jay allein im Haus sitzen. Während die Kinder spielten, unterhielten wir Mütter uns. Die andere versicherte mir, ihre Tochter sei als Säugling unerträglich gewesen, hätte ständig gebrüllt oder wäre total erledigt gewesen, so wie Immie in diesem Augenblick. Sie wolle wieder schwanger werden, erzählte sie, hätte aber gerade eine Fehlgeburt gehabt. Es mache ihr Mut, dass ich mein Baby hatte austragen können. Sie nahm mir Imogen ab und drückte sie an ihre Brust. Viele Menschen glauben, ein fremdes Neugeborenes wirke gewissermaßen ansteckend; ich konnte ihr nicht sagen, dass das Glück einen gewaltigen Sprung hatte. Die

Doppelverglasung schirmte das Innere des Hauses ab – Jay lag auf dem Wohnzimmerteppich und heulte sich die Seele aus dem Leib.

Später nahmen Nadine und ich Immie auf einen Spaziergang zur Mühle mit und stellten den Kinderwagen direkt neben dem donnernden Mühlrad ab. Nadine sagte, meine Tochter würde sich von anderen Kindern unterscheiden, und da käme ein gutes Stück Arbeit auf mich zu. Aber andere schafften es schließlich auch. Oje, wenn sie inkontinent bliebe? Windeln, ein Leben lang. Gab es wirklich Menschen, die ihr Leben lang Windeln brauchten? Und das mir, dem Ökofreak, die ich Pampers strikt ablehnte! Mit ihrer langen Erfahrung mit eigenen Kindern und der Altenpflege muss mich Nadine wirklich für einen Waschlappen gehalten haben. Sie sagte mir, schau auf die guten Seiten, eine hirngeschädigte Immie würde nie den falschen Boyfriend nach Hause bringen, würde nicht spät nachts von Partys zurückkommen oder sonstwie über die Stränge schlagen. »Du hast ein CP-Baby!«, erklärte sie.

CP, Zerebralparese. Ich hatte nur eine einzige persönliche Erfahrung damit, ein junger Mann an der Universität, der nur mit Mühe gehen oder vielmehr hoppeln konnte, undeutlich sprach und verzerrte Gesichtszüge hatte. Aber er war trotzdem nett und fröhlich und hatte lauter gute Noten. Ich rief eine Freundin an, deren Sohn als Frühchen ebenfalls ein CP-Kandidat war. »Der Anteil von Menschen mit hohem IQ ist unter Zerebralparesepatienten genauso hoch wie unter der Gesamtbevölkerung«, sagte sie. »Das heißt, dass Imogen ziemlich gute Chancen hat, intelligent zu sein, eigentlich sogar bessere als der Durchschnitt, weil du ihre Mutter bist!«

Riefen Freunde an, musste ich ihnen die Neuigkeit erzählen. Ich hatte mich darin geübt, das Wort »Hirnschaden«

auszusprechen, als ich noch nicht wahrhaben wollte, was es eigentlich bedeutete, aber es half mir, das Wort auszuhalten. Zerebralparese klang zu vage. Ich wollte präzise sein und es ein für allemal klar stellen.

»Wahrscheinlich wird sie behindert sein«, verkündete ich.

»Wie wollen sie das wissen? Können sie das beweisen? Du glaubst den Ärzten doch nicht, oder!?«

Sie waren stellvertretend für mich ängstlich und schuldbewusst und traurig. Ich fühlte nichts dergleichen, ich wollte die Herausforderung annehmen, die vor mir lag.

»Wie konnten wir so schnell so tief sinken?«, sagte Jay wiederholt. Aber das stimme doch gar nicht, entgegnete ich, irritiert von seiner Schwarzseherei. Gut, wir waren in die untere Hälfte gerutscht, in jene 50 Prozent, der wir zu entgehen gehofft hatten. Aber wo wir innerhalb dieser 50 Prozent standen, wussten wir nicht. Wir wussten es schlicht und ergreifend nicht. Immie war viel besser dran als Baby Joely, das sagte jeder. Es hätte also schlimmer sein können. Was kam dann auf uns zu? Wahrscheinlich Rollstühle. Das war nicht so schlimm, das Cottage war für sperrige Rollstühle mit seinem geräumigen Erdgeschoss wie geschaffen. Vor einigen Jahren hatte Jay ein Stück für eine Tanzcompagnie von Behinderten komponiert, mit Rollstühlen kann man nun wirklich leben. Ich stellte mir meine Tochter als eine dieser fröhlichen Tänzerinnen vor, die sich in ihren Stühlen drehten. Und dann gab es Fionas Bruder, ich kannte die Geschichte, man hatte seiner Mutter geraten, das Kind aufzugeben, ihn in Pflege zu geben und zu vergessen. Aber sie hatte sich geweigert und tapfer zu ihm gehalten, und heute war er vierzig Jahre alt, hatte einen Job und konnte Auto fahren, half seinen alternden Eltern immer mehr und brachte alle zum Lachen.

Jemand hatte einen großen braunen Briefumschlag mit einer roten Broschüre auf der Fensterbank liegen gelassen, »für alle Fälle«. »Wenn Ihr Kind besondere Bedürfnisse hat« war der Titel, und darüber prangte das Foto einer Familie, Papa mit Glatze, Mama gerade beim Friseur gewesen und drei Söhnen, von denen sich der mittlere an den Vater lehnt, mit halb geschlossenen Augen und Sabber am Mund. Der jüngste Sohn gibt ihm einen Kuss, und die Mutter lächelt. Jay ärgerte sich über das Bild: »Als wäre es was ganz Tolles, ein behindertes Kind zu haben!«

Ich fand den Namen der Organisation »Contact a Family« schön und rief die zuständige Ortsgruppe an. Ich beschrieb kurz die Umstände von Imogens Geburt und erzählte von den Bedenken der Ärztin, weil sie nicht lächelte.

»Welche Diagnose hat sie gestellt?«, hakte die Frau nach.

»Die steht noch nicht fest, es könnte Zerebralparese sein.«

Ob wir nichts Genaueres wüssten? Na ja, nein. Ich wartete eine Ewigkeit, während die Ehrenamtlerin ihre Listen mit möglichen Störungen und den zugehörigen Selbsthilfegruppen durchsah, aber ohne Diagnose, sagte sie, könne sie wenig tun. Ob ich es bei SCOPE versucht hätte? Was war das? Die frühere The Spastics Society. Ach ja, die würde ich natürlich anrufen. Am Abend ging Jay auf deren Webseite und durchsuchte die Diskussionen von Eltern mit CP-Kindern. Dort gab es unter anderem einen langen Austausch über Kinder, die immerzu schrien. Eine Mutter berichtete, ihr Baby hätte vier Jahre lang nonstop gebrüllt, und als mir Jay das vorlas, wollte ich nichts weiter davon hören.

◆ ◆ ◆

Wir sagten die Paarberatung ab, der Versuch, unsere Beziehung zu analysieren, wirkte angesichts der Neuigkeiten über Immie ziemlich deplatziert. Ich hatte allerdings keine Bedenken, wieder zu arbeiten.

Noch vor Immies Geburt hatte ich ein Stipendium für ein Buch über das indische Straßentheater zugesprochen bekommen. In den 1990er-Jahren war ich regelmäßig in Indien gewesen, hatte dort als Dirigentin gearbeitet und in verschiedenen Städten Theater-Workshops geleitet. Dabei war mein Interesse an Straßenvorstellungen geweckt worden, und ich hatte lange Forschungsreisen in entlegene Dörfer unternommen. Es waren überschäumende, rohe Darbietungen gewesen, und das Buch bot eine tolle Chance, sie zu beschreiben.

Ursprünglich hatte ich mit dem Schreiben beginnen wollen, sobald Immie ungefähr neun Monate alt war. Stattdessen fing ich damit an, als sie gerade mal zwölf Wochen auf der Welt war, drei Tage, nachdem ich von ihrer Hirnschädigung erfahren hatte. Zu Jay sagte ich, ich hätte meine Lektion gelernt, ich brauchte diesen Ausweg, es war gesünder für mich, wenn ich mich nicht komplett mit den Kindern einigelte und zum zeternden Hausdrachen mutierte. Ich hätte zwar am Schreibtisch im Wohnzimmer arbeiten können, aber ich nahm das Angebot von Freunden an, die im Nachbardorf ein Büro hatten. Nicht anders als mein Vater mit seinen Fensterbänken war ich wohl auf der Flucht vor der CP-Malaise. Das war aber nicht der einzige Grund. Die Zeit mit Imogen war so zerrissen, so chaotisch gewesen, das Schreiben hingegen konnte ich bestimmen. Wenn ich daran arbeitete, würde etwas dabei herauskommen, während die vielen Wochen mit dem Baby praktisch umsonst gewesen waren. So schien es wenigstens.

Das Wetter war warm, ein wunderschöner Altweibersommer, ich genoss es, mit dem Rad den Hügel hinunter in meine Autorenhöhle zu fahren. Mein altes, kinderloses Selbst kam wieder zu seinem Recht. Jay beruhigte sich und sah wieder etwas optimistischer in die Zukunft. Eines Abends kam ich im Sonnenuntergang heim, und da saß er mit Immie auf den Knien und der Flasche in ihrem Mund, ganz wie Nadine.

»Ich habe Nadine heimgeschickt. Es ist okay«, sagte er, »ich kümmere mich gern um sie.« Er hatte zu seinem fröhlichen Ich zurückgefunden, Gott sei Dank. Unser Leben kam wieder ins Lot. Nadine fuhr für eine Woche nach Wales, wo sie ein Haus hatte, aber Jay war bereit, sich um das Baby zu kümmern, so konnte ich zumindest in Teilzeit an meinem Buch arbeiten. Die Dinge schienen sich zu beruhigen.

◆ ◆ ◆

Zehn Tage nach der Klinik, einen Tag vor Nadines Abreise, begriff ich die Tragweite von Virginia Nicholas' Einschätzung. Ich fuhr mit Immie zu Clare und der Cranio-Sacral-Therapie. Bei der Sitzung schlief Immie ziemlich früh ein, und Clare nutzte die Zeit, um mir von einer Organisation für geistig behinderte Kinder zu erzählen, die eine Frau in ihrem Dorf gegründet hatte. Der Sohn dieser Frau war als Teenager die Treppe hinuntergefallen und mit dem Kopf so heftig aufgeschlagen, dass er fortan gelähmt war. Ich konnte mir den Unfall lebhaft vorstellen, hatte ich doch Angst, Ellie könnte auf unserer steilen Cottage-Treppe ausrutschen und auf die Steinfliesen im Flur stürzen. Diese Frau musste sehr stark sein, dass sie der Tragödie etwas Positives abgewinnen konnte. Dann sagte Clare: »Es gibt Hilfe, wissen

Sie, wenn Sie das Gefühl haben sollten, es nicht mehr zu schaffen.«

Ich war überrascht. »Welche Hilfe meinen Sie?«

»Ich kann es für Sie recherchieren …«

Im Auto gab ich Gas, fuhr an einem spätsommerlich leuchtenden Getreidefeld vorbei und drehte Aretha Franklin auf, um Immies Gejaule zu übertönen. Die CD hatten wir während meiner Schwangerschaft oft gehört und mitgesungen, als wäre unsere kleine Familie der Background-Chor der Soul-Königin. Ellies Lieblingslied war »Baby, baby, baby I love you!«, und während wir in unsere imaginären Mikros grölten und Jay und ich versuchten, die Harmonien zu entschlüsseln, dachten wir alle an das Baby in meinem Bauch. Und nun, wo es da war, wurde die Hymne zu einem Aufschrei, der mich mit seinem Trotz, seiner unbekümmerten Freude abstieß. Die wummernden Bässe müssen weit über die Felder gedrungen sein.

Was hatte Clare sagen wollen? »Wenn Sie das Gefühl haben sollten, es nicht mehr zu schaffen …« Jeder erwartete, dass ich stark war, eine Mutter muss eben stark sein. Wie die Mutter, die auf der SCOPE-Webseite mitdiskutiert hatte, sollte ich notfalls vier Jahre lang ein Schreibaby aushalten, schlaflose Nächte inklusive. Ich sollte ein Baby lieben, das man nicht lieben konnte, einen Mann, der sich seinen Ängsten ergab, und ein widerspenstiges Kleinkind. *All you got to do is snap your fingers, and I'll coming running – I don't care.* Ich fuhr in den Sonnenuntergang und spürte, wie ein Schwächeanfall mich einholte. Das Gefühl, völlig versagt zu haben, brach sich Bahn. *Boy you're goin' to get it.* Arethas Stimme kam nicht gegen die spitzen Schreie an, die waren höher und lauter und zerrissen die Luft. Geistig behindert. Mein Kind hatte eine irreversible Hirnschädigung. Alles stürzte über mir zusammen, mit einem markerschütternden Schluchzen gab ich nach. Endlich knickte ich ein, endlich heulte ich wie ein Schlosshund.

Als ich zu Hause ankam, hatte sich die Angst wegen meiner Unfähigkeit, das alles zu ertragen, in Angst um Elinor gewandelt. Wenn Immie mir zu viel abverlangte, was bedeutete das für ihre Schwester? Was mutete ich ihr zu? Was, wenn ich ihr ein zurückgebliebenes Geschwisterkind aufbürdete – keine Schwester, die man liebt, sondern eine Last und eine Schande? Ich ließ Immie im Auto und heulte mich am Telefon bei Freundinnen aus, die mich aufzumuntern versuchten.

Als Nadine kam, verließ ich das Haus. Ich ging ziellos die Straße hinunter, ich wusste nicht, wohin, ich musste nur weg. Ich hörte einen Traktor in den Feldern und hielt inne, um den Duft von Gerste zu genießen. Sie brachten die Ballen ein, wie Ellies Holzklötzchen würden sie bald weggeräumt und die Stoppelfelder leer sein.

Das Nächste, woran ich mich erinnern kann: Ich saß ganz hinten in einer Ecke der Kirche und heulte. Ich musste schon eine Zeit lang dort gesessen haben, als die Tür aufging und ich meine Schluchzer unterdrückte. Eine Frau trug büschelweise Ahorn- und Buchenzweige, deren Blätter sich bereits verfärbten, durch den Mittelgang. Es war Anne, die Nachbarin, die die Lämmer im Feld hinter unserem Haus hielt. Sie schmückte das Schiff für das Erntedankfest, ohne mich in der dunklen Ecke zu bemerken. Behutsam band sie an dem glänzenden Eichenholz jeder Bankreihe mit Zwirn Äste fest. Als sie fertig war, fiel plötzlich ein Lichtstrahl durch das Westfenster, der die Blätter rot und gold vor den rosafarbenen Wänden der

Kirche erglühen ließ. Aber sie hielt nicht inne, um den Anblick zu genießen, sie kehrte bereits die Steinplatten sauber.

Anne kümmerte sich seit Jahren um das Gebäude ohne jede Bezahlung – die Hingabe war Lohn genug. Erwartete Gott dasselbe von mir? Mein Kind würde wahrscheinlich niemals lächeln, würde mich vielleicht nie mit mehr als damit belohnen, dass es friedlich schlief. Trotzdem musste ich mich um es kümmern, so wie diese Frau sich um die Kirche kümmerte. Ich dachte an den ersten Tag im Krankenhaus, als ich in Immie Gottes Kind, nicht meins sah. Man hatte sie mir geschickt, damit ich Demut lernte, war es das? Nie etwas zurückgeben, weder mir noch anderen. Geben und die Kosten nicht aufrechnen. Das hatte Sally gesehen, als sie mich eine Heilige nannte. Konnte ich das für den Rest meines Lebens durchhalten?

Ich schlüpfte aus der Kirche und lief im Sonnenschein über den Friedhof. Auf dem Weg hinunter zur Mühle genoss ich den Rhythmus meiner Schritte, aber ich blieb nicht stehen, um auf das tosende Wasser zu hören, ich hätte ewig so weitergehen können. An dem Tor vor dem Gehölz war der Boden übersät von Holzäpfeln, ich sollte ein paar sammeln. Als ich schon an den fetten, tiefvioletten Schlehen vorbei war und tiefer in den Wald zu den Brombeeren und Hagebutten wollte, drehte ich um. Die mussten warten, an diesem Tag wollte ich zu der Pilzwiese.

Ich betrachtete die weite, leicht gewölbte Wiese, gesäumt von zerrupften Weiden auf der einen und einer Hecke aus Eschen und Hagedorn auf der anderen Seite. Durch die Bäume schimmerte Ackerland, das sich den Hügel hinaufzog, und geradeaus zerschnitt die Eisenbahnlinie die Landschaft, über der sich schwarz gegen den Horizont der Wald erhob.

Ich streifte gegen den Uhrzeigersinn über das Gras, die Augen Pilze suchend auf den Boden geheftet. Eine graue Stute verfolgte meine Schritte aufmerksam, während sie graste, Nase am Boden, rupfend und malmend. Um diese Zeit hatten hier immer massenhaft Pilze gestanden, aber diesmal war jedes weiße Leuchten ein Fehlalarm und stellte sich bei näherem Hinsehen als einsame Feder oder die Unterseite einer abgeknickten Distelblüte heraus. Ich stand fast schon in einem vermeintlichen Champignonfeld, da erkannte ich erst die leeren Augenhöhlen eines bleichen Dachsschädels.

Die Krähen, die diesen Schädel sauber gepickt hatten, hockten in der alten Eiche mitten auf der Wiese. Als ich mich näherte, flogen sie auf und verschwanden in Richtung der Getreidefelder. Nur eine blieb, die nicht allzu laut über meinem Kopf krächzte. Ohne es zu wissen, hatte ich mein Ziel gefunden: dieser Baum, der seine Krone über mir ausbreitete, mich beschützte. Wie alt mochte er sein? Hundert Jahre vielleicht. So viele Vogelschwärme hatte er beherbergt, so vielen Stürmen getrotzt. Eine tiefe rötliche Spalte zog sich den Stamm hoch, so als hätte hier einmal ein Blitz eingeschlagen. Aber der Stamm war fest und in der Lage, weitere hundert Jahre oder mehr zu überstehen.

In der schrundigen Rinde wuchsen bläuliche Flechten. Als ich mich vorbeugte, um sie anzufassen, sah ich die Stute näher kommen, die Augen glänzten erwartungsvoll hinter ihrer zerzausten Mähne. Ich wollte schon die Hand ausstrecken, um ihr samtiges Maul zu streicheln und ihr etwas ins Ohr zu flüstern. Stattdessen hielt ich mich an dem Baum fest, blieb stumm und rührte mich nicht. Das Pferd gab mich auf und trottete Richtung Flussufer; aus diesem Winkel konnte ich den geschwollenen Bauch sehen, die Stute musste trächtig sein.

Wieder allein, lehnte ich mich gegen die Eiche, sah zum Wald hinauf und überließ mich der Landschaft. »Bitte vergib mir«, hörte ich mich selbst beten. »Zwing mich nicht dazu, bürde mir nicht diese Last auf. Bitte, Gott, bitte.«

♦ ♦ ♦

Dienstag, 1. Oktober. Immie musste geimpft werden. Meine Hausärztin betrachtete sie genau und sagte: »Du wirst mal eine hübsche kleine Dame, wenn du erst mal mit der Schreierei aufhörst.« Ich mochte ihre ruhige Art und erzählte ihr von meinen Ängsten. Sie hatte selbst einen ganzen Stall voll Kinder, das wusste ich. Wir müssten der Kinderärztin vertrauen, sagte sie, und ich nickte. Als ich aus dem Sprechzimmer kam, traf ich Mary.

»Wie geht's?«

»So lala ...« sagte ich und brach in Tränen aus.

Ihr Zimmer sei belegt, entschuldigte sie sich, wir mussten uns auf die Bank im Flur setzen. Ich erzählte ihr von der unerwartet frühen Diagnose und dass Jay und ich abwechselnd daran verzweifelten. Sie muss es gewusst haben, die Hausärztin und sie waren mit Sicherheit vom Krankenhaus benachrichtigt worden. Aber ich konnte Mary ansehen, wie betroffen sie war.

»Ihr Ärmsten.« Ihr Mitgefühl löste einen neuerlichen Tränenschwall aus.

»Wir wissen nicht, wie stark sie behindert sein wird. Aber ich halte dieses Warten nicht aus«, sagte ich. »Es ist nicht fair, es ist verdammt noch mal nicht fair.«

»Aber sie hat sich doch gut entwickelt. Sie wissen nur nicht ...«

»Es ist, als würde ich ein Tier betreuen«, blubberte es aus mir heraus, ich delirierte schon fast in meiner Mitteilungswut. Nie zuvor hatte ich in aller Öffentlichkeit derart hemmungslos geweint.

Später erzählte mir Mary, dass sie seit diesem Augenblick keinen Zweifel mehr hatte: Wir brauchten Hilfe. Ich fand meinen Vergleich mit dem Tier nicht weiter schockierend, aber Mary war darüber entsetzt. Sie fragte, ob es für mich in Ordnung sei, wenn der Social Service bei uns vorbeischaute. Ich hatte noch nie mit dem Sozialen Dienst zu tun gehabt, ich kannte auch niemanden, der damit Erfahrungen gesammelt hätte, also hatte ich dazu keine Meinung. Mary schlug vor, ich solle noch mal mit der Ärztin sprechen, und ich sagte, die Idee sei vermutlich nicht schlecht.

Ich vertraute meiner Hausärztin beinahe blind. Ob ich schon einmal in Erwägung gezogen hätte, Antidepressiva zu nehmen, fragte sie, nur um mir über die schlimmste Phase der Trauer und Angst hinwegzuhelfen. Ich fing mit meiner Abneigung gegen Medikamente an und dass ich sie mied, solange es ging, und sah dabei auf (sie saß mit gezücktem Stift vor mir) und sagte nur: »Wenn Sie es für richtig halten.« Sie verschrieb mir Seroxat. Hatte es da nicht kürzlich eine Fernsehsendung gegeben, die Seroxat mit Selbstmorden in Verbindung brachte? Ich äußerte Bedenken, hatte Angst, die Pillen könnten mich noch tiefer in die Verzweiflung stürzen, als ich ohnehin schon war. Sie hielt das zwar für nicht ausgeschlossen, aber es war nicht eindeutig bewiesen, nicht für Erwachsene jedenfalls, und viele ihrer Patienten profitierten von Seroxat. Ich erwähnte den Social Service, wir brauchten Hilfe, sagte ich; es war mein Weg, meine eben entdeckte Unfähigkeit einzugestehen, zu sagen, dass ich es nicht allein schaffte. Es sei ziemlich schwer, etwas vom Social Service zu bekommen, antwortete sie, und ich nahm die Herausforderung an.

»Wie muss ich es anstellen?«

»Sie müssen glauben, das Baby sei gefährdet.«

Mir fiel der Tag ein, als ich sie mit dem Kopf an die Wand schleudern wollte, und ich sah der Ärztin direkt in die Augen: »Das ist sie!«

♦ ♦ ♦

Am nächsten Tag rief Mary an und sagte, am nächsten Morgen käme direkt jemand vom Social Service vorbei. Was hatte sie ihnen nur erzählt, dass sie derart prompt reagierten? An diesem Abend wollte ich an einem Lesekreis in Oxford teilnehmen, aber die Neuigkeit verunsicherte mich, ich schwankte. Jay erklärte, er würde es schon schaffen, und ich müsste einfach mal raus. Damit hatte er recht, seit über drei Monaten, seit wir Immie nach Hause gebracht hatten, war ich nicht mehr bei einem gesellschaftlichen Anlass wie diesem gewesen. Also sprühte ich eines meiner nach Mottenpulver riechenden Kleider mit Parfüm ein und kramte einen Lippenstift heraus. Und fuhr wie ein kinderloses Küken los, das auf die Rolle geht.

Ich kannte kaum eine der Frauen in der Gruppe, der Kontakt war vermutlich über meine Mutter gelaufen. Keine wusste von meinen jüngsten Schwierigkeiten. Sie besprachen *The Blind*, eine grausame Geschichte über das Blindsein, in der die Betroffenen weggesperrt werden und übereinander herfallen. Ich hatte ungefähr die Hälfte gelesen, meist, indem ich mir Immies Fläschchen unters Kinn klemmte, damit ich eine

Hand für das Buch frei hatte. Jetzt beteiligte ich mich eifrig an der Diskussion; es muss eine gewaltige Erleichterung gewesen sein, meinen eigenen Kerker und das ganze Elend eine halbe Autostunde entfernt zu wissen. Aus dem Gespräch wurde rasch eine nette Unterhaltung, in der ich als neue Teilnehmerin willkommen geheißen wurde. Man erkundigte sich nach meinem Leben auf dem Land und nach meinen Kindern. Alle bewunderten mich dafür, dass ich mein drei Monate altes Baby für den Lesekreis zu Hause gelassen hatte. »Mann, als mein Kind klein war, konnte ich nicht weg«, sagte eine, und alle lachten zustimmend. Ich besonders laut.

Um neun Uhr am nächsten Morgen saß Amanda vom Social Service in unserer Küche. Ich erinnere mich an ihre dünnen blonden Haare, die blauen Augen (eine englische Rose) und ihre schicke, schlichte Tasche ohne Griff und Trageriemen, die sie auf den Tisch stellte. Sie sei nicht als Sozialarbeiterin hier, erklärte sie, sondern käme von der Kinder- und Familienabteilung, um eine Einschätzung abzugeben, welche Art von Hilfe wir benötigten. Ob ich ihr die Lage beschreiben könne?, und als ich das versuchte, meinte sie: »Ihre Bindung zu dem Kind ist nicht so eng, nicht wahr?« Was mich schon wieder zum Weinen brachte. Ich verlor einfach die Fassung. Amanda saß mit gesenkten Augen daneben und schwieg. Ich sah, dass sie blauen Lidschatten aufgelegt hatte, heulte und saß gleichzeitig neben mir und beobachtete mich in der Rolle der gestressten Mutter.

Sie sagte, sorry, aber sie müsse ein Formular ausfüllen. Es trug den bombastischen Titel »Prioritätenmatrix Hilfen für Behinderte«, das sollte längst vereinfacht werden, sagte sie, aber immerhin erfülle es seinen Zweck. Anhand der Angabe bekäme das zuständige Gremium alle nötigen Informationen, um über die Gewährung von Hilfen zu entscheiden. Ich habe die beiden DIN-A4-Blätter noch, links unten sind einzelne Merkmale aufgelistet – körperliche Verfassung, geistige Gesundheit, Lebensqualität etc. Längs dazu laufen die Spalten X, Y und Z, in denen verschiedene Aussagen zu den drei Bereichen stehen und Kästchen entweder leer gelassen oder mit einem Häkchen versehen werden müssen. Jede Spalte steht für eine bestimmte Punktzahl. In Spalte Y (drei Punkte pro Häkchen) haben wir »Kind ist chronisch krank oder Gesundheitszustand wird sich wahrscheinlich verschlechtern« und »Innerfamiliäre Konflikte« abgehakt. Besonders viele Häkchen sind in Spalte X (fünf Punkte, die höchste Zahl): »Familie durch das Kind vom gesellschaftlichen Leben ausgeschlossen«, »Bezugsperson kann Kind derzeit nicht positiv wahrnehmen«. Wie hat Amanda mir diese Aussagen abgeluchst? Hat sie die Punkte einfach vorgelesen, und ich habe jeweils ja oder nein gesagt? Ich wollte Hilfe, sonst nichts. Das Punkte-System, die Spalten, die detaillierte Matrix interessierten mich nicht. Es musste nur eine Sache klar werden: Ich schaffte es nicht.

Ich dachte: Hätte ich das doch nur während der Wehen gemacht. Hätte ich doch in den Hörer gebrüllt: »Ich schaffe es nicht!!!«, dann hätte die Hebamme nicht aufgelegt. Dann wären wir vielleicht rechtzeitig im Geburtshaus gewesen, früh genug, um den Rettungswagen vor dem nächsten Einsatz abzufangen. Stattdessen hatte ich drüben im Wohnzimmer den Schmerz erduldet und die Angst in mich hineingefressen, statt aggressiv zu werden. Die Lektion hatte ich gelernt, die vornehme Selbstbeherrschung gehörte der Vergangenheit an. In der Gegenwart von Amanda, der Unbekannten, heulte ich Rotz und Wasser.

»Siebenundsechzig. Eine hohe Punktzahl!«, sagte sie. »Sie haben Anspruch auf Hilfe.«

»Welche Hilfe?«

»Welche brauchen Sie?«

»Ich weiß nicht, was haben Sie denn im Angebot?«

In der Matrix stand ein Häkchen hinter der Aussage: »Soforthilfe nötig, um Zusammenbruch der Familie zu verhindern.« Ich fragte, was das genau bedeute.

»Es soll dem Entscheidungsgremium Beine machen«, erklärte Amanda. »Ich halte Ihren Fall für sehr ernst, Sie brauchen schnell Unterstützung.«

»An welche Zeiträume denken Sie?«

»Hm, was haben wir heute?«, sagte sie und blickte auf ihre Uhr. »Den 3. Oktober. Das heißt, dass das Gremium bereits getagt hat und frühestens im November eine Reaktion zu erwarten ist. Und dann muss erst eine geeignete Pflegefamilie gefunden werden … Ich werde ein Entlastungswochenende im 14-Tage-Rhythmus empfehlen.«

Offenbar hielt sie das für ein sehr großzügiges Angebot, es war vielleicht das Maximum, was man kriegen konnte. Ich hätte dankbar sein sollen, ich hätte mir keine Gedanken darüber machen sollen, welche Unterstützung an welchem Ort angeboten wurde. Das Warten war das Schlimmste für mich.

»Das heißt, dass vor Weihnachten wahrscheinlich nichts passiert?« Pause.

»Ich fürchte ja, es tut mir leid.«

»Aber wir brauchen früher Hilfe.«

»Ich tue alles, was ich kann.«

Sie nahm ihre Tasche, und ich begleitete sie durch das dunkle Wohnzimmer, in dem Immie in ihrem Kinderwagen lag. Wir betrachteten sie, während sie friedlich schlief. »Sie ist so süß«, sagte Amanda.

Als ich die Tür hinter ihr schloss, spürte ich den Schmerz im Unterleib. Er saß da seit dem letzten Termin bei Virginia Nicholas. In diesem Moment wurde mir klar, dass nicht der Darm rebellierte, sondern die Gebärmutter, von der Stelle, wo Immies Gehirn Schaden genommen hatte, genau dort hatte meine Angst um sie sich festgesetzt. Und der Schmerz war schlimmer als je zuvor.

Was hatte ich nun davon, dass ich meine Verstörtheit, meine Verzweiflung eingestanden und offenbart hatte? Ich fühlte mich betrogen – das System hatte mir die Hand hingehalten und Hilfe versprochen und beides wieder zurückgezogen. Das war schlimmer, als wenn man mir nie etwas angeboten hätte. Wie konnte ich damit umgehen? Wie sollte ich weiterleben mit meiner wachsenden Panik, dass ich nicht mit ihr zurechtkommen würde? Dass ich dem Kind etwas antun würde? Was, wenn ich ihren Kopf an die Wand schmetterte, bevor sie wiederkamen?

Am Abend saß ich auf der Terrasse und sah den Schwalben zu, die über mir Insekten jagten. Es war inzwischen eine ganze Sippe, fast ein Dutzend schwirrten durch die Luft, übten ihre aerodynamischen Fähigkeiten an den letzten Mücken und Fliegen des Sommers. Das Telefon klingelte, Amanda war dran. Sie sagte, sie hätte einiges klären können, sie hätte es ganz dringend gemacht und geschafft, dass ich Immie dieses Wochenende zu einer Pflegefamilie in Banbury geben könnte. Ich dankte ihr überschwänglich, für die Einzelheiten hatte ich gar keinen Sinn, so dankbar war ich, dass sich endlich jemand kümmerte, dass sie mich doch verstanden hatte.

Das war am Donnerstag. In weniger als achtundvierzig Stunden wären wir befreit, weiter konnte ich nicht denken. Wir hatten es getan, wir hatten uns die Hilfe geholt, von der Virginia Nicholas gesprochen und die die Krankenschwester für so unerreichbar gehalten hatte. Als Ellie im Bett war, stöberte ich im Internet und buchte eine Nacht im Luxushotel für Jay und mich – ein altes Herrenhaus, laut Eigenwerbung der perfekte Rückzugsort vom einundzwanzigsten Jahrhundert, umschlossen von vier Hektar »Frieden und Ruhe« – und bat meine Mutter, Elinor zu nehmen. Ich malte mir aus, wie wir im Luxus schwelgen würden – Swimmingpool, Badelandschaft, Drei-Sterne-Restaurant. Ach, ein bisschen Romantik wäre schön!

Am Samstagmorgen fuhren wir nach Banbury, das erste Mal wieder seit der fatalen Geburt. Amanda hatte uns den Weg zum Haus der Pflegefamilie genau beschrieben. Normalerweise gebe es eine offizielle Vorstellung im Beisein eines Sozialarbeiters, aber dafür sei die Zeit zu knapp gewesen. Aber die Pflegeeltern hätten viel Erfahrung, wir müssten uns keine Sorgen machen.

Tracey war jünger, als ich es mir vorgestellt hatte, kurze Haare, sehr schlank, mit Jogginganzug und Turnschuhen. Ihr Mann sei mit den drei Kindern weggefahren, sagte sie. Auf dem Boden im Wohnzimmer spielte ein kleiner Junge mit Holzklötzchen – das andere Pflegekind an diesem Wochenende. Wir saßen eine Weile zusammen und gingen die Liste mit den Aufgaben durch – Immies verrückte Essgewohnheiten, ihre Fuchtelei, ihr Bedürfnis, gehalten zu werden. Ich gab mich huldvoll, lächelte und war dankbar und überreichte ihr mein Baby, küsste Immie zum Abschied auf die Stirn. Tracey begleitete uns zur Tür, sagte, sie werde uns ehrlich berichten, wie sie mit ihr klargekommen sei, sie lüge Eltern niemals an.

Wir könnten jederzeit anrufen, sie würde uns aber nur in einem Notfall kontaktieren.

»Schöne Zeit!«

Die Auszeit war bestimmt eine gute Idee, Tracey war eine gute Pflegemutter, besser als ich. Es war nichts Ungewöhnliches, Immie blieb über Nacht bei einem Babysitter, ganz so, wie ich es lange vor ihrer Geburt mit Nadine ausgemacht hatte. Ich brauchte eine Pause. Arme kleine Immie. Ob sie mich vermissen würde, meinen Geruch, mein Gesinge? Würde ihr der Unterschied zwischen der Mutterliebe und der Fürsorge einer Pflegemutter auffallen? Wahrscheinlich nicht, dachte ich. Vielleicht führte mich auch nur meine Depression in die Irre.

Im Auto heulte ich vor Scham: eine Mutter, die sich nicht um ihr Kind kümmern kann, selbst ein weinendes Nervenbündel, infantil und ohne einen Funken Hoffnung. Wo war die selbstbewusste Schulsprecherin, mein energisches, intelligentes Ich? Ich war tief gesunken. Ich hatte mein Baby einer Fremden anvertraut, weil sie das Mitgefühl hatte, das mir abging. Sie konnte mein Baby lieben. Das war viel schlimmer, als es einer Krankenschwester in der Perinatalstation zu geben – damals war sie krank und brauchte Hilfe, um gesund zu werden. Dieses Mal gab ich sie freiwillig her, nicht für sie war es notwendig, sondern für mich. Und erst in dem Moment, in dem ich diesen Schritt getan hatte, erkannte ich die ganze Tragweite. Wenn der Social Service in einem Notfall einen Babysitter organisiert, dann muss es wirklich schlimm sein. Ich hatte amtlich zugegeben, dass ich keine enge Bindung zu meinem Kind hatte, dass man mir nicht trauen konnte. »Ein schwerer Fall«, hatte Amanda gesagt. Und das hieß, dass wir am untersten Ende standen, dass wir zu den kaputtesten, gefährlichsten Familien Großbritanniens gehörten.

Wo würde uns der Weg noch hinführen? Ich stellte mir andauernd vor, wie die Zukunft aussehen könnte, auch wenn Jay gesagt hatte, ich solle es lassen. Würde ich gezwungen sein, mein Baby in seinem eigenen Interesse wegzugeben? Eine Zukunft ohne Immie. Wie würde ich das ertragen?

♦ ♦ ♦

Wie Soldaten auf Urlaub wollten Jay und ich auf Teufel komm raus unseren Spaß haben und unsere Freiheit maximal auskosten. Wir gingen mit Ellie in Oxford schwimmen und planschten im Kinderbecken mit ihr herum. Sie hüpfte in ihrem Rettungsring auf und ab, während ich mit dem Gesicht im Wasser sie wie ein Krokodil auf Beutefang umkreiste.

»Friss mich, Mummy, friss mich!«

Als ich sie schnappte, quietschte sie vor Freude. Jay spielte noch wilder mit ihr, warf sie hoch und fing sie erst kurz vor dem Wasser wieder auf. »Noch mal«, bettelte Ellie, und – wups – flog sie wieder durch die Luft.

Wir gingen shoppen, kauften Bücher, Make-up und Kleidung. Mittags bekam Elinor ihr Lieblingsessen – Wurst und Chips und hinterher ein Eis. Aber plötzlich wurde es ihr zu viel, es war eine Überdosis Spaß, sie aß nichts. Ich wollte mit ihr zum teuersten Friseur der Stadt für ihren ersten Haarschnitt, aber sie ließ niemand an sich heran, sondern verkroch sich auf meinem Schoß, während ich mich stylen ließ. In der Schwangerschaft hatte ich dichte, lange Haare gehabt, jetzt fielen die traurigen Reste einer Kurzhaarfrisur zum Opfer.

Während unsere Älteste sich unglücklich an die Hand meiner Mutter klammerte, fuhren wir Richtung Norden aus der Stadt. Auf dem Bürgersteig sah ich einen halbwüchsigen Jungen im Rollstuhl, die Betreuerin war zu alt, um seine Mutter zu sein. Sie hatte es aufgegeben, seinen Kopf zurechtzurücken, er fiel wie aus der Fassung gerissen zur Seite, und die Zunge hing ihm aus dem Mund.

»Meinst du, Immie wird auch mal so?«, fragte ich.

»Nein, nicht so schlimm«, antwortete Jay.

Die Lobby des Hotels wimmelte von japanischen Touristen, die Stratfort upon Avon besichtigen wollten. Wir schlichen zu unserem Zimmer, und noch bevor ich eintrat, tippte ich Traceys Nummer in mein Handy – nur kurz checken, ob alles okay ist – und bedauerte es, kaum dass ich aufgelegt hatte. Es gab keine schlechten Neuigkeiten, der Anruf erinnerte mich nur an meine Scham und Irritation. Ich setzte mich zu Jay in die gotische Fensternische, wir rauchten Hasch und schnippten die Asche auf das Kopfsteinpflaster im Hof, wie aufsässige Teenager. Ich hatte zwar mit der Einnahme der Antidepressiva begonnen, schluckte die rotgelben Kapseln morgens mit einer Tasse hinunter, aber sie würden frühestens in einer Woche wirken. Jay war in London an Cannabis gekommen, und das wirkte sofort.

Bekifft gingen wir ins Kellergeschoss, dort war der Spa-Bereich. Die Räume waren, abgesehen von einer Gruppe junger Frauen, die im Pool Wasserball spielten, menschenleer. Jay entschied sich für einen Saunagang, ich hüpfte zum zweiten Mal an diesem Tag ins Schwimmbecken. Nach einigen halbherzigen Bahnen kam ich mit den Mädchen ins Gespräch, sie seien auf einem Ausflug, wollten zusammen lachen. »Ich auch«, sagte ich. Sie guckten Richtung Sauna und kicherten.

Jay und ich bekamen es nicht auf die Reihe, die vier Hektar Frieden und Ruhe zu durchwandern. Wir reservierten einen Tisch im lachsfarben tapezierten Restaurant und waren so früh dran, dass wir die einzigen Gäste waren. Die Kellner waren in der Überzahl, und sie stellten einen Riesenteller nach dem anderen mit einigen überschaubaren Happen darauf vor uns; was es im Einzelnen war, habe ich vergessen. Einige Monate zuvor hätten wir beim anderen genascht, gerätselt, was wohl drin war, und über das Essen geredet. An diesem Abend interessierte es uns nicht. Wir hatten abgemacht, nicht über die Kinder zu reden, aber es gab kein Thema, über das wir uns länger hätten unterhalten können.

Noch bevor ich das erste Glas Wein getrunken hatte, bekam ich gewaltige Kopfschmerzen, eine gute Entschuldigung, sich früh ins Bett zu verkriechen. Wir wussten, dass wir vorsichtig miteinander sein mussten, dass wir nicht viel aushalten konnten, wir, die wir auf der Flucht vor unserem Elterndasein waren. Es war eine Nacht, in der wir zusammenfanden, uns verziehen und schliefen. Auf eine Art war es wohl romantisch.

Am nächsten Tag schauten wir uns einen Garten an, der unter Denkmalschutz stand und für seine Hainbuchenhecken und die großartigen Blickachsen berühmt war. Wir mieden die Massen und die Großartigkeiten und verkrochen uns im Obstgarten, saßen aneinandergeschmiegt im gesprenkelten Licht unter den Bäumen. Keiner von uns redete ein Wort, und in der Stille hörte man immer wieder dumpfe, wenn auch sehr gedämpfte Schläge. Es dauerte eine ganze Weile, bis wir begriffen, dass es die reifen Äpfel waren, die auf den Boden fielen. Und als wir es begriffen, waren unsere Gedanken wieder bei Immie.

Zurück bei Tracey wurden wir tatsächlich nicht angelogen. »Arme Kleine«, sagte sie immer wieder, »sie muss fürchterliche Schmerzen haben. Sie ist nicht in Ordnung, nicht?« Meine Güte, wie sollte ich das wissen? Immie lag wimmernd in einem Kindersitz, den sie vom Dachboden geholt hatten; Traceys Mann schaukelte das Baby im Sitz mit seinem Fuß. »Ihn macht das ständige Gebrüll verrückt«, gab Tracey zu. Sie bestand darauf, dass wir den Sitz mitnahmen: »Wir brauchen ihn nicht mehr, und ihr scheint er zu helfen.« Ich schnallte sie nicht los, sondern trug sie in dem Sitz ins Auto.

Auf dem Heimweg, den Fond wieder voll mit unseren Töchtern, fing es an zu regnen. Ich holte Immie aus dem Sitz und presste sie an mich, während ich zur Tür rannte. Aber ihr Körper gab nicht nach, schmiegte sich nicht an meinen an, im Gegenteil: Sie schien sich von mir wegzudrücken. Nach eineinhalb Tagen ohne Immie hatte ich mich entwöhnt, mein Körpergedächtnis griff zurück auf die Erfahrungen mit Klein-Elinor, die weich und anhänglich gewesen war. Während der Monate, in denen ich Immie gestillt hatte, war mein Körper genauso angespannt gewesen wie ihrer. Jetzt hatte ich mich entspannt, aber sie nicht.

Ich stand einen Moment unter dem Vordach und hielt mein verkrampftes Baby von mir weg, als trüge ich ein seltsames Kind von fremden Leuten. Ich sah zum Flurfenster hoch, hinter dem ich in jenen ersten hoffnungsvollen Wochen Immie nachts gefüttert hatte. Irgendetwas stimmte nicht – die Schwalben waren fort.

KAPITEL 5

Die Diagnose

Montag, 7. Oktober. Nadine war wieder da. Vielleicht war sie schockiert von unserer Notfall-Auszeit, vielleicht dachte sie, es wäre nicht so weit gekommen, wenn sie da gewesen wäre, gesagt hat sie nichts. Tatsache war, dass es mit der Nachbar-Oma ein Ende hatte, denn Nadine wollte zurück nach Wales. Die Neuigkeit kam nicht völlig überraschend. Sie hatte so viele Immobilienmakler kommen und Haus und Grundstück schätzen lassen, dass ich schon geglaubt hatte, sie wolle sich nur über deren Wert informieren. Aber jetzt lag ein ernstes Angebot vor, und Nadine hatte sich entschieden. Und sie wollte sich nicht mehr von uns bezahlen lassen, ihr war es ähnlich unangenehm gewesen wie mir. Die Freundschaft sei ihr wichtiger, und abgesehen davon würde sie in nächster Zeit sowieso zu oft ausfallen, sie brauche Zeit, um den Umzug vorzubereiten, und müsste vorher noch mehrmals nach Wales fahren.

Nadines geplanter Weggang passte irgendwie zu dem generellen Umbruch, der von unserem Notfall-Wochenende markiert wurde. Indem ich Hilfe vom Social Service in Anspruch nahm, hatte ich mich von allem abgewandt, was Nadine mir bot, ihrem Optimismus, ihrer Stärke. Meine Einstellung hatte sich stark verändert.

Ein Satz von Virginia Nicholas hatte sich in mir festgesetzt. »Ich will Ihnen die Hoffnung nicht rauben.« Hoffnung. Sie hatte Jay und mich aufrecht gehalten, uns dazu gebracht, so viel in Imogen zu investieren. Aber was hatte das mit uns gemacht? Jedes Mal, wenn Ellie »Sie lächelt!« rief, schlugen unsere Herzen schneller, und die Enttäuschung war dann umso heftiger, auch wenn wir lachten. Jay war durch seinen vorsätzlichen Optimismus von der Diagnose schlimmer als ich aus der Bahn geworfen worden, davon war ich überzeugt. Ich wollte diese verführerische Hoffnung loswerden. Ich musste einen anderen Weg finden, Offenheit, Akzeptanz für Imogens Entwicklung, wie immer sie aussehen mochte. Aber nicht Hoffnung.

♦ ♦ ♦

Die Jagd nach einem neuen Immie-Sitter begann ohne Diskussion. Wenn wir das übliche Babysitter-Honorar zu zahlen hätten, konnten wir uns meinen Berechnungen nach zwanzig Stunden pro Woche leisten, doppelt so viel, wie Nadine übernommen hatte. Um etliche Ecken herum bekamen wir eine junge Frau aus dem Dorf empfohlen, die gerade die Prüfung zum Kindermädchen bestanden hatte, und ich lud sie ein. Holly hatte gewinnende Züge, sie war schön und stark. Als Tochter einer Tagesmutter hatte sie eine Ruhe entwickelt, die Immie guttun würde. Ich hoffte inständig, dass sie genug Geduld hatte, um Immies problematische Fütterei und die unablässigen Beruhigungsversuche durchzustehen. Ich erzählte ihr nichts von Virginia Nicholas' Prognose – warum sollte ich sie beunruhigen, wo doch ohnehin nichts sicher war, sagte ich mir, aber in Wirklichkeit hatte ich einfach Angst, dass sie den Job sonst nicht übernehmen würde.

Im Kindergarten fiel auf, dass Ellie nicht mehr so gesellig war wie früher, sie saß oft allein in Gedanken versunken da und konnte sich nicht auf das Spiel der anderen einlassen. Ich ging mit ihr zur Geburtstagsfeier ihrer Freundin, sie setzte sich auf meinen Schoß und sah den anderen Kindern zu. Natürlich konnte sie nicht mittanzen, sie war in einer anderen Welt zu Hause, in einer, in der das Schwesterchen in den Brunnen fällt und seine Krone kaputtgeht und die Mama kein besonders zuverlässiger Baumstamm ist.

Es regnete viel. Wenn Holly zu uns kam, nutzte ich die Chance und widmete mich Elinor. Die Strohballen waren in einer langen Scheune eingelagert worden, und wir gingen hin, um dort zu spielen. Ich hätte gedacht, dass sie toben und begeistert von immer höheren Stellen auf die weiche Unterlage springen würde, aber sie fand keinen Gefallen mehr an dem Kitzel der Gefahr. Stattdessen wollte sie »Haus« spielen und gab jedem Familienmitglied einen Raum. Ich musste die Mama im Bett spielen, hoch unter dem verrosteten Eisendach fand sie eine Kuhle für mich, in der ich liegen sollte, während sie unten das Frühstück machte. Ich fand eine leere Ähre und zerbröselte sie zwischen den Fingern, um den süßen Geruch des Sommers freizulassen. Ganz langsam und vorsichtig kletterte Elinor die Stufen der Ballen hoch und brachte mir einen tellergroßen Strohhaufen.

Holly nahm Immie immer öfter mit heim zu ihrer Mutter, manchmal für acht Stunden am Stück. Die Ruhe war eine Wohltat, Balsam für meine Seele. Ich feuerte den Ofen an, trug die empfindlichen Pelargonien an ihren Winterplatz auf der Fensterbank an meinem Schreibtisch und versuchte, an meinem Buch zu arbeiten. Ich zwang mich, an räumlich wie zeitlich weit zurückliegende Ereignisse zu denken. Aber die Wärme des Feuers schläferte mich ein, die Buchstaben verschwammen vor meinen Augen.

Ich war damals ständig müde und schrieb es dem aufgestauten Schlafdefizit und den kürzer werdenden Tagen zu. Vielleicht lag es am Seroxat. Oft ging ich gleichzeitig mit Ellie schlafen und wurde ein paar Stunden später von dem Wagengeräusch geweckt, wenn Holly Immie zurückbrachte. Ich wurde nicht richtig wach, das schlafende Baby rutschte in mein Bett und in meinen Arm, ihren Himmel, in dem sich ihre Träume mit meinen mischen mochten. Ich träumte, meine Mutter und ich stünden über ihr, und Mama sagte zu mir: »Du kannst sie heilen, sie sieht genau wie du als Baby aus. Du kannst ihr helfen.«

Vielleicht war auch das eine Folge des Seroxats. Ich freute mich auf meine rotgelbe Kapsel, die Hausärztin hatte recht gehabt – es half. Meine Gefühle überwältigten mich nicht mehr. Sie waren wohl da, aber abgetrennt von mir, wie hinter Glas gesperrt.

Ich dachte immer wieder an den Brutkasten, der Brutkasten von Immie und mir. Ich war allein in einem Glaskasten. Draußen sehe ich Menschen, sie bewegen sich wie in Zeitlupe. Sie reden und lachen und weinen, sie haben Hoffnungen und Ängste. Ich bin von all dem abgeschnitten.

◆ ◆ ◆

Die Experten gaben sich in unserem Cottage die Klinke in die Hand. Ich gewöhnte mich daran, mir war ihre professionelle Munterkeit lieber als die Angst und die Schuldgefühle, die Freunde und Angehörige ausstrahlten. Sally und Mary besuchten mich wöchentlich, aber immer unter einem Vorwand – Imogen sollte geimpft werden, sie nahmen eine Urinprobe, sie wollten sie wiegen. Ich sollte einen Logopäden aufsuchen, um »ihre Entwicklung zu fördern«. Eine Freundin, deren Vater über Jahrzehnte Parkinson hatte, rief mich an, um mir zu sagen: »Traue keinem Logopäden!« Aber ich wollte Immie alle Chancen geben, daran konnten mich auch die Vorurteile anderer Leute nicht hindern.

Die Logopädin brachte eine Schachtel voller Schnuller mit, samt und sonders Riesenteile, die ihrer Aussage nach Immies Mundmuskulatur trainieren würden – in diesem Alter eher fürs Essen als fürs Sprechen, erklärte sie. Ich fand die Schnuller gut, hoffte, ich könnte meine überbeanspruchten Finger demnächst schonen und wäre nicht mehr so an den Säugling gebunden. Eine halbe Stunde lang flogen die Schnuller durch den Raum, dann schob ich meinen abgenuckelten Finger in Immies Mund und sagte, vielleicht sei sie noch nicht so weit. Wir vereinbarten, die Logopädin solle in etwa einem Monat wiederkommen.

Aus dem Krankenhaus rief die Krankengymnastin an, um einen Termin zu vereinbaren. Ich war nicht erpicht darauf, dachte ich doch, Immie sei bei Clare in besten Händen, ich wollte nicht wechseln. Aber Clare schickte mich hin, nein, es wäre wichtig, »ins System zu kommen«. Ich war traurig über den Abschied. Clare, davon war ich überzeugt, konnte sich besser in Immie einfühlen als wir. Aber wir hätten uns ohnehin nicht ewig ihre Preise leisten können, irgendwann hätte ich meine Anhänglichkeit sowieso aufgeben müssen.

Judith machte sich an die Arbeit, rief Immies Namen und schüttelte die glitzernde Rassel, um ihre Aufmerksamkeit zu wecken. Jay und ich standen dabei und warteten ungeduldig darauf, dass sich unsere Tochter wie bei Clare entspannte. Imogen schrie und ballte die Fäustchen, aber Judith ließ sich nicht aus dem Konzept bringen, hob sie hoch und legte sie über ihren Unterarm, um die Muskulatur zu untersuchen. »Sie ist nicht spastisch«, sagte sie, und Jay und ich atmeten auf. Anschließend blieb sie einen Moment, um mir beim Füttern zuzusehen. »Sehen Sie mal, sie greift nach der Flasche!« Als sie ging, waren wir so gelöst wie seit Wochen nicht mehr.

Judith kam jeden Mittwoch. Oft blieb sie noch auf eine Tasse Tee, wollte wissen, was uns Virginia Nicholas gesagt hatte, und ich antwortete: »Nicht viel. Alle sagen uns, wir sollen abwarten und Tee trinken.« Judith verdrehte die Augen. Ob sie mir sagen könne, wie sich Immie entwickeln würde?

»Nein«, sagte sie.

Ein anderes Mal erzählte ich ihr von meinem Versuch, nicht mehr zu hoffen. Ich sagte, es sei schwer, in ein Kind wie Immie zu investieren. Sie nickte, sie verstand mich offenbar. Ich meinte, sie betreue doch auch Baby Joely, und fragte, warum sie Kinder behandle, die niemals sprechen oder laufen würden. »Die Ärzte können sich irren, deswegen!«, sagte sie.

Ich konnte meine Ohren nicht vor solchen Äußerungen verschließen. Offenbar war es aussichtslos, es gab keinen Weg, Immie zu betreuen und dabei keine Hoffnung zu haben. In dieses Kind hatte ich meine Hoffnungen schon gesetzt, noch bevor ich mit ihm schwanger war. Während der langen Stunden, die ich immer noch mit Immie verbrachte, besonders tief in der Nacht und am frühen Morgen, behandelte ich sie genauso wie früher, klopfte ihr auf den Rücken, stemmte sie hoch und ließ sie herabsausen, und wenn sie endlich Ruhe gab, streichelte ich ihre Wangen und redete in meinem Baby-Singsang auf sie ein. »Nun mach schon, Immie, du schaffst es, das wissen wir doch. Komm schon, mein ungnädiges Kleines.« Das Seroxat schirmte mich wohl gegen die Enttäuschung ab.

♦♦♦

Ich erkundigte mich bei Sally wegen des Oktobertermins bei Virginia Nicholas – ob die Kinderärztin wohl wichtige Neuigkeiten für uns habe? Nein, sagte sie, in diesem Stadium gehe es nur um das Füttern. Wir hatten sogar etwas Positives zu berichten, Immie spuckte seit ein paar Tagen nicht mehr alles aus. Wir mussten nicht beide dabei sein, Jay und ich beschlossen, dass ich allein fahren sollte. Er fuhr in fröhlicherer Stimmung nach London, sagte, er sei wirklich optimistisch, was Immie betraf.

Im Wartezimmer saß ich unter einem unmöglichen Plakat und fragte mich, warum sich noch keiner darüber beschwert hatte. Die Frau, die für gemeinnützige Hilfsangebote für Eltern mit Problemkindern zuständig war, war in der Nähe, ich gab ihr ein Zeichen, und sie kam zu mir. Ich erklärte ihr, dass Imogen laut Dr. Nicholas vermutlich geistig behindert sei, und sie hörte aufmerksam zu. Sie hätte mich doch damals mit der Mutter bekannt gemacht, deren Baby sich von der schlimmen Geburt erholt hatte, ob sie mir Kontakte zu Eltern vermitteln könne, deren Kinder Pech gehabt hätten. Sie war irritiert, sie müsse sich erkundigen, ob das ginge, sagte sie, da müsse man erst den Kinderarzt fragen ... Und dann suchte sie das Weite.

Virginia Nicholas machte in aller Ruhe ihre üblichen Tests und füllte die Akte. Der Kopfumfang – achtunddreißig Zentimeter – war genau wie letzten Monat. Sie lächelte, sprach einen Brief an, den ihr die Krankengymnastin geschrieben hatte, und empfahl ein paar babytaugliche Medikamente, die Imogen helfen würden: gegen das Bauchweh und die Muskelspannung. Ich hatte keine Einwände – meine Vorbehalte gegen Medikamente gehörten einem früheren Leben an.

Die Ärztin ging schnell die nächsten Punkte durch. Wie Imogen schlafe? Besser, aber meistens nicht vor Mitternacht. Da habe sie ein anderes Medikament, Chloralhydrat, damit wäre sie »leichter zu handeln«. Bei dem Namen klingelte etwas, wenn mein Kopf klarer gewesen wäre, wäre mir vielleicht der Maler Rossetti eingefallen und seine Tablettensucht, die er mit Chloralhydrat befriedigte. Ich hätte vielleicht hinterfragt, ob dieses Medikament wirklich für Kleinkinder geeignet sei, aber vielleicht hätte ich all diese Bedenken auch radikal ausgeblendet – die Aussicht, mein Baby ruhigstellen zu können, war einfach zu verführerisch.

Dr. Nicholas erkundigte sich, ob ich Fragen hätte, ich sagte, ich hätte gern Kontakt zu anderen Eltern mit einem Kind wie Immie. Sie wollte darüber nachdenken, eine Familie hatte da sehr empfindlich reagiert. Und die anderen, fragte ich mich, wie unsensibel waren die?

Die Ärztin lehnte sich zurück. Im Hintergrund stand Sally, die wohl wie beim letzten Mal eine Tarnkappe vermisste. Sie hatte versprochen, dass es nichts Schlimmes geben würde. Aber ich spürte es.

»Imogen entwickelt sich nicht so, wie wir es uns wünschen.« Mein Blut rauschte in den Ohren. »Ihr Kopf ist viel zu klein. Das deutet auf Mikrozephalie hin. Ihre Arme sind leicht spastisch …« – das hatte ich geahnt –, »… wir müssen uns auf größere Probleme einstellen.«

»Das heißt?«

»Imogen wird mit zunehmendem Alter große Probleme bekommen … aufgrund der Hirnschädigung.«

»Zum Beispiel?«

»Das kann ich nicht sicher sagen.«

»Wird sie reden lernen, laufen?«

»Ich weiß es wirklich nicht.«

»Inkontinenz?«

»Es ist einfach noch zu früh …«

»Es ist gut möglich, dass sie völlig unfähig sein wird, oder?«

»Sie kennt den Unterschied zwischen Licht und Dunkel!«

Wir drehten uns im Kreis. »Größere Probleme« klang bedrohlich. Es ging mit Imogen bergab statt bergauf. Aber die Ärztin war nicht bereit, mir Fakten zu nennen. Sie konnte sich diese Unbestimmtheit leisten – ich musste ja mit dem Kind fortgehen und mich um es kümmern, und das einzig Gewisse war diese schreckliche Ungewissheit. Ich schnappte meine Tochter und trollte mich – mit einem knappen, nur ein ganz klein wenig sarkastisch eingefärbten »Danke!«.

Ich schleppte Immie über den Parkplatz zum Hauptgebäude des Krankenhauses, zur Bummelei verurteilt hinter einem durch den Flur geschobenen Bett, an dessen Gestänge ein großer Beutel mit Medikamenten baumelte. Ich dachte an das viele Leid in einem solchen Haus, wo blieb das? Es wurde mit Morphium und Seroxat abgefangen, aber irgendwo musste es doch bleiben. Gab es ein unterirdisches Meer voll Agonie?

Ich schob die Rezepte durch die kleine Aussparung im Fenster zur Medikamentenausgabe und setzte mich mit Immie auf den nächstbesten Stuhl. Zwei Mädchen kamen zu mir, um das Baby zu betrachten: »Sie hat so viele Haare!« Eine ältere Dame gegenüber lächelte mir zu. Ich konnte mir schon denken, was sie dachte: »Was für eine glückliche junge Frau mit einem hübschen Baby!« Also lächelte ich zurück, jawohl, da waren wir, Mutter und Tochter, und wir brachten Hoffnung in die Welt.

Als die Medikamente endlich ankamen und man mir die Einnahme erklärt hatte, rannte ich fast hinaus. Im Freien legte ich den Kopf in den Nacken und ließ meinen Tränen ihren Lauf. Im Auto riss ich mich zusammen und rief meine Eltern an, sie wollten wissen, wie es gewesen sei. Aber ich lud die Neuigkeiten nicht bei ihnen ab, wozu hätte es gut sein sollen? Ich wand mich heraus, die Ärztin mache Ausflüchte, rede immer nur von Problemen, sage aber nichts Konkretes ... Jay wollte ich nicht am Telefon Bescheid sagen, es war besser, sich dabei gegenüberzusitzen, statt ihn damit allein zu lassen. Ich dachte an den Abend, sah uns Immie knuddeln, nachdem ich ihm von ihren schrecklichen Aussichten berichtet hatte.

♦ ♦ ♦

Zu Hause rief ich Nadine an und erzählte ihr, was los war. »Ich komm rüber«, sagte sie, ein paar Minuten später war sie da und nahm mir das Baby schon an der Tür ab. »Arme Immie, armes kleines Ding«, murmelte sie, während sie sie an die Brust drückte.

Als ich Elinor ins Bett gebracht hatte, stand Nadine mit Immie an die Lautsprecher gelehnt. »Schau«, sagte sie, »sie mag Paco de Lucia.« Tatsächlich, in eine Decke gewickelt und das Ohr am Lautsprecher, hörte sich ihr Päckchen Flamenco an. Die klatschenden Hände wichen einem harten Klirren, offenbar von langen Fingernägeln auf Metallsaiten verursacht, und trotzdem blieb Immie ruhig. Nadine streichelte ihren Kopf und murmelte besänftigende spanische Worte. Ich feuerte den Ofen an, und wir teilten uns einen Joint, während wir auf Jay und Mitternacht warteten. Er glaubte, Immie sei auf dem Weg der Besserung, und nun musste ich ihm sagen, dass es ihr immer schlechter gehe.

Nadine hielt sie immer noch gegen den Lautsprecher, als er zurückkam. Plötzlich stand er in der Tür, ich blieb auf dem Sofa sitzen, spulte leise und mit sparsamen Worten meine Neuigkeiten ab und war mir gleichzeitig darüber bewusst, dass das Hasch die Dinge vermutlich absurder wirken ließ, als sie in Wirklichkeit waren. Jay sah Nadine an, als sei alles ihre Schuld, drehte sich auf dem Absatz um und verschwand in der Dunkelheit.

Er ließ seine Tochter links liegen, zog sich zurück und rief seine Mutter an. Das brachte mich auf die Palme. Als er endlich ins Wohnzimmer kam, ging Nadine heim und überließ mich meinem Wutausbruch. Jay und ich, wir sollten zusammenhalten, uns stützen, wir waren ihre Eltern! Jay sah es nicht ein, er war plötzlich total distanziert, ganz weit weg.

> ***Mikrozephalie.*** *Der Begriff Mikrozephalie bedeutet kleiner Kopf und beruht gewöhnlich auf der geringen Größe des Gehirns. Die Auswirkungen sind sehr verschieden und reichen von leicht bis sehr schwer. Sie kann die Entwicklung eines Kindes verzögern. Stark betroffene Kinder leiden oft unter Zerebralparese, Epilepsie, Sehstörungen und Essproblemen.*

Ich lud die Informationen aus dem Internet herunter. Ich musste mich informieren, ich ertrug die Ungewissheit nicht mehr.

Meine Tochter war erst drei Monate alt und litt bereits unter allem, was unter »stark betroffen« aufgeführt wurde. Die Epilepsie war auf der Perinatalstation behandelt worden, konnte aber offensichtlich jederzeit wieder auftreten. Würde ich die Symptome beim nächsten Mal erkennen? Und die anderen Probleme zeigten sich samt und sonders deutlich genug. Sie konnte mein Gesicht nicht sehen, vermutlich würde sie in Zukunft sogar das Interesse an einfachen, großen Mustern verlieren. Ich konnte mir kaum größere Schwierigkeiten vorstellen, als ich sie beim Füttern hatte, drei bis vier Stunden für ein einziges Fläschchen, dass sie dann regelmäßig komplett wieder ausspuckte.

Die Zerebralparese stand ganz oben auf der Liste. Das Fremdwort hatte für mich bereits eine sehr konkrete Bedeutung – Lähmung. Ihre Finger waren immer zusammengekrampft, sie drückte die Fingernägel in ihre Handflächen. Ich hatte falsch gelegen mit meiner Vermutung, dass sie sich aus einem Sicherheitsbedürfnis an mich klammerte. Die nach innen gekrampften Finger, Arme und Beine – sie war ganz klar eine Spastikerin. Und der Rücken verkrampfte sich in die Gegenrichtung und entstellte ihren Körper. Als ich Mary anrief und von der Diagnose erzählte, sprach ich schon von »spastischer Quadriplegie«. Die Beraterin schnappte nach Luft, widersprach aber nicht. Im Internet las ich, dass die meisten an allen vier Gliedmaßen motorisch gestörten Kinder bereits ganz früh an der Hüfte operiert werden müssen. Aber erst würde ein Fachmann meine Tochter untersuchen und meine Vermutung bestätigen.

Ich legte eine Hand auf Immies Locken und drückte sie nach vorn, um die Spannung in ihrer Wirbelsäule zu lösen. Ihr Kopf ist heiß. Mikrozephalie, sie schreit also nicht, weil sie Koliken oder einen »Reizdarm« hat (wie es die Experten nennen). Sie hat Schmerzen. Sie hat die ganze Zeit Schmerzen gehabt. Sie wird die ganze Zeit Schmerzen haben. Sie hat es zum Ausdruck gebracht, seit sie aus dem Koma aufgewacht ist, es war ganz deutlich, aber niemand wollte es wahrhaben. Wenn sie ihren Rücken durchdrückt und die Beine verkrampft, dann leidet sie – in ihrem Kopf hämmert der Schmerz, ihrem ganzen Nervensystem teilt sich mit, dass der Kopf einen Schlag abbekommen hat. Clare hatte von »schwarzem Zeug« gesprochen, ja natürlich, im Rückblick war das die abgestorbene Gehirnmasse. Wie viel war es?

♦ ♦ ♦

Virginia Nicholas rief an und erkundigte sich, wie es uns ginge. Ich sagte, ich sei ziemlich pessimistisch über Imogens Zukunft. Sie sagte: »Sie brauchen etwas, um mit den Sorgen zurechtzukommen.«

»Ich nehme Seroxat«, antwortete ich.

»Und, haben Sie den Eindruck, dass es hilft?«

»Wie soll ich das wissen, ohne es abzusetzen?«

»Das würde ich an Ihrer Stelle lieber nicht tun.«

Die Angst kam von der Ungewissheit, das war klar – der Ungewissheit, die Dr. Nicholas in die Welt gesetzt hatte. Wenn sie mir eine definitive Diagnose gegeben, bestätigt hätte, was ich im Internet gelesen hatte, wenn sie mir nur einen Satz hingeworfen hätte wie: »Sie wird nie laufen oder sprechen lernen«, ich hätte mich darauf einstellen können, ich hätte mich informieren, mit anderen betroffenen Eltern Kontakt aufnehmen, die richtigen Hilfsorganisationen ansprechen und »Contact a Family« anrufen können.

Ich rief trotzdem das Beratungstelefon von SCOPE an. Das Mädchen am anderen Ende der Leitung äußerte sich nicht dazu, was »größere Probleme« im Einzelnen heißen mochte.

Ich stellte die Frage, die mich am meisten beschäftigte: »Wie werde ich mit ihr kommunizieren?«, und sie rasselte die Liste herunter: Geräusche, Berührungen, Musik, Tanz ... »Aber das gilt nur für die ganz schlimmen Fälle«, als gehöre mein Kind nicht dazu. Am Ende gab sie zu, dass die Verschreibung von Medikamenten und die Prognose größerer Probleme in einem so frühen Stadium ungewöhnlich sei.

Ungewöhnlich. Damit hatte ich nicht gerechnet, als ich ein Kind haben wollte. Kinderkriegen ist etwas ganz Normales, so gewöhnlich, quer durch alle Schichten und Bildungsstufen. Auf dem Höhepunkt der Wehen hatte ich mich noch damit getröstet, dass diese unerträglichen Schmerzen ganz normal waren, dass alle Frauen bei den Geburten damit fertig werden mussten. Es war total normal.

Aber Immies Geburt war wohl doch nicht so normal verlaufen. Auf der Skala der Fünfzig-Prozent-Babys auf der Perinatalstation, die Pech gehabt hatten, war sie am unteren Ende. Wenn Immie doch nur in die andere Richtung nicht normal gewesen wäre – hätte sie sich nicht dazu durchringen können, ein Genie zu werden?

◆ ◆ ◆

Die Morgende waren jetzt neblig, und nachts drohte Frost. Ich streifte über die Felder mit Immie im Tragesitz eng vor meinem Bauch und Ellie an der Hand, die grottenstolz auf ihre neuen Gummistiefel war. Unten am Fluss hatten die Schafe jede Menge Matsch auf die Brücke getragen, und dieser Matsch war zäh wie der Honig aus den Cotswold Hills. Die Stiefel blieben schnell stecken, und Ellie brachte es fertig, mit ihren Socken im Dreck zu stehen. Ich hob sie hoch, zog ihr die Socken aus und ließ sie mit nackten Füßen durch Dreck patschen. Sie hat schon immer ein Faible für kaltes Wasser gehabt.

Den rutschigen Abhang hinauf rannte Ellie voraus und rief: »Anne, hast du meine neuen Gummistiefel gesehen?« Anne kam an die Tür und strahlte vor Bewunderung. Dann sah sie mich an und fragte, wie es ginge. »Gut«, antwortete ich, vielleicht eine Spur zu barsch; an ihren Augen sah ich, dass sie die Neuigkeiten längst erfahren hatte.

Sie hätte es geschafft, dachte ich, sie hätte ihre Tochter nicht aufgegeben, gleichgültig, wie sehr sie um deren Zukunft bangte. Sie hätte den Ärzten vertraut und deren Urteil abgewartet, statt sich in Ängsten zu verzehren und das Internet zu durchkämmen.

Wir sammelten Fallobst unter Annes Bäumen, knubbelige Bramley-Äpfel und weiche Quitten. Es tat gut, draußen zu sein und sich zu beschäftigen. Ellie half, die Beute in Plastiktüten zu verstauen, aber auf dem Heimweg machte sie schlapp und wollte den glitschigen, abschüssigen Weg an den Haselsträuchern entlang getragen werden. Die schweren Tüten in der einen Hand, die zerrende Ellie an der anderen, lief ich über die roten Hagedornbeeren, mit denen der Weg übersät war, während über unseren Köpfen die Blätter einen goldenen Baldachin gegen die flache weiße Leinwand des Himmels bildeten.

Mein Unterleib schmerzte, und durch die Anstrengungen wurde der Schmerz schlimmer. Vor einem Monat hatte ich es für ängstliche Anspannung gehalten, jetzt, nach der Problem-Prognose, fühlte es sich eher wie ein entferntes Echo der vorzeitigen Blutungen an. Offenbar erinnerte mich mein Bauch, der Teil von mir, der mich zur Mutter gemacht hatte, an seine Untat, daran, dass er seine eigene Frucht beschädigt hatte.

Als wir das Gestrüpp endlich hinter uns ließen, verteilte ich die Tüten auf beide Hände und überließ es Ellie, an der Hecke entlangzutrotten. Neben dem Bauchweh schnitten auch die Riemen von Immies Tragesitz schmerzlich in meine Schultern ein. Und Immie hatte wieder angefangen zu schreien.

»Komm schon«, rief ich Ellie zu, die ein gutes Stück zurückgeblieben war. »Wenigstens bis zu dem großen Baum.«

»Welchem?«

»Dem da, das sind höchstens zehn Schritte.«

»Und dann trägst du mich, Mummy?«

»Ja, dann trage ich dich.«

Ich kniete mich in den Matsch, Ellie kletterte auf meinen Rücken, und jetzt war ich perfekt ausbalanciert: Tüten in beiden Händen, ein Kind vorn, eins hinten. Die spitzen Schreie des Babys hetzten mich nach Hause, schon um der Lärmquelle nicht mehr unmittelbar ausgesetzt zu sein. Mit gesenktem Kopf stolperte ich durch ein frisch gepflügtes Feld, schwerer Lehm haftete an meinen Schuhen, mein ganzer Körper tat weh. Aber ich hatte schon schlimmere Schmerzen ertragen. Nach den Blutungen war jeder Schmerz erträglich. Mutter Courage, unbesiegbar latschte ich durch das Heideland von einem verlassenen Schlachtfeld zum nächsten.

Natürlich war es nicht mein Körper, der schmerzte. Es war mein Kopf, ich machte mir Vorwürfe, ich fühlte mich schuldig. Mich hätten die Blutungen schädigen sollen, nicht mein Baby. Sie war vollkommen gesund gewesen, bis die Sache mit der vorzeitigen Plazentalösung passierte. Wenn es doch nur mich getroffen hätte, ich wäre lieber am Blutverlust gestorben, als die nächste Generation so auf die Welt zu lassen.

◆◆◆

Jeden Tag sagte ich mir, dass ich einfach nur diesen Tag überstehen musste, die wache Zeit am Tag. Zum ersten Mal in meinem Leben brauchte ich meine ganze Kraft nur dafür, um über die Runden zu kommen, den Tag zu bewältigen. Das Seroxat brachte mich morgens auf die Beine, und von da an hangelte ich mich an den Routinen entlang: Mahlzeiten zubereiten und essen, Ellie zum Kindergarten fahren und abholen, sie ins Bett bringen. Meistens mit einer schreienden Immie im Schlepptau.

Im Städtchen sah ich normale Babys mit dicken Backen und wunderbar runden Köpfen. Ich hätte ihnen gern über die Haare gestreichelt und die großen Gehirne, die darunter im Schädel wuchsen. Ich hätte gern ihren Müttern gesagt, sie sollten aufpassen.

Unser Fall hatte sich längst herumgesprochen, die Leute sahen mich und sagten: »Es ist eine Tragödie.« Mir war es unangenehm, Tragödien sind etwas fürs Fernsehen und die Zeitungen, Tragödien produzieren tragische Helden, und ich wollte kein Held sein. Das Wort Tragödie war der Versuch, unsere Pein zu überhöhen und mit einer Würde auszustatten, die sie nicht verdiente. Die Mikrozephalie war etwas sehr Reales, das wollte ich den Leuten begreiflich machen, etwas, das mit sehr banalen Realitäten wie Kotze auf dem Küchenboden einherging. Und ich wollte ihr Mitleid nicht. Bemitleidet zu werden gab mir ein Gefühl von Schwäche, von Unfähigkeit. Wenn mich andere bemitleideten, bemitleidete ich mich selbst, und dann kam ich nicht über den Tag.

Um nicht doch die tragische Mutter zu geben, achtete ich sorgfältig auf mein Äußeres, schminkte mich und zog mir etwas Nettes an. Ich hatte seit der Geburt abgenommen. Stolz auf meine Dürrheit, kaufte ich mir ein paar Designerjeans, damit es jeder sehen konnte. Wurde ich gefragt, wie es mir ginge, riss ich mich zusammen. Die Haut um die Augen, das spürte ich, war durch die Anspannung straff wie bei einem schlecht gemachten Lifting.

Hatte ich Zeit für mich, war an Schreiben nicht zu denken. Ich konnte mich noch nicht einmal auf eine Fernsehsendung konzentrieren. Ich stand am Spülbecken und beobachtete Jay draußen auf dem Rasen, er telefonierte mit dem Handy und lief dabei auf und ab. Er telefonierte ständig – mit seinen Eltern oder Freunden in London. Er blieb draußen, damit Ellie und ich nicht hörten, was er sagte. Bei Elinors Geburt hatte er das Rauchen aufgegeben, jetzt zündete er sich eine an der anderen an und verstreute die Zigarettenstummel im ganzen Garten. Er aß nicht mit uns, wollte mit unserer Häuslichkeit nichts zu tun haben. Ich wusste nicht, wie ich ihn zurückholen konnte, wie ich die Liebe wiederfinden konnte, die ich einst für ihn empfunden hatte.

♦ ♦ ♦

Ein Freund aus Kindertagen rief an und fragte nach Imogen. »Du hast wenigstens deinen Glauben!«, sagte er am Schluss, als würde dadurch alles erträglicher. Die Annahme verblüffte mich. Ich hatte in den zurückliegenden Monaten kaum an Gott gedacht, und wenn, dann in den Augenblicken der größten Angst und Verzweiflung. Stimmt, als Kind habe ich an den lieben Vater im Himmel geglaubt, aber als Erwachsene hegte ich da so manchen Zweifel. Wie sollte mich Gott jetzt trösten?

Als ich aufgelegt hatte, zog ich Immie einen dicken Strampelanzug über – Händchen und Füßchen verschwanden im

Stoff – und trug sie die Straße hinunter zur Kirche. Als wir das Halbdunkel des alten Gemäuers betraten, war sie steif und brüllte. Ich ging direkt zum Altar und hielt sie hoch.

»Schau dir dein Werk an!«, rief ich in die Dämmerung. »Was soll das?«

Ich erwartete keine Antwort, trotzdem wartete ich einen Moment ab. Immies Schreie hallten zwischen den leeren Wänden.

»Warum? Womit haben wir das verdient?«

Sie quiekte immer noch.

»Wie kannst du einem Kind so etwas antun? Wofür ist das gut? Wofür ist das verdammt noch mal gut?«

Ich knallte die Tür hinter mir zu und fühlte mich gestärkt.

♦ ♦ ♦

Immies Medikamente mussten mit einer Plastikspritze verabreicht werden, und sie hasste es, brüllte, warf den Kopf zurück, die Beine wurden steif. Und spuckte den rosafarbenen Sirup direkt wieder aus, natürlich auf mich. Ich musste an die Pferde denken, denen ich als Teenager Medizin eingeflößt hatte: Sie hielten das Maul fest geschlossen, weil es so scheußlich schmeckte. Damals war es mir leichtgefallen, überzeugt, dass es ihnen guttat. Aber das war einmal. Geschützt vom Seroxat, konnte ich die Mutter Courage spielen, konnte mich über Mikrozephalie informieren, konnte böse und aufsässig werden. Aber um meinem Baby die Spritze in den Mund zu drücken, dafür war ich einfach zu weich.

Ich musste Jay um Hilfe bitten. In seinem seltsamen Zustand, kalt und unkommunikativ, übernahm er problemlos die Rolle des Doktors. Er klemmte einen Arm des Babys hinter den Rücken, damit das Fuchteln aufhörte, und hielt den Körper eng an seinen eigenen gepresst. Seine tief liegenden Augen starrten in den Raum, weg von dem Kind. Ich gab ihm die Spritze, er schob sie ihr in den Mund, möglichst nah an die Kehle. Bevor sie würgen konnte, gab er ihr das Fläschchen und drückte den Sauger gegen ihren Gaumen. Sie begann zu trinken und holte sich die Medizin zusammen mit der Milch. War eine Spritze leer, streckte Jay die Hand aus und schnippte ungeduldig nach der nächsten Dosis.

Diese Übung war zweimal täglich fällig, morgens und abends. Morgens zogen wir es schnell durch, so schnell es eben ging, aber abends trödelten wir. Es gab sonst nichts zu tun, also stellte ich die Sirupfläschchen und eine Flasche Scotch in eine Reihe vor den Ofen im Wohnzimmer. Und erst, wenn Jay und ich ein, zwei Glas intus hatten, bekam Immie ihre Portion. War die Operation abgeschlossen, setzte Jay sie auf seine Hand, stützte mit der anderen Hand ihre Brust und fing mit dem Bizeps-Training an. Er wollte die Bewegung so emotionslos wie die Medizin-Verabreichung ausführen, aber ich sah, dass er in alte, weichere Gewohnheiten zurückfiel. War ihr Kopf auf Kinnhöhe, gab er ihr zerstreut einen Kuss, und sie drehte ihm ihr kleines betrunkenes Gesicht zu.

War sie ruhig, gab er sie mir, ich ließ sie an meinem Finger saugen, während er sich einen Joint drehte. Schlief sie um halb neun noch nicht, bekam sie ihr Beruhigungsmittel, dessen schwacher Chloroformgeruch mich an den Biologieunterricht erinnerte. Ein ordentliches Quantum schickte sie innerhalb einer halben Stunde ins Koma. Dann hatten wir unsere Ruhe, lagen alle drei abgefüllt mit Drogen auf dem Sofa und hörten dem knackenden Feuer zu.

Die Agonie des Wartens. Ich betrachtete das hübsche, unschuldige Kind auf meinem Schoß und konnte nicht glauben, dass es behindert sein sollte. Epileptisch, blind, gelähmt – niemals! Und der Dämon Hoffnung feierte fröhliche Urstände: Ob ihre Augen eines Tages zurückschauen würden? Ob sie nicht doch ein paar Worte lernen würde? Ob sie lächeln würde? Wenn sie doch nur lächeln würde. Wenn sie nur ein Zeichen gäbe, dass sie in dieser Welt ist, bei ihrer Familie. Bei uns.

♦ ♦ ♦

Alle rieten uns, wir sollten unser normales Leben wieder aufnehmen. Ich hätte es gern getan, aber es gab nur Immie, sie verdrängte für mich alles andere. Also trieb ich die Dinge voran, die mit ihr im Zusammenhang standen. Da stand vor allem die Klage gegen den National Health Service an. Schneller als erwartet war das »Ergebnis« klar, von dem die Teilnehmer bei der Besprechung der krankenhausinternen Untersuchung vor einigen Monaten gesprochen hatten. Ich rief Mrs. Le Brocq an und erzählte ihr von Virginia Nicholas' Prognose. »O Julia, es tut mir so leid«, war ihre Reaktion, die Reaktion meiner lieben Lehrerin. Aber ich wusste, dass sie in ihrer Rolle als Comments and Complaints Manager nicht auf meiner Seite stehen konnte. Ich blieb kurz angebunden, von der Situation her war klar, dass wir das Krankenhaus verklagen würden, und ich ging davon aus, dass sie direkt nach unserem Telefonat den Rechtsanwalt anrufen und ihre offizielle Version mit ihm durchsprechen würde.

Es ging mir weniger um die finanzielle Entschädigung. Das Klischee stimmt, kein Geld der Welt kann Immie je für ihr Leid entschädigen. Es war viel einfacher, jetzt schon mussten sich Fachkräfte um sie kümmern, und je mehr »größere Probleme« sie entwickeln würde, desto häufiger würde sie spezielle Pflege brauchen. Das kostete Geld, Geld, das Jay und ich nicht hatten. Konnten wir beweisen, dass ihr Zustand vom Krankenhaus verschuldet worden war, mussten sie die Kosten übernehmen. Es gab unzählige Familien mit Kindern wie Imogen, die niemanden dafür verantwortlich machen konnten, aber wir hatten diese Chance. Wir konnten dankbar sein, Vorschriften waren nicht beachtet worden, sie hatten sich Fahrlässigkeit zuschulden kommen lassen, und es waren schlimme Fehler passiert, ich musste das zu meinem Vorteil verwenden.

Jay erklärte mich für naiv. Der National Health Service hätte ausgefuchste Rechtsanwälte, die noch mit jeder Mutter fertig geworden wären, auf den Entbindungsstationen gebe es bei weitem die meisten Fälle von Fahrlässigkeit, und das sei denen zu teuer. Und ich hätte ja auch nichts davon, mir das Krankenhaus zum Feind zu machen, ich müsste mit meinem kranken Kind immer wieder hingehen und würde jedes Mal daran denken, dass sie es schon einmal im Stich gelassen hatten. Er hätte wahrscheinlich recht, sagte ich; in dem Augenblick größter Verwundbarkeit, damals, als die Hebamme einfach aufgelegt hatte, da wäre mir die Unzuverlässigkeit des Systems klar geworden. Aber eben deshalb würde ich in die Schlacht ziehen.

♦ ♦ ♦

Nadine brachte mir ein Abschiedsgeschenk vorbei, Umschläge mit Samen meiner Lieblingsblumen: Lupinen und Rittersporn, beides winterharte Pflanzen, die sie in ihrem eigenen

Garten gezogen hatte. Sie schlug einen letzten Spaziergang über die abgeernteten Felder zum Pflaumenbaum vor, wie wir ihn jeden Herbst unternommen hatten. Wir sollten ihn auch in diesem Jahr nicht auslassen, sagte sie.

Ellie wollte nicht mit, also lief Nadine mit Immie im Tragesitz voraus, während ich auf Ellie einredete, sich Huckepack tragen zu lassen. Wir stapften zu der Stelle, an der sich der Pflaumenbaum mit seinen alterskrummen Ästen nur ein kleines Stück über die Hagedornhecke erhob. Er hatte zahlreiche neue Triebe, die sich in der näheren Umgebung des Hauptbaums zwischen Hagebutten und Brombeerranken reckten, die Blätter waren verschwunden, aber die Früchte saßen dunkel und fest auf grünen Stängeln. Nadine und ich klaubten sie vorsichtig aus ihrem stachligen Versteck und rieben den grauen Schleier ab, bis die leuchtend blaue Schale zum Vorschein kam. Ich zeigte Ellie, wie sie diese Schale mit den Zähnen abziehen musste, damit sie an die rote Schicht über dem süßen, gelben Fruchtfleisch kam. Während ich Nadine umarmte und ihr sagte, wie sehr ich sie vermissen würde, stand Ellie zwischen rostrotem Ampfer und Disteln, die genauso groß waren wie sie, und spuckte Kerne aus.

Jay war nach London gefahren und besuchte das Konzert eines Freundes. Das Schlafengehen verlief weitgehend unproblematisch; ich ließ Immie Aufzug fahren und sang gleichzeitig Ellie ihre Kinderlieder vor. Ich hatte es gerade geschafft, Immie ihre Medizin einzutrichtern, als Jay anrief, er sei mittendrin aus dem Konzert gegangen, hätte sich nicht konzentrieren können, müsste die ganze Zeit an Immie denken und dass er für sie keine Liebe mehr hätte. Ich war nicht in der Stimmung, um ihn zu bedauern. Da stand der Kerl mitten in London, traf seine Freunde, während ich zu Hause die grausamen Pflichten allein bewältigte, und beschwerte sich auch noch. Du liebe Güte, er hatte doch nicht den Unfall erlitten, er war gesund.

»Du bist frei«, sagte ich. »Wo liegt dein Problem? Du hast ein Leben, lebe es doch! Du musst nicht mehr Liebe hergeben, als du willst. Immie ist es, die keine Wahl hat. Und ich bin diejenige, die die Verantwortung trägt. Und zwar die ganze Verantwortung!«

Ich legte auf und schäumte vor Wut, stinksauer, weil er sein Baby nicht liebte. Er stieß mich mit der Nase darauf, wie sehr ich sie liebte, wie sehr ich in dieser unmöglichen Liebe, die nie erwidert werden würde, gefangen war. Ohne zu lächeln, ohne mich auch nur anzuschauen, hatte mich Immie in ihrer Gewalt. Es war fast so, als liebte ich jemanden, der jemand anderen liebte.

Später rief Jay noch einmal an. Er klang betrunken und war so bösartig, wie ich es mir nie hätte vorstellen können. Er neigt überhaupt nicht zur Gewalttätigkeit. »Ich komm jetzt heim«, sagte er, »ich komm heim, um meine Sachen zu holen, und ich will kein Wort von dir hören. Wenn du einen Laut von dir gibst, prügel ich dich windelweich.«

Ich fing an zu lachen, aber er hatte schon aufgelegt. Dann weinte ich. Ich weinte, weil ich tatsächlich glaubte, er würde ausziehen oder mich schlagen oder beides. Vermutlich nahm ich an, dass ich es verdient hätte. Ich weiß noch, dass mich mittendrin die Panik packte, weil mir der Gedanke kam, dass noch etwas anderes möglich war, etwas viel Schlimmeres: dass er sich vor einen Zug warf. Ich rief ihn an, aber die Mobilbox ging dran, also geiferte ich darauf: »Du hasst mich, ich weiß, dass du mich hasst, aber du kannst mich nicht verlassen …«

Die Tränen taten gut. Während dieser über Wochen anhaltenden Ungewissheit hatte ich immer wieder weinen wollen, ohne es zu können. Irgendetwas verdammte mich dazu, Fassung zu bewahren, vielleicht lag es am Seroxat, ich weiß es nicht. Ich war allein, alles in Ordnung, und auf einmal war meine Kehle wie zugeschnürt, und der Unterkiefer zitterte. Urplötzlich überkam mich das heulende Elend, aus dem Nichts flutete es durch meinen Schädel und verfing sich dort, ein gigantisches Schreien drehte sich da im Kreis und konnte nicht heraus. Ich dachte an die Wehen bei Immies Geburt, daran, dass der Schmerz nicht wellenförmig angeschwollen und verebbt war und dass diese Absonderlichkeit im Rückblick ein Hinweis auf die inneren Blutungen gewesen war. Wellen gehören zum Leben, jedes Lebewesen kennt sie. Wenn eine solche Riesenwelle durch mich hindurchschwappte, dann war wenigstens etwas in Bewegung, dann war der Vorgang wenigstens natürlich.

Jay kam am nächsten Morgen nach Hause, und wir schleppten uns durch den Alltag und versuchten, das Schlimmste an unserem Elend nicht vor Elinor zu zeigen. Wir beide hatten noch nie einen solchen Kummer erlebt, es war eine Art Crash-Kurs im Leiden. Wenn es um unsere Eltern oder Geschwister gegangen wäre, hätte es nur einen von uns richtig übel getroffen, der andere hätte daneben gestanden und wäre außen vor geblieben. Es wäre ein Härtetest für unsere Partnerschaft gewesen, aber der eine hätte den anderen auffangen können, hätte ihm einen Schutzraum geboten, um den Kummer zu verkraften. So aber trauerten wir beide um unser Kind, wir trauerten gleichzeitig, und wir entdeckten dabei, wie selbstsüchtig Trauer sein kann.

♦ ♦ ♦

Ich rief einen Gynäkologen aus meinem weiteren Bekanntenkreis an, wollte von ihm wissen, ob der National Health Service es am Ende für billiger hielt, für das eine oder andere dauerhaft beschädigte Kind aufzukommen, als im ländlichen Raum die eigentlich notwendige Zahl von Rettungswagen und Hebammen zu bezahlen. Genau so sei es, sagte er.

Eine Freundin von Jays Eltern hatte bereits bei etlichen Prozessen, bei denen es um Fahrlässigkeit im Zusammenhang mit der medizinischen Versorgung ging, als Fachgutachterin gearbeitet und empfahl eine Kanzlei. Ich rief an, der Anwalt warnte mich: Zerebralparese sei eine heikle Geschichte, selbst wenn dem NHS Trust Fahrlässigkeit während der Geburt nachgewiesen werden könne, beweise das oft noch nicht, dass die Hirnschädigung dadurch verursacht wurde. Ein solcher Prozess sei ein ziemlicher Brocken, sagte er.

Dann erklärte er mir die Voraussetzungen: Ich müsse einen genauen Bericht schreiben, was in der Geburtsnacht geschehen sei, mir die Telefonrechnungen und die Verbindungsnachweise besorgen, damit die Uhrzeiten der einzelnen Ferngespräche genau dokumentiert wären, und ich sollte alle Rechnungen aufheben, die wir aufgrund von Immies Zustand bezahlen müssten. Wir sollten den Prozess ruhig jetzt schon anstrengen, denn das Verfahren könne sich über Jahre hinziehen. Die Höhe der Entschädigung richte sich danach, zu welchem »Ergebnis« Imogens Zustand wahrscheinlich führen würde, und das ließe sich frühestens in fünf bis sechs Jahren sagen. Mit Ergebnis war ihre Lebenserwartung gemeint.

Immie hatte gute Chancen, vor mir zu sterben. Die Vorstellung war nicht besonders schockierend. Dass größere Probleme einen frühen Tod zur Folge haben könnten, klang logisch. Im Grunde wäre ein gewisser Tod leichter zu ertragen gewesen als die Mischung aus Ungewissheit und Trauer. Jay sagte, er wünsche ihr, dass sie direkt starb, dass sie den plötzlichen Kindstod starb, dass ihr Leiden ein Ende hätte. Vielleicht tut sie es, sagte ich. Aber nein, meinte er, sie ist stark, sonst hätte sie die Geburt erst gar nicht überlebt. Wenn sie jetzt sterben sollte, brauchte sie Hilfe.

»Was meinst du damit?« Ich dachte an meine Fantasie, sie mit dem Kopf an die Wand zu schmettern.

»Ich habe es im Internet recherchiert, es gibt keinen erkennbaren Unterschied zwischen dem plötzlichen Kindstod und Ersticken … Wir haben viele Möglichkeiten«, sagte er. »Je länger wir warten, desto eher fällt es auf. Mit vier Monaten ist es nicht so unwahrscheinlich, dass sie einfach aufhört zu atmen.«

»Du würdest ihr ein Kissen auf den Kopf legen?«

»Und sie allein lassen. Keiner würde was merken.«

»Außer uns.«

»Was wäre die Alternative?« Er meinte es vollkommen ernst.

»Eltern können nicht ihr Baby umbringen, Jay, wir könnten damit nicht leben, wir können unser eigenes Kind nicht umbringen.«

»Wer sonst?«

Aus ihm sprach die pure Verzweiflung. Vor kurzem noch hatte er Immie vergöttert, sich ihr mit aller Kraft gewidmet. Vor einigen Wochen war er viel liebevoller und optimistischer gewesen als ich, aber seit der Diagnose hatten sich seine Zuneigung und sein Engagement ins Gegenteil verkehrt. Es war nicht sein innerstes Ich, das ihren Tod wünschte, sondern ein verzweifeltes, trauerndes Ich. Ich verstand ihn und tat nichts dagegen. Als Mutter hätte ich wohl mein Baby verteidigen müssen, aber ich war seltsam gleichgültig. Dann dachte ich an die Selbstmorde mit Seroxat, wahrscheinlich waren sie genau mit dieser Form von Frivolität geplant worden. Ob wohl auch Kinder deswegen ermordet worden waren?, fragte ich mich. Nachts lag ich schlaflos im Bett, die schlafende Immie im Arm, betrachtete ihren schlaffen Körper und stellte mir vor, sie wäre tot.

Die juristischen Einzelheiten des Prozesses waren eine willkommene Ablenkung von dieser Morbidität, ich stürzte mich förmlich darauf. Um die Entschädigung zu bekommen, musste die geschädigte Partei (Immie) die Personen verklagen, die ihr Leid verursacht hatten (den NHS Trust), die kleine, geistig behinderte Immie gegen die staatliche Riesenorganisation, David gegen Goliath. Als Minderjährige konnte sie finanzielle Unterstützung bei der Legal Service Commission beantragen. Tolle Sache: Eine öffentliche Institution gab die Gelder, um eine andere öffentliche Institution zu verklagen. Unmengen von Steuergeldern würden in juristischen Kanälen versickern, bevor etwas bei einem bedürftigen Kind ankam.

Und der persönliche Preis für diesen Prozess wäre hoch: Es würde Nerven kosten, die Unsicherheit bis zu ihrem fünften oder sechsten Lebensjahr auszuhalten, Jahre, in denen auf ihren Tod spekuliert würde. Und bis es so weit war, musste ich mich um sie kümmern. Konnte ich das in der Hoffnung, Geld zu sehen? Sechs Jahre das eigene Leben aussetzen, meine beruflichen Ambitionen zurückstellen und mich fast ausschließlich mit Immies Problemen beschäftigen? Dann wäre ich dreiundvierzig und hätte wohl kaum noch realistische Chancen, weitere Kinder zu bekommen.

Diese Aussichten jagten mir Angst ein. Doch die Alternative war noch schlimmer, falls wir den Prozess verloren oder ihn erst gar nicht anstrengten, dann musste ich sie pflegen, bis sie starb. Clare hatte mir direkt nach der CP-Diagnose gesagt: »Sie sind jetzt ihre Betreuerin«, und ich hatte eine Weile gebraucht, bis ich den Sinn ihrer Worte verstanden hatte. Der Unterschied zwischen einem Elternteil und einem Betreuer ist der Unterschied zwischen einem Kind, das wieder gesund wird, und einem Kind, das nie gesund wird. Eine Mutter oder ein Vater sitzen am Bett ihres Kindes und geben ihm Medikamente, singen ihm was vor und knuddeln es, weil es eines Tages wieder aufsteht und spielt. Ein Betreuer hat diese Hoffnung nicht. Mit dieser fehlenden Hoffnung haderte ich seit Virginia Nicholas' erster Andeutung, es liege vermutlich ein Hirnschaden vor. Wie konnte man das über Jahrzehnte ertragen?

◆ ◆ ◆

Die meisten Brombeeren waren im kalten Wind verschrumpelt, aber der Brombeerstock an der Hintertür stand geschützt und trug noch ein paar genießbare Früchte, manche noch ganz rot, die würden wohl nicht mehr reif, aber man konnte sie zum Kochen nehmen. Ich pflückte die oberen Ranken ab, während Ellie sich die unteren vornahm und sorgfältig eine Beere nach der anderen abzupfte. Diese Bewegung, das Zupfen mit Zeigefinger und Daumen, hatte ich zum ersten Mal an ihr bemerkt, als sie noch nicht einmal ein Jahr alt war. Ich war damals fasziniert von diesem Meilenstein ihrer Entwicklung und davon, dass sie selbst die Tragweite überhaupt nicht erfasste.

Wir legten die Brombeeren in eine Rührschüssel und mischten mit unseren fleckigen Händen die Reste von Annes Fallobst darunter. Mehl und Butter quetschten sich zwischen Ellies Fingern hindurch, als sie die Streusel knetete, der Zucker knirschte unter ihren Füßen. Ich hatte mir vorgenommen, geduldig zu sein, aber all der Dreck nervte mich zu sehr, ich war gereizt und ließ es Ellie spüren, ignorierte ihre Proteste, wusch ihre schmutzigen Hände im Spülbecken und setzte sie dann vor den Fernseher. Während sie sich das Video von *Maisy's Farm* ansah, war ich eine Ewigkeit damit beschäftigt, die Ordnung in der Küche wiederherzustellen, kroch auf Händen und Füßen unter den Küchentisch, klaubte die Klumpen vom Linoleum und wischte den Boden, wischte mit einem neuen, noch ganz steifen Lappen die Arbeitsflächen sauber und wischte und wischte.

Ein bekanntes Fahrzeug bog um die Ecke und fuhr die Auffahrt hoch. Es war Mark, der neue Vikar. Ich war seit Immies Geburt nicht mehr beim Gottesdienst gewesen, aber er besuchte nach und nach alle Gemeindemitglieder. Ein engagierter Mann voller Energie und Idealismus. Seit einem Jahr war er hier, betreute fünf Pfarrbezirke. Beim vorjährigen Erntedankfest hatte er seine erste Predigt gehalten, über ethische Fragen der Nahrungsmittelproduktion gesprochen und dazu aufgerufen, Erzeugnisse aus der Region einzukaufen. Keine Ahnung, was die alten Damen davon hielten, ich fand es gut.

Mark hatte selbst kleine Kinder und zuvor in der Innenstadt von Liverpool gearbeitet. Und zwar als Kaplan am Kinderkrankenhaus, er hatte also kranke Babys und ihre Eltern aus nächster Nähe erlebt. Ähnlich wie Mary dürfte ihn wenig aus der Fassung bringen, vermutete ich, trotzdem erzählte ich ihm meinen Ausfall vor dem Altar lieber nicht.

Ich kochte ihm einen Pott Tee und nahm Immie auf den Schoß, um sie zu füttern. Mark und ich sahen ihr zu, wie sie die Flasche hinunterschluckte. Und da sie in der Kirche für uns beteten, erzählte ich ihm von meiner letzten Einkaufstour, als ich gedacht hatte, dass es vielleicht doch aufwärts ginge mit Imogen: Ohne zu schreien hatte sie fast eine Stunde lang in die Lampen geschaut. »Ich wette, du guckst immer gern ins Licht, stimmt's?«, sage er, und dann zu mir gewandt: »Wenn es im Krankenhaus besonders schlimm war, habe ich mich in einen leeren Therapieraum zurückgezogen und auf die Matratze gelegt. Da kommt manchmal beruhigende Musik aus den Lautsprechern, es ist sehr dunkel, und man kann an die Decke mit ihren Spiegeln und kleinen Leuchtsternchen schauen. Richtig magisch.«

In den Geschäften gab es schon Weihnachtssachen, ich kaufte eine große Drehscheibe voller Lämpchen, die mit unterschiedlicher Geschwindigkeit in unzähligen Kombinationen aufleuchteten, verbrachte einen ganzen Morgen damit, die Kabel durch die Gitterstäbe des Laufstalls zu flechten und Glöckchen dranzuhängen. Dann stellte ich die Lichtlaube an die Lautsprecher und legte Paco de Lucia auf. Immie drückte den Rücken durch, als ich sie in den Laufstall legte, brüllte und registrierte offenbar weder die Musik noch die Lichter. Ellie setzte sich hinein und war fasziniert von dem Stroboskop-Effekt, den sie durch Drehen der Scheibe erzielte.

Als Jay abends heimkam, fragte er: »Was soll das?«

»Wenigstens versuche ich, etwas für sie zu tun.«

»Warum akzeptierst du nicht, dass sie es nicht sieht?«

»Weil ich damit klein beigeben würde.«

»Quatsch, es wäre nur realistisch.«

»Wie willst du das wissen? Keiner hat gesagt, dass sie nichts sieht.«

»Warum reagiert sie dann nicht?«

»Früher hast du behauptet, sie hätte dich angelächelt.«

»Da habe ich noch nicht gewusst, dass ...«

»Aber du weißt es auch jetzt nicht, wir wissen bisher nichts Genaues.«

»Ich weiß, dass sie leidet.«

»Deswegen müssen wir ja was für sie tun.«

»Das nährt nur falsche Hoffnungen, Julia.«

»Es ist ein Gebot der Elternliebe.«

Schweigen. Sally wäre stolz auf mich gewesen, mein Heiligenschein leuchtete hell. Und dann schob ich noch etwas nach, streute Salz in die Wunde: »Wenn du nichts anderes im Sinn hast, als deine Tochter umzubringen, kann ich auf keinen Fall die elterliche Sorge mit dir teilen.«

Der Streit um Immie war eskaliert, für mich wurde meine, juristisch gesehen, alleinige Verantwortung zum Symbol für den Unterschied zwischen Jay und mir: Ich war nicht zuletzt durch den rechtlichen Status an mein Kind geschweißt, Jay war frei.

»Willst du heute Nacht das Kissen auf sie legen?«, stichelte ich.

»Wenn du es zulässt«, parierte er den Hieb.

»Dann wirst du zum Mörder.«

»Ja.«

»Du bist ein verdammter Mörder, Jay.«

»Wie du meinst.«

»Du bist verrückt.«

»Ich ertrage es nicht, ich kann damit nicht leben.«

»Dann entferne ich sie besser aus deiner Nähe.«

»Nur zu.«

»Wenn du mit ihr nicht unter einem Dach sein kannst ...«

»Wie gesagt: Nur zu.«

»... ohne Mordgelüste!«

»Nimm sie!«

Ich schnappte mein Baby und die Tasche mit den ganzen Babyutensilien für unterwegs und ging in die frostige Nacht hinaus, immer noch schäumend vor Entrüstung. Nadine war in ihrem Haus, das wusste ich, mein Glück – wo hätte ich sonst hingehen sollen?

Ihr Cottage war voller Umzugskisten, die Zimmer ungemütlich ohne Bücher und Vorhänge. Wir setzten uns an den offenen Kamin und löffelten Immie Zuckerwasser in den Mund – sie hatte an dem Tag viel erbrochen und weigerte sich, die Flasche anzunehmen. Gegen Mitternacht legten wir eine Matratze in die Mitte des Raums auf den Fußboden, und ich kuschelte mich mit Immie unter die Daunendecke. Ich fühlte mich, als wäre ich von zu Hause ausgebüchst, um einen Liebhaber zu treffen.

Am nächsten Morgen setzten wir uns an den Küchenherd und redeten. Ich müsse Geduld haben, Jay würde die Kurve noch kriegen, er sei ein netter Mann, sagte Nadine. Ich schämte mich ein bisschen für das ganze Drama. Sie meinte, ich dürfe mich von dem Baby nicht vollständig beherrschen lassen. Aber ich wies ihren Rat weit von mir, die gesunden Familienmitglieder, meine Arbeit, meine Freizeit, alles hatte sich Immie unterzuordnen. Wie eine Wölfin, die ihr Junges verteidigt, sagte ich.

Der Vergleich hinkt, dachte ich später, als ich wieder allein war. Wölfe hören irgendwann auf, kranke Junge zu schützen. Ihr Instinkt sagt ihnen, dass sie sie loswerden müssen, um selbst zu überleben, um weitere Junge großzuziehen. In einer Zeitschrift war mal ein Artikel über ein behindertes Orang-Utan-Baby, das von seiner Mutter zurückgewiesen und von einer Menschenfrau adoptiert worden war. Die Äffin interessierte mich an der Geschichte mehr als meine Artgenossin. Genetisch waren die Unterschiede zwischen mir und der Orang-Utan-Mutter nicht sehr groß.

Die Ablehnung war unterschwellig seit jenem Juli-Morgen dagewesen, als ich sie aufs Bett geworfen hatte. Der Hass auf Imogen war eine natürliche, tierische Reaktion. Das Bedürfnis, sie mit dem Kopf gegen die Wand zu knallen, kam aus einem primitiven Überlebensmechanismus. Und es gab keinen Grund, warum diese Gefühle nicht erneut hochkommen sollten.

Immie war mit Schlafmitteln vollgepumpt und lag in ihrer Wiege neben meiner Seite des Bettes. Jay schlief seit einiger Zeit schon wieder auf seiner Seite. Ich rutschte vorsichtig zu ihm hinüber und flüsterte seinen Namen. »Jay, Jay!«

»Ja.« Er war offenbar schon wach gewesen.

»Wir könnten es zusammen tun, es wäre ganz einfach.«

»Ja.«

»Wir ersticken sie, jetzt, mit einem Kissen.«

Er seufzte und drehte sich zu mir um. »Wir kämen ins Gefängnis.«

»Ich würde auf Unzurechnungsfähigkeit plädieren.«

Er packte meine Arme. »Das Risiko ist viel zu groß. Denk an Elinor.«

Ich rollte mich wieder auf meine Seite. An Schlaf war nicht mehr zu denken, wir lagen da im Dunkeln, jeder auf seiner Seite, und lauschten dem Atem unseres Babys.

♦ ♦ ♦

Ich ging kaum noch aus dem Haus, ich konnte diese sanften Hügel nicht mehr ertragen, zwischen denen Immies Gehirnzellen zerstört worden waren. Bitter dachte ich daran, dass diese Landschaft mir wie ein kleines Paradies vorgekommen war, in dem nichts Böses geschehen konnte. Als Mark, der Vikar, zu Besuch kam, sagte ich: »So was passiert in den Cotswold Hills nicht, oder?«

Er antwortete: »Meiner Erfahrung nach schon.«

Und dann fiel mir Sarah wieder ein. Sarah lebte in den Cotswold Hills, sie war so alt wie ich und der erste Fall von Zerebralparese, mit dem ich persönlich zu tun hatte. Sie lebte in dem Bauernhaus neben meinen Großeltern, die wir damals jedes Wochenende besuchten, und dabei gingen wir oft zu ihr hinüber, ein komisches Mädchen, das nicht sprechen konnte, sondern stöhnte und mit den Armen auf die Steinfliesen schlug. Sie war lang und dürr, ihre Lippen zu einem schrägen Lächeln verzerrt und die Augen nach oben verdreht. Schaltete ihre Mutter das Radio ein, hörte sie konzentriert auf die Musik, und wenn ein Stück in Moll gespielt wurde, weinte sie manchmal. Sarah erkannte den Unterschied zwischen Dur und Moll, für mich war sie ein Engel, der auf die Erde gefallen war.

Sarahs Mutter verließ selten das Haus, aber es kamen oft Leute wie wir zu Besuch. Ich erinnere mich an ihr Lächeln, es war breit und herzlich. Aber sie hatte sehr schlechte Zähne, und ihr Haar war so dünn, dass man die Kopfhaut sah. Erst jetzt merkte ich, wie schwer sie es gehabt haben musste, eingesperrt mit ihrem Kind.

Ich erzählte Mark von meiner Scheu auszugehen und dem Gefühl der Vereinsamung. Er sagte, das erinnere ihn an Menschen, die nahe Angehörige verloren hätten. Der Vergleich war eine Offenbarung: Natürlich, wir waren Hinterbliebene. Wir hatten Immie – die gesunde Immie – bei der Geburt verloren. Als ich mir das eingestand, spürte ich eine große Erleichterung. Bisher hatte ich gleichsam passiv getrauert, ein Trauerfall verlangte Aktivität, und ich brauchte Aktivität. Ich brauchte das Eingeständnis, dass ich ein Kind verloren hatte, ihr intaktes Gehirn, ihre Gesundheit, eine Gesundheit, die sie in meinem Bauch noch gehabt hatte. Mark hat mir ermöglicht, aktiv zu trauern.

Als ich mich an meinen Computer setzte, um den Bericht über die Geburtsnacht für den Rechtsanwalt zu schreiben, nutzte ich dies für die aktive Trauerarbeit. Auf dem Weg zwischen dem Geburtshaus und Banbury war Imogens Gehirn nach und nach abgestorben, weil sie nicht genug Sauerstoff bekommen hatte. Ich stellte es mir so vor wie die Dahlie von Clares Freund, ein Ring gelber Blütenblätter nach dem anderen wurde schwarz, von außen nach innen. Welche Fähigkeit saß auf jedem Blütenblatt? Die Feinmotorik war als Erste beim Teufel. Als wir an Hook Norton vorbeirasten, wurde vielleicht gerade ihre Fähigkeit zerstört, präzise greifen zu können … die Fähigkeit, Brombeeren zu pflücken. Bei Deddington starb das Zentrum für die Armbewegungen ab, an der Ecke in South Newington das für die Beine … Das mit dem Laufen war gelaufen für die Kleine. Und dann? Während wir die Ortseinfahrt nach Banbury passierten, das Sprachzentrum, erst die ganzen Sätze, dann Zweiwortsätze, auf der Kuppe sogar jede Artikulationsfähigkeit. Fort, vorbei. Wie viele Gedanken und Gefühle starben in Immie ab, als ich stehend im Rollstuhl in den Kreißsaal gefahren wurde?

Es ist ziemlich verwirrend, um ein Baby zu trauern, das noch lebt und direkt vor deiner Nase liegt. Irgendwie hat man das Gefühl, etwas Verbotenes oder Unmoralisches zu tun, schließlich ist es ja nicht tot. Noch nicht. Aber jeder Tag bringt neue Details, die mit meinen Hoffnungen und ihrer

Zerstörung durch größere Probleme zusammenhängen. Beispielsweise wisperte mein trauerndes Ich jedes Mal, wenn Ellie »Mummy« sagte: »Das wird Immie nie sagen.« Also zehn-, vielleicht zwanzigmal am Tag dachte ich etwas, von dem Virginia Nicholas gesagt hatte, das könne ich nicht wissen. Aber ich brauchte Gewissheit. Die Trauer war gesünder als Hoffnung.

Ich träumte, ich hätte ein Bündel bunter Luftballons in der Hand und ließe einen nach dem anderen fliegen. Langsam und bedächtig lasse ich einen los, er steigt in den klaren Himmel, ich sehe ihm nach, bis er außer Sichtweite ist, er steht für das Stillen. Der zweite entschwebt – mein Gesicht, oder genauer meins und ihrs, verbunden im Lächeln, dem wonnigen, liebevollen Lächeln zwischen Mutter und Kind. Der dritte steht für meine Arme, die Imogen umschließen und trösten … Jeder Ballon ist ein Körperteil, eine Erwartung, die mit ihm und Immie verbunden ist. Einen nach dem anderen lasse ich fliegen und starre in den leeren blauen Himmel.

KAPITEL 6

Taufen und Traumata

Donnerstag, 31. Oktober. Ich hatte ein paar Kürbisse für Halloween aufgehoben, aber ich höhlte und schnitzte sie nicht selbst, sondern überließ es Holly, weil ich hoffte, ihr eine Freude zu machen. Ihr gegenüber hatte ich ein schlechtes Gewissen, ich hatte ihr immer noch nicht reinen Wein eingeschenkt, was Immies Behinderung betraf, es war einfach zu schön, dass wenigstens eine Person im Haus nicht von Sorgen niedergedrückt wurde. Sie war jung, sie liebte Kinder. Obwohl sie sich nichts anmerken lassen wollte, war mir klar, dass sie sich langweilte mit der freudlosen Aufgabe, ein ständig brüllendes Kind Stunde um Stunde zu schuckeln. Es war erstaunlich, dass sie die Monotonie so lange durchgehalten hatte.

Ich sah ihr zu, wie sie mit Elinor das orangefarbene Fruchtfleisch und die Kerne herauslöffelte und dann mit dem kleinsten Küchenmesser absolut symmetrische Augenhöhlen und einen netten Mund mit Haifischzähnen schnitzte. Sie dachte sogar an Vertiefungen im Boden des Kürbisses für die Teelichter. Ich war traurig, dass ich nicht selbst mit Ellie bastelte, aber froh, Holly ein bisschen Zufriedenheit im Job zu vermitteln. Schließlich schoben zwei leuchtende Köpfe Wache an unserer Tür, und mit Einbruch der Dunkelheit kamen die ersten Maskierten, Kinder aus dem Dorf, die an die Tür klopften und ihr Verschen sangen:

Trick or treat, Smell my feet, Give me something good to eat.

Ellie quietschte vor Entzücken und Angst.

Die Gespenster inspizierten die Gaben und verschwanden im Dunkeln. Am nächsten Morgen entdeckten wir die Kürbisse zertreten auf dem Rasen und angetrockneten Porridge auf der Windschutzscheibe. Ich fand das nicht lustig, im Gegenteil, ich war stinksauer, dass irgendwelche Nachbarn sich an unserem Eigentum vergriffen, obwohl wir ihnen ihre verdammten Bonbons gegeben hatten. Zu Mark sagte ich, es fühle sich wie der Ku-Klux-Klan an. Er versicherte mir, das ganze Dorf sei dagegen, und das besänftigte mich etwas, ich merkte, dass ich überreagierte und die ganze aufgestaute Frustration in sämtliche Lebensbereiche drang.

Mark der Vikar wollte mit mir über Immies Taufe reden. Ich dachte seit einiger Zeit darüber nach, wollte, dass sie seinen Segen bekam, das wäre gut, vielleicht sollte sogar Elinor getauft werden. Jay kam dazu, und das Gespräch wandte sich Immies Zukunft zu. Allein wagten Jay und ich uns nicht an dieses Thema heran, zu sehr eskalierte das in bitterbösen Auseinandersetzungen. Aber wenn Mark dabeisaß, waren wir sicher, so weit hatten wir uns dann doch unter Kontrolle. Jay gestand, dass er sich überhaupt nicht vorstellen könne, Imogen auf Dauer zu versorgen. Ich merkte, wie sich mir die Nackenhaare aufstellten, mir lag auf der Zunge: »Alles, was uns geschieht, ist Gottes Wille«, aber ich brachte das Wort Gott dann doch nicht über die Lippen. Stattdessen sagte ich: »Es ist wohl mein Schicksal, dass ich mich um sie kümmere.« Mark schwieg eine Weile, dann sagte er: »Vielleicht auch nicht, vielleicht ist es einem oder einer anderen vorherbestimmt.«

Diese Antwort hatte ich nicht erwartet. Ich hatte angenommen, er würde für mich Partei ergreifen und Jay kritisieren, der ein wehrloses Kind abwies. Hatte das Christentum die mütterliche Selbstaufopferung nicht gefördert, wenn nicht gar erfunden?

»Einem oder einer anderen vorherbestimmt.« Ich erinnerte mich an das demütigende Notfall-Wochenende, als wir Immie bei einer Pflegemutter vom Social Service abgegeben hatten. Das Schlimmste für mich war die Vorstellung gewesen, dass die Pflegemutter liebevoller mit meinem Kind umging, als es mir selbst möglich war, dass man auf meine Mutterliebe verzichten konnte. Wenn Mark das meinte, nein danke. Diese Schande wollte ich mir nicht noch einmal zumuten.

♦ ♦ ♦

Freitag, 1. November. Mein Leben hatte eine Wendung zum Besseren genommen. Meine Freundinnen waren das Defilee der Fachkräfte, die Immie besuchten, alle anderen waren auf Eis gelegt. Wenn das dreckige Geschirr im Spülbecken überquoll, wenn ich mittags noch im Morgenrock war, es war mir egal. Mary kam mit einem Formular, um finanzielle Unterstützung wegen Immies Behinderung zu beantragen, viele Kästchen waren auszufüllen, die Probleme beim Füttern, die notwendigen Medikamente, die Pflegeanforderungen und so weiter mussten beschrieben werden. Ich überließ es Mary, sie wusste besser als ich, was die Entscheidungsträger hören wollten. Sie meinte, wir würden wahrscheinlich den Höchstsatz bekommen, 56,25 Pfund pro Woche. Das waren elf zusätzliche Babysitterstunden, rechnete ich, aber was wir machen sollten, wenn Holly wegzog, wusste ich nicht.

Judith kam mit einer anderen Krankengymnastin zu uns, sie hatte gekündigt und übergab ihre Fälle. Ich war verärgert und sagte es ihr. Ich sei es nicht gewöhnt, Fremden zu vertrauen. Was ich denn jetzt machen solle? Meine Loyalität jemand anderem schenken? Ich ermahnte mich selbst, in Zukunft nicht mehr so naiv zu sein.

Die Krankengymnastinnen legten Immie aufs Bett, abwechselnd streckten sie ihre Beine, indem sie sie an der Wade packten und die Gelenke bewegten. Das Medikament für die Muskelentspannung schlage an, darin waren sie sich einig, obwohl Kinder leider am Anfang oft gut reagierten und die Wirkung dann nachließ. Die Neue fragte, ob Immie oft so blinzle? Blinzeln – den Ausdruck hatte Candice in der Perinatalstation gebraucht, als die epileptischen Anfälle begannen. Der Brutkasten in Banbury kam mir in den Sinn, Immies strampelnde Beine, meine Beruhigungsversuche.

Immie wurde aufs Kissen gelegt, ihr Kopf rollte auf die Brust. Plötzlich wurde er hoch- und über ihre rechte Schulter geschleudert, und dabei flatterten die Lider, als wäre ihr etwas in die Augen geflogen. Ich zog den Vorhang vors Fenster und entschuldigte meine Tochter: »Ihre Augen bewegen sich manchmal ziemlich verrückt.«

»So zum Beispiel?«

»Es kann sein, dass sie schielt, wenn sie fokussieren will.«

Zu dritt beobachteten wir Immie, die den Kopf rollte. Es war definitiv anders als damals in Banbury.

»Ich bin nicht sicher«, sagte Judith, »aber es kann sein, dass sie epileptische Anfälle hat. Sie sollten Virginia Nicholas anrufen.«

Mein Gott, war ich wirklich nicht in der Lage, das Leid meiner Tochter zu erkennen? Ich hob sie hoch und brachte ihr Gesicht dicht an meines. Ihr Kopf drehte sich wie eben gegen den Uhrzeigersinn, und tatsächlich: Sie blinzelte.

Dr. Nicholas sei auf Station, sagte mir die Schwester, aber der Rückruf ließ nicht lange auf sich warten. Als ich die Bewegungen beschrieb, sagte die Ärztin: »Sie sollten sie einliefern.«

»Wo?«

»Bei der Notaufnahme.«

»Wieso das?«

»Das ist der Weg, um in die Kinderklinik zu kommen. Viel Glück!«

Das klang endgültig. Nicht zur Perinatalstation sollten wir sie bringen, sondern in die Pädiatrie. Der Umweg über die Unfallklinik beschleunigte den Vorgang vermutlich. Wir fuhren auf direktem Weg zum JR. So hätte es vor fünf Monaten gewesen sein sollen, als Imogen geboren wurde. Jay ließ mich am Portal aussteigen und suchte einen Parkplatz. Die Notaufnahme wurde umgebaut, die halbe Eingangshalle war von staubigen Plastikplanen eingehüllt. Vor jedem Schalter standen lange Schlangen. Mit dem Kindersitz durfte ich direkt durchgehen.

»Ja?«, sagte die Angestellte, ohne aufzuschauen.

»Mein Baby hat wahrscheinlich epileptische Anfälle.«

Keine Reaktion.

»Schauen Sie!« Ich stellte Immie in ihrem Sitz auf den Tresen und drehte sie zu der Frau hin. Sie blickte über den Brillenrand.

»Name?«

Nach fünf langen Minuten mit Formularen wurde ich wieder an der Schlange vorbei zu einem Nebenraum geführt.

»Wartezimmer für Angehörige« stand an der Tür, der Raum hatte keine Fenster, war aber voller Menschen, alle mit vor Entsetzen und Sorge weit aufgerissenen Augen. Ich strebte in die hinterste Ecke, wollte mich dort auf den Boden setzen und Immie die Flasche geben. Kaum dass ich saß, wurden die Angehörigen hinauskomplimentiert, wahrscheinlich mussten sie mit ihren angstgeweiteten Augen im Flur herumstehen. Immie und ich waren allein.

Eine Viertelstunde später betrat eine entwaffnend junge Ärztin das Zimmer, die ziemlich gestresst aussah. Hatte sie auch einen Vierundzwanzig-Stunden-Dienst hinter sich? Ihr kastanienbraunes Haar hätte einen Kamm gut vertragen. Wir könnten bald auf Station, sagte sie, Imogens Bett sei gleich bereit. Sie wollte mich wohl aufmuntern und versuchte, Konversation zu machen. »Krabbelt sie schon?« Krabbeln! Kaum ein Baby krabbelt mit fünf Monaten, geschweige denn eins mit Epilepsie. Mein frostiges »Nein« würgte die Plauderei ab.

Es wurde spät. Ellie musste vom Kindergarten abgeholt werden. Ich wollte gehen, aber Jay erinnerte mich daran, dass ich als Sorgeberechtigte bei Imogen bleiben müsse, es gebe bestimmt noch einiges zu unterschreiben. Er zahlte es mir heim, dass ich ihm in unseren Krächen meinen rechtlichen Status unter die Nase gerieben hatte: Wenn ich meiner besonderen Stellung so viel Wert beimaß, bitte schön, hier hatte ich Gelegenheit, mich zu beweisen. Und er war auf und davon, um nach unserem gesunden Kind zu sehen. Scheiße. Ich war also auf dem besten Weg, mich mit meiner Fürsorglichkeit selbst in die Enge zu treiben.

◆ ◆ ◆

Dann endlich die Pädiatrie. In der Ecke gab es ein Bett für uns – normale Größe, nur an den Längsseiten waren Stangen angebracht, damit das Baby nicht herausfallen konnte. Imogen schien sich zu beruhigen, vielleicht erinnerte sie die warme, gedämpfte Geschäftigkeit, das Piepsen der Geräte und das gestreute Licht an die Perinatalstation. Der Neurologe kam, ein mittelalter Mann mit einem sanften Singsang in der Stimme, nüchtern, ernst, aber freundlich. Er bat mich, Imogen auszuziehen und aufs Bett zu legen, damit er ihre Beinmuskulatur prüfen könne. Sie schrie nicht, was mich überraschte, normalerweise wurde sie fuchsteufelswild, wenn man sie auf den Rücken legte. Aber dieses Mal war sie ganz ruhig und entspannt, erinnerte mich an damals, als ich sie das allererste Mal gesehen hatte, nur größer und stärker.

Mr. Randle wickelte sie in eine Decke und gab sie mir zurück. Ich saß in dem Stuhl neben dem Bett und beantwortete seine Fragen, er machte sich Notizen in einem kleinen Büchlein, fragte nach meinem Beruf, nach Jays Beruf, ob unsere Eltern noch lebten, was sie taten, wie alt unsere ältere Tochter sei. Er horchte auf, weil die Musik in unserem Leben so wichtig war. Er wollte sich offenbar ein umfassendes Bild von Immies Familie verschaffen, unseren Empfindlichkeiten, unserem wahrscheinlichen Umgang mit schlechten Neuigkeiten über Immie. Ich hatte keine Angst, ich war dankbar, weil er sie als Familienmitglied betrachtete.

Nach der Befragung kam Immies Betreuerin hinzu und wollte vom Doktor wissen, was sie zu tun hatte. Ohne Umschweife erklärte er, ihr Gehirn sei wahrscheinlich sehr stark geschädigt, er habe sich die Akte angesehen und die Krankengeschichte studiert. Als Nächstes müssten eine Computertomografie von ihrem Kopf gemacht und verschiedene Tests durchgeführt werden, damit er sich ein genaues Bild verschaffen könne. Er war höflich und gab mir das Gefühl, alles akzeptieren zu können, was er sagte.

Randle ging davon aus, dass Imogen dauernd Anfälle hatte, er sprach vom West-Syndrom, und meinte, sie müsse sofort behandelt werden. Seiner Erfahrung nach entwickelte die Mehrheit der Kinder in einer vergleichbaren Verfassung bis zum zweiten Lebensjahr eine schwere chronische Epilepsie. Es überraschte mich nicht, es passte zu den Informationen über Mikrozephalie, die ich mir im Internet zusammengesucht hatte. Ob sie lange im Krankenhaus bleiben müsse, fragte ich. Ja, sagte er, so stark hirngeschädigte Kinder würden große Teile ihres Lebens im Krankenhaus verbringen. Das traf mich, ich war selbst überrascht, wie sehr mich diese Neuigkeit verstörte. Es sei Freitag, fuhr der Arzt fort, also könne er die Tests erst in der kommenden Woche beginnen, aber dann eine zuverlässige Diagnose stellen. Ich konnte auf einmal nur noch an die Taufe denken, wir hatten sie für diesen Sonntag geplant, und ich wollte plötzlich unbedingt, dass Imogen getauft wurde. Ob wir sie – bitte! – für den Sonntag heimholen dürften, damit die Zeremonie stattfinden könne? Randle drehte sich zur Schwester um: »Sie darf an dem Tag raus, für den einen Tag.«

Dann wandte er sich wieder mir zu. Es gab eine kurze Pause, vielleicht eine Sekunde lang. Etwas Wichtiges kündigte sich an, und dann sagte er es, klar und direkt: »Sie wird nie sprechen oder laufen.« Endlich, dachte ich. Endlich habe ich die Gewissheit, um die ich Joelys Eltern beneidet habe. Die lange Zeit der Irritation, mein Pessimismus, meine Tränen hatten mich auf diesen Moment vorbereitet. Der Rückblick gab mir Auftrieb und – Ruhe. Meine Trauermuskulatur war inzwischen so gut trainiert, dass ich nicht weinen musste, sondern abschlaffte – wie bei Imogen wich die Anspannung, die sich in meinem Bauch festgesetzt hatte, aus meinem Körper.

♦♦♦

Draußen war es schon dunkel. Immies Krankenschwester brachte mir eine Styroportasse mit gesüßtem Tee. »Sie machen sich bestimmt große Sorgen«, sagte sie, »aber es ist nicht so schlimm, wie man es sich vorstellt. Meine Nachbarin hat ein Kind, das weder sprechen noch laufen kann. Er ist ein netter Bengel.«

»Wie alt?«

»Elf oder zwölf, nehme ich an. Sie bekommt viel Hilfe.«

»Welche Hilfen?«

»Er ist einen Teil der Zeit im Internat, glaube ich …«

Sie wusste es nicht. Keiner der hier beschäftigten Menschen wusste, wie das Leben von Familien wie der unseren aussieht. Sie kannten den alltäglichen Kampf bei uns zu Hause nicht.

Ich sah mich auf der Station um. Ungefähr ein Dutzend Kinder, in den Stühlen daneben Erwachsene mit aschgrauen Gesichtern. Manche hielten ihrem Liebling die Hand und wünschten sich wohl, sie könnten das Aua einfach fortpusten. Viele der Kinder hingen an Maschinen, manche wimmerten. Ein acht- oder neunjähriges, rappeldürres Mädchen wurde von seinem Tropf getrennt und von seiner Mutter gestützt, während ihm die Schwester einen Mantel anzog. Die beiden Frauen redeten aufmunternd auf die Kleine ein. Das Kind lächelte, als es in den Rollstuhl gesetzt wurde, krank wie es war, durfte es doch nach Hause.

Die junge Frau am Bett neben mir wollte Kontakt zu mir, wollte reden. Nach einer Woche im Krankenhaus gab es immer noch keine Diagnose für ihren kleinen Jungen, erzählte sie. Sie und ihr Mann würden abwechselnd bei ihm übernachten. Obwohl der Fernseher lief, lag der Junge auf der Seite und starrte in die Ferne. Er war wohl zwei oder drei. Sie hätte gern im Gegenzug meine Geschichte erfahren, aber ich hatte keine Lust. Zum Glück wurde mein Schweigen von ihrem Mann unterbrochen, der mit einigen Plastiktüten eintraf. Das Paar breitete verschiedene Schachteln und Dosen auf dem Bett aus und aß zu Abend. Ihr Sohn zeigte keinerlei Interesse.

Es waren diese Alltagsdetails, die mich fertigmachten – der Mantel, die Vorräte aus dem Supermarkt. Der Kontrast zur leeren Neutralität der Perinatalstation hätte größer nicht sein können. Dort lagen die Babys in Plastikräumchen, ihre Bewegungen (und ihr Leiden) waren kaum wahrnehmbar – ätherische Wesen, wie hatte es Sylvia Plath in ihrem Gedicht ausgedrückt? Ah ja, *farther off than Australia*. Aber hier bekam man alles mit, man sah und hörte genau, was passierte. Diese Kinder waren draußen gewesen, sie hatten dort gespielt, gegessen und getobt. Ihnen fehlte die Außenwelt. Wenn die Perinatalstation die Vorhölle war, dann war das hier eindeutig die Hölle.

Die Schwester kam wieder. »Wir haben einen Elternraum, ich habe Ihnen ein Bett besorgt, es gibt dort einen Schrank, in den Sie Ihre Sachen einschließen können.«

Ich sah mir Immie an, die in dem riesigen Bett döste. Es ist ganz gleich, ob ich hier bin oder nicht, dachte ich, ich kann nicht Händchen halten wie die anderen Eltern, sie würde es nicht einmal merken. Sie war hier glücklich, ich nicht. »Ich glaube nicht, dass ich über Nacht bleibe«, sagte ich.

Die Krankenschwester war überrascht. »Die meisten Eltern wollen das.«

»Ich muss mich um meine andere Tochter kümmern. Ich kann Ihnen zeigen, was bei Imogen zu beachten ist …«

»Einem oder einer anderen vorherbestimmt«, hatte Mark der Vikar gesagt. Nadine, Holly, die Pflegemutter, die Schwestern … Candice Walker in Banbury war die Erste gewesen, seither wurde mein Baby immer von anderen mitbetreut. Ich war ihre Mutter, aber ich war nicht unabdingbar, ich war es nie gewesen.

Als ich an den Eltern mit ihrem Picknick vorbeiging, sah ich ihnen nicht in die Augen. Ich hängte meinen Heiligenschein an den Nagel.

♦ ♦ ♦

Anne war bei uns zu Hause und saß am Küchentisch. Sie war auf ihrem Weg vom Farmhaus zur Kirche so oft an dem Cottage vorbeigelaufen, aber sie war noch nie hereingekommen. Sie wolle uns etwas Gutes tun, sagte sie, ob es uns recht sei, wenn sie die Kirche für die Taufe der Mädchen schmückte? Ich war von ihrem Angebot gerührt, wollte die Rechnung für die Blumen übernehmen. Nein, beharrte sie. Dann suchte sie das Weite.

Ich machte das Beste aus meiner Freiheit und zog das Zu-Bett-Gehen mit Ellie in die Länge. Sie wollte mit mir baden; wir produzierten so viel Schaum in der Wanne, dass wir ein Schneegebirge auf dem Wasser und weiße Bärte wie der Nikolaus hatten. Frisch gebadet, die Haut weich und warm, lag Ellie im Bett und ließ sich ihre Haare von mir in kleine, nasse Locken ringeln.

»Erzähl mir eine Geschichte, als du klein warst«, sagte sie.

»Du fängst an«, sagte ich, »erzähl mir, was ich machen soll.«

»Du liegst im Bett.«

»Und was passiert?«

»Da ist ein Tiger. Der Tiger kommt ...«

»Um mich zu fressen?« Ich reiße die Augen vor Angst auf.

»Ja, schnell, versteck dich!«

»Ein Tiger, ein Tiger ...« Und wir zogen uns die Decke über den Kopf.

In dem gemütlichen Zelt umarmte ich sie und sagte, ich hätte sie so lieb. Und sie sagte: »Mummy, du drückst zu doll.«

Als sie eingeschlafen war, saßen Jay und ich ohne Baby am Feuer. Die Aussagen von Randle überraschten ihn nicht. Immie würde ein sehr, sehr schweres Leben haben, sagten wir, fünf Monate hatten wir ja schon miterleben müssen. Wir redeten über Abtreibungen; wenn die Behinderung durch einen genetischen Defekt verursacht und dieser während meiner Schwangerschaft entdeckt worden wäre, hätten mir die Ärzte eine Abtreibung angeboten, auch in einem sehr späten Stadium. Sie wären bereit gewesen, das Kind in meinem Bauch zu töten, und hätten es als Akt der Gnade gesehen.

Damals hätte ich das abgelehnt, das Gefühl, das Leben in mir beschützen zu müssen, wäre übermächtig gewesen. Nach Immies Geburt war mir der Luxus solcher Tugendhaftigkeit fremd geworden, mein Körper hatte ihre Aussichten auf ein gesundes Leben zerstört, hatte sich als destruktiv erwiesen, nicht als mütterlich. Um die ganze Pein zu vermeiden, wäre ein Abort in der Tat eine Gnade gewesen.

So kamen wir fast automatisch zu dem Schluss, dass es keinen Sinn hatte, Immie am Leben zu erhalten, dass sie von ihrer leidvollen Existenz erlöst werden sollte. Es war seit

Wochen, eigentlich seit meiner Fantasie, sie an die Wand zu schlagen, unser Grundgefühl gewesen, instinktiv hatten wir gewusst, dass ihr Leben es nicht wert war, gelebt zu werden. Im Krankenhaus, wo man uns den Beweis geliefert hatte, mussten sie ihr erlauben zu sterben.

♦ ♦ ♦

Am nächsten Morgen warteten Jay und ich neben Immies Bett auf den Arzt. Wir saßen nebeneinander auf den niedrigen Stühlen, und ich fühlte mich meinem Partner nach langer Zeit wieder sehr nah. Er nahm meine Hand, wir saßen schweigend da, eher ein älteres Ehepaar als eines, das vor kurzem ein Kind bekommen hat.

Im Bett gegenüber half die Schwester einem bis auf eine Windel nackten, kahlköpfigen Jungen auf die Füße. Am Abend zuvor hatte ich ihn übersehen, er schlurfte an der Hand der Schwester barfuß durch die Station. Sein ganzer Körper war dunkelgelb, in der Farbe von Kurkumapulver. Sein rundliches Gesicht erwiderte mein Lächeln. Vielleicht hatte er Leberkrebs oder sonst eine tödliche Krankheit. Wo waren seine Eltern?

Ein Schwarm Weißkittel bog um die Ecke: der Arzt mit Assistenten. Jay holte sein Notizbuch heraus, er hatte sich alles, was er sagen wollte, aufgeschrieben und wollte umgekehrt die Antworten schriftlich festhalten. Von den Treffen mit Virginia Nicholas wussten wir, wie schwer es ist, sich an das Gesagte zu erinnern, wenn es einen in Panik versetzt. Aber es war nicht Mr. Randle, sondern das Samstagsteam, angeführt von dem Nachbarn meiner Eltern. Ich hatte natürlich gewusst, dass er hier arbeitete, er hatte mich besucht, als Immie auf der Perinatalstation lag. Er würde meine furchtbare Entscheidung verstehen. Wir beobachteten ihn, wie er sich umdrehte und den Kollegen etwas erzählte, wahrscheinlich briefte er sie mit Informationen zu unserem Fall. Dann kamen sie in unsere Ecke.

»Ich treffe dich nicht gern hier«, begann er.

Ich blickte hoch und sagte mit dünner Stimme: »Sie soll keine Medikamente mehr bekommen.«

Pause. Sein Blick schweift ab, meidet er den Augenkontakt? Ich bin in Alarmbereitschaft, versuche herauszufinden, was er denkt. Gleichzeitig läuft alles wie in Zeitlupe, weit weg und verschwommen. Vielleicht habe ich mir ein Zögern auch nur eingebildet, irgendwann fragte er jedenfalls: »Wir sollen auf der Akte ›nicht reanimieren‹ vermerken?«

»Ja.«

Ich erinnere mich an seine Erklärung, dass Imogen in diesem Fall keine Antibiotika bekäme, wenn sie einen Infekt hätte. Aber ich hatte viel mehr gemeint. Wenn ich doch nur den Mut gehabt hätte, es zu sagen: dass auch die Epilepsie nicht behandelt werden sollte, dass sie sich ungehindert verschlimmern durfte, bis ein gewaltiger Anfall ihre Atmung zum Stillstand brachte. Dafür war das West-Syndrom doch gut, es konnte dem Leiden ein Ende setzen.

Aber ich traute mich nicht, ich war schwach und klein wie sie.

Der Arzt holte sich bei der Stationsschwester Immies Akte. Es war ganz leicht, hatte eine gewisse Ähnlichkeit mit dem Ende eines Abendessens, während man dem Kellner zusieht, wie er die Rechnung schreibt. Nur langsamer. Wahrscheinlich, dachte ich, bin ich bei denen jetzt unten durch, die Rabenmutter, die ihr Kind hier liegen lässt und heimfährt, die sich nicht kümmert. Jetzt war es auch noch schriftlich dokumentiert.

Wir holten uns unten in der Kantine zwei Tassen schwarzen Kaffee und rauchten draußen unter dem blöden Vordach eine Zigarette. Im Regen erkannten wir einen Mann aus unserem Dorf, Martin, den Schreiner. Sein Gesicht war vom Weinen verschwollen. Sein Vater sei hier, erklärte er, er hätte gestern Abend starke Darmblutungen bekommen, aber die ganze Nacht auf den Rettungswagen warten müssen. Wir hätten ähnliches Pech gehabt, fünf Monate früher, sagten wir. Martin meinte, es sei klar, was dahinterstecke: »Schaut mal bei der Notaufnahme vorbei, bevor ihr fahrt«, sagte er, »die Rettungswagen stehen in der Auffahrt mit den Patienten drin Schlange, sie lassen sie so lange wie möglich warten, und das kann Stunden dauern. Das ist die neueste Masche, wer noch im Rettungswagen liegt, ist offiziell noch nicht auf der Warteliste für eine Behandlung. Für die Regierung zählt nur, wie schnell die Warteliste abgearbeitet wird, solange das JR das erfüllt, bekommt es seine Zuschüsse. Also kaufen sie nicht genug Rettungswagen, und die kleinen Leute haben das Nachsehen.« Auf der Rückfahrt sahen wir die Schlange.

♦ ♦ ♦

Meine Töchter wurden am Morgen getauft. Ich rief Mark an und erzählte ihm die Diagnose. Jetzt muss er die Predigt umschreiben, dachte ich, und jede Hoffnung rausstreichen. Ellie hatte ein neues Kleidchen, es lag auf ihrem Bett und daneben, noch nicht ausgepackt, bunte Strümpfe à la Pipi Langstrumpf. Für Immie hatte mir meine Mutter ein altes edwardianisches Taufkleid gegeben, ein Familienerbstück, es hing an der Schranktür in der Verpackung von der Reinigung. Granny hatte es getragen, meine Mutter und ich. Jetzt war mein Baby dran.

Während ich es aus dem Plastik holte, dachte ich an die Beziehung zwischen der ersten und der letzten Trägerin. Imogen war in dem Krankenhaus geboren worden, in dem Granny zehn Jahre zuvor gestorben war, und wir hatten ihr Grannys Namen als Zweitnamen gegeben – Cecile. Und ich dachte über beider Mütter nach.

Ein Jahrhundert zuvor hatte meine Urgroßmutter in Irland ihren Wonneproppen in dieses Kleidchen gesteckt und zur Kirche getragen, um ihn taufen zu lassen. Ungefähr ein Jahr später verließ sie ihr Kind. Stand einfach auf und ging weg, niemand wusste, warum. Der Vater, Kind seiner Zeit, hatte keine Ahnung von der Erziehung, und Granny litt, wurde von Pontius zu Pilatus geschickt und stand schließlich mit elf Jahren allein vor der Tür ihrer Mutter, die zu diesem Zeitpunkt einen Wirtschaftsprüfer geheiratet hatte und in London lebte. Die Mutter hätte sie aufnehmen können, aber sie schickte sie wieder weg. Es hieß, es sei ihr scheißegal gewesen.

Das eigene Kind verstoßen, das war die Leiche in unserem Keller. Über Generationen hinweg war das Echo jener ein Jahrhundert zurückliegenden Grausamkeit noch zu hören. Dieses Erbe hatte ich im Hinterkopf, als ich Immie allein in der Pädiatrie liegen ließ, als ich sie der Pflegemutter in Banbury gab, immer hatte ich im Hinterkopf, dass nur eine Mutter, der es »scheißegal« ist, etwas so Unnatürliches tut.

Granny sei hochgradig reizbar gewesen, sagten alle. Und das läge an ihrer Mutter, sagten sie. Zum zweiten Mal verstoßen, verbrachte meine Großmutter den Rest ihrer Kindheit in einem Internat und trat schließlich eine Gouvernantenstelle in

Afrika an. Dort lernte sie meinen Großvater kennen, mit dem sie drei Kinder hatte. Sie muss Glück erfahren haben, aber die Zurückweisung hinterließ ihre Spuren. Mama (das Nesthäkchen) sagte, sie könne sich nicht daran erinnern, dass sie ihre Mutter je in den Arm genommen hätte. Sie sei sehr bedürftig und oft krank gewesen. Bei Mamas Geburt bekam sie eine Mastitis und vertraute ihr Kind einer afrikanischen Amme an.

Ich konnte mich gut an meine Großmutter in ihren letzten Jahren erinnern, die in den Cotswold Hills den Lebensabend verbrachte: eine schöne Frau, die ihre Gefühle gut versteckte. Sie knuddelte einen nicht oder spielte mit einem, wie das andere Großmütter tun. Sie liebte die Kreuzworträtsel im Guardian und las Erstausgaben gewichtiger, intellektuell anspruchsvoller Bände, machte mit Bleistift Randnotizen in ihrer eleganten, altmodischen Handschrift. Mit elf Jahren saß ich bei einer Aufführung des Musicals »Oliver« neben ihr. Mein Bruder stand allein unten im vorderen Bereich der Bühne. Mit der Unschuld eines Chorknaben sang er die Klage eines von der Mutter verstoßenen Kindes, »Where is Love?«, das Publikum applaudierte, und ich zupfte meine Großmutter am Ärmel, weil ich so stolz auf ihn war. Aber sie schüttelte mich ab, ihre Gesichtszüge verzerrt vom Heulen. Lange Zeit glaubte ich, ich wäre daran schuld gewesen, bis Mama mir sagte, nein, dass sei wegen der Mutter ihrer Mutter geschehen.

◆ ◆ ◆

Sonntag, 3. November. Jay fuhr früh zum Krankenhaus, um Immie zu holen. Ich entschied mich für die neuen Jeans und ein schwarzes Samtjackett. Es hätte besser zu einer Beerdigung als zu einer Taufe gepasst. Immie hatte denselben

Strampler aus Fleece an wie an dem Tag, an dem ich in der Kirche Gott angeschrien hatte. Ich beschloss, Grannys Taufkleid hängen zu lassen und Immie nicht umzuziehen.

Es war sonnig und für die Jahreszeit ungewöhnlich mild. Die Pflanzen waren nur noch ein Schatten ihres sommerlichen Seins, aber der Rasen wucherte zum letzten Mal in diesem Jahr. Während ich mit den Kindern die Straße hinuntereilte, trödelte Jay mit seiner Familie hinterher. Er war wieder in dieser kalten, aggressiven Stimmung und wollte nichts mit meiner Zeremonie zu tun haben. An der Kirche warteten meine Eltern und andere Verwandte, Freunde aus Ellies Kindergarten und sogar ein paar Freunde aus London. Nadine war aus Wales angereist. Clare kam mit einem weißen Mercedes angefahren, sehr schick mit Anzug und Sonnenbrille. Holly hatte Geschenke und ihre fröhliche Mutter dabei. Ich war erstaunt, dass so viele Menschen gekommen waren, aber zu zerstreut, um mit ihnen zu reden. Nadine begleitete mich und die Kinder durch den Mittelgang und grüßte den Rest der Gemeinde. Ob die wohl noch jeden Sonntag für uns beteten? Als ich mich in der vordersten Bank niedergelassen hatte, drehte ich mich um. Die Kirche mit ihren rosafarbenen, sonnenbeschienenen Wänden war bis auf den letzten Platz besetzt.

Lächerlich in meinem unpassenden Aufzug, erhob ich mich beim ersten Lied: *Dear Lord and Father of Mankind; forgive our foolish ways … Take from our souls the strain and stress …* Herr, vergib uns, nimm Angst und Sorge von uns … Ich hörte kräftige Stimmen in dem Chor hinter mir. In den Monaten seit Immies Geburt hatte ich den Kontakt zu diesen Menschen verloren und nicht mehr daran gedacht, wie wichtig sie für mein Leben waren. Jetzt spürte ich ihre Liebe, die mir und meiner kranken Tochter galt. Die Gefühle überwältigten mich; während die Melodie immer höher kletterte, bekam ich einen Kloß im Hals, konnte nicht weitersingen, sondern musste mich voll darauf konzentrieren, das Schluchzen zu unterdrücken. Während der ganzen Messe kippte meine Stimme jedes Mal, wenn ich dachte, ich hätte mich wieder unter Kontrolle, und mitsingen wollte.

Als sich die Gemeinde um das alte Taufbecken versammelte, zog ich eine Grimasse, die ziemlich stark der meiner Mutter ähnelte, wenn wir früher in der Kirche waren. Das Taufbecken war mit weißen Freesien und Astern, altrosa Rosen und den skelettartigen Blättern des Silbergreiskrauts geschmückt. Anne überragte die Menge, zufrieden mit der Schönheit, die sie für uns gezaubert hatte. Mark hob meine Töchter nacheinander über das Becken, um ihre Stirn zu begießen wie hundert andere zuvor. Ellie war verschreckt, Immie ruhig, sie mochte das kühle Wasser und das Plätschern, mit dem es in die Schale zurücktropfte. In demselben Anzug wie damals, als ich Gott seine Grausamkeit vorgeworfen hatte, empfing sie jetzt seinen Segen. Ich erinnerte mich an den Gedanken, der mir direkt am ersten Tag gekommen war, als ich Immie auf dem Reanimationstisch betrachtete: Sie gehörte Gott, sie war nicht mein Kind.

Bei der Kommunion defilierten wir durch das Chorgestühl zum Altar, vorbei am ältesten Grab in der Kirche. Seit fast vierhundert Jahren lag der steinerne Ritter dort, Seite an Seite mit seiner Gattin. Das Grab hatte Elinor schon immer fasziniert, die lebenden Kinder des Paares knieten über ihnen, entlang der Einfassung lagen drei Miniaturfiguren, alle mit einem Spitzenhäubchen. Das waren ihre toten Babys.

◆◆◆

Montagmorgen, die Krankenhausmaschinerie lief auf Hochtouren. Ich stellte keine Fragen, es war einfacher, sich zu fügen. Im Erdgeschoss wurde Immie sediert und vor die Öffnung einer großen weißen Röhre gelegt. Die Röntgenassistentinnen verschwanden in ihren Schutzzonen, ich blieb in der toxischen Luft, während mein Kind hineingeschoben wurde. Das hatten sie auf der Perinatalstation x-mal mit ihr gemacht und ihr Gehirn scheibchenweise gescannt, von unten nach oben. Später fuhren Jay und ich sie quer durch die Stadt zu einer anderen Abteilung, in der Dutzende von Elektrokabeln an ihrem Kopf befestigt wurden und die Ärzte an einem Fernsehschirm nach Anzeichen für epileptische Anfälle suchten. »Braves Mädchen«, sagten sie alle fortwährend.

Wieder im Parterre des Haupthauses angekommen, warteten wir auf die Ernährungsspezialisten, die von anderen CP-Kindern und deren Eltern umringt waren. Ich war von diesen größeren Ausgaben von Immie fasziniert, ein Vater hatte sich seinen halbwüchsigen Sohn über die Schulter geworfen; dessen Arme reichten fast bis auf den Boden. Eine schicke junge Mama schob ihren sechs- oder siebenjährigen Jungen in einem schicken dreirädrigen Buggy, der natürlich für kleinere Kinder konzipiert war. Sie hatte offenbar ein herzliches Verhältnis zu den Schwestern, großes Hallo, als sie ins Sprechzimmer trat. Der Vater ließ seinen Sohn behutsam von der Schulter in den Schoß gleiten und fütterte ihn geduldig mit einer Banane. Diese Zärtlichkeit rührte mich sehr. Ich musste an Sarah, den gefallenen Engel meiner Kindheit, auf ihrem Küchenboden denken.

Als wir endlich an der Reihe waren, saß der Professor für Ernährung mit verschränkten Armen hinter seinem Schreibtisch, umgeben von einer Studentengruppe, die sich in ihren

Stühlen fläzten. Ich solle bitte die Auffälligkeiten schildern, die meine Tochter beim Füttern zeige. Ich gehorchte, auch wenn ich befürchtete, dieses hochkarätige Publikum würde meinen Bericht nicht sonderlich aufregend finden. Als ich geendet hatte, präsentierte der Professor seinen Jüngern eine Reihe von Krankheitsbildern, unter denen meine Tochter leiden könnte. Ich merkte, wie die Panik in mir hochkroch, Angst, etwas nicht zu verstehen oder mir nicht alles Wichtige merken zu können. Hätte ich doch nur mein Notizbuch mitgenommen! Es schien etliche Möglichkeiten zu geben – alle mit sehr langen Bezeichnungen –, die man ausprobieren könnte. Fürs Erste wurde eine junge Frau damit beauftragt, für uns ein Fütterprogramm zusammenzustellen, mit dem sich das Erbrechen reduzieren ließ. Sie begleitete mich zu Immie in der Ecke der pädiatrischen Station und sagte: »Bald sind Sie die eigentliche Expertin, was die Ernährung, Medikamentierung und so weiter Ihrer Tochter betrifft. Die Mütter wissen immer mehr als die Ärzte.«

Ich hatte die schlafende Immie im Schoß, als Randle zu mir kam. Er fragte wegen meiner in der Akte notierten Bitte nach, sie nicht wiederzubeleben. Das ist wahrscheinlich meine letzte Chance, dachte ich, meine Überzeugung durchzusetzen, dass man Immie sterben lassen sollte. Die Taufe hatte mich in diesem Gefühl bestärkt. »Ich will, dass man der Natur ihren Lauf lässt«, sagte ich. Er war nachdenklich, vielleicht verstand er es.

Dann meinte er: »Man weiß nie, was passiert. Ohne Medikamente kann sie vielleicht keine Nahrung mehr aufnehmen, aber es wäre ein extrem langsamer Tod und vermutlich auch ein sehr schmerzhafter. Hier im Krankenhaus gibt es niemanden, der dabei zusehen würde.« Er blickte zu den Schwestern in ihrem Kabäuschen hinüber. »Sie würden sich weigern, das Baby sich selbst zu überlassen, es ist ihr Job, sich um Kinder wie Imogen zu kümmern.«

Ich blickte auf meinen Schoß und erkannte, was die Schwestern sahen, ein kleines Engelchen, das Hilfe brauchte. Aber sie wussten doch auch, was Immie bevorstand. Sie hatten ständig mit schwer geistig behinderten Kindern und deren Leid zu tun. Kam ihnen nie der Gedanke, dass der Tod Teil ihrer Fürsorge sein konnte? Jemanden gut zu betreuen heißt in manchen Fällen sicherlich, ihn gehen zu lassen.

1963 hat meine Mutter meinen Bruder gehen lassen. Die Wehen waren so traumatisch verlaufen, er sah so tot aus, dass man keine Reanimation versuchte, sie brachten seinen Leichnam einfach weg. Das Kind (es wurde Martin genannt) hätte ein so schweres Leben vor sich gehabt, dass man es ihm besser ersparte: So werden sie gedacht haben. Meine Eltern hatten immer die Meinung vertreten, dass es besser für ihn war, dass er nur gelitten hätte. Sie trösteten sich damit über den Verlust ihres Erstgeborenen hinweg. Denselben Trost hört man nach einer Fehlgeburt – der Fötus war beschädigt, heißt es, es ist besser, wenn solch ein Baby erst gar nicht geboren wird.

Wäre Martin einige Jahrzehnte später geboren worden, hätten ihn die Ärzte zwanzig Minuten lang reanimiert, bevor sie ihn aufgegeben hätten. Das Risiko lohnt sich in ihren Augen, denn die meisten so Geretteten sind später völlig gesund. Selbst die schrecklichsten Geburten, selbst die inkompetenteste Betreuung von Mutter und Neugeborenem könne aufgefangen werden, es gebe viele positive Beispiele, sagen die Ärzte.

Es finden sich wohl noch andere Gründe, warum Martin im Gegensatz zu seiner Nichte neununddreißig Jahre später nicht gerettet wurde: Es war die Zeit der geburtenstarken Jahrgänge, die Generation meiner Eltern produzierte mehr Nachwuchs, als im Vereinigten Königreich unterzubringen war, aber heutzutage ist es umgekehrt. Und deswegen ist jedes Neugeborene so wertvoll, dass man alles daransetzt, es durchzubringen. Heutzutage muss ein Arzt, der ein Neugeborenes sterben lässt, mit einem Gerichtsverfahren rechnen. Und die Gerichte entscheiden wahrscheinlich für das Leben – gleichgültig, welche Lebensqualität das Kind zu erwarten hat. Und dann sind da noch die Manager des Gesundheitswesens: Es ist ein Wettbewerbsmarkt, Säuglingssterblichkeit ist schlecht fürs Renommee einer Klinik, die Kinder müssen am Leben bleiben, was auch immer es für sie später bedeutet.

Vielleicht hat mich die Wut zynisch werden lassen. Tatsache ist, dass ich meine Eltern um den Tod ihres Sohnes beneidete. Um die einfache, endgültige, tröstliche Endgültigkeit dieser Totgeburt.

♦ ♦ ♦

Dienstag, 5. November. Randle wartete schon auf der Station, als Jay und ich eintrafen. Er wollte uns die CTs zeigen. Auf dem Weg zu seinem Zimmer winkte er ins Stationszimmer, die Schwestern zuckten fragend mit den Schultern, welche er denn brauche? »Die, die sich mit dem Fall am besten auskennt«, sagte er, und Imogens Pflegerin stand auf. Sie tat mir leid, geschockte Eltern zu begleiten war wahrscheinlich nicht unbedingt ihre Berufung. Als sich die Bürotür hinter uns schloss, setzten Jay und ich uns gegenüber des Schreibtischs auf die Stühle, die Schwester ließ respektvoll den Stuhl neben mir frei und setzte sich ein Stück abseits.

An der Wand hing eine Reihe von Röntgenaufnahmen, das Drehbuch zu Immies Kopf. Von links nach rechts zog sich ein monochromes Foto nach dem anderen mit Querschnitten durch ihr Gehirn, allesamt zeigten sie eine perfekte Ellipse, bis auf die mittleren Fotos: Hier wurde der glatte Umriss des Schädels von den Augenhöhlen mit den Augäpfeln unterbrochen.

Randle nahm uns mit auf die Reise, die die CT zurückgelegt hatte: erst die Wirbelsäule, dann der gräuliche Knubbel des Stammhirns, dem Kontrollzentrum für die wichtigsten Lebensfunktionen wie Herzschlag und Atmung. Je höher die CT kam, desto mehr schrumpfte das Grau zusammen und wich totaler Schwärze.

Auf der Höhe ihrer Augäpfel war das Grau ganz verschwunden, nur am Rand war es heller, es wirkte auf mich wie Fransen um ein schwarzes Deckchen. Dabei blieb es bis zum Schädeldach, alles schwarz. Der Neurologe erklärte. Dort, wo alles schwarz war, hätte sich eigentlich Immies zerebraler Cortex befinden müssen, der fransige Rand waren die kläglichen Überreste.

Schwarz – das Ende des Spektrums. Keine Unsicherheit, keine Verwirrung. Die Farbe war tief, verführerisch, total. Die Schönheit dieses Bildes zog mich an. Ich spürte, dass ich dem Auge des Sturms nahe war, in dem ich seit Monaten herumgewirbelt wurde. Die irritierende Erstarrung, die ich bei ihrer Geburt empfunden hatte, war endlich in Stille umgeschlagen, in Unschuld und Liebe. Wir hatten einen Punkt der Reinheit erreicht, Imogen und ich, einen Punkt, zu dem niemand sonst vordringen würde.

Jay eröffnete die Diskussion. »Kann es sein, dass diese Entwicklung schon bei der Empfängnis einsetzte?« Er suchte die Schuld bei sich – ein defektes Spermium.

»Nein, das glaube ich nicht, diese Art von Schädigung ist typisch für ein Geburtstrauma.« Jay war also freigesprochen.

»Kann sie wie Christopher Nolan werden?«, Jay dachte an den irischen Autor, der trotz zerebraler Kinderlähmung eine Autobiografie verfasst hatte – nicht zuletzt dank seiner Mutter.

»Nein«, sagte der Arzt, »das ist ausgeschlossen. Der Schaden ist so groß, dass Imogens kognitive Fähigkeiten komplett zerstört sind. Genau genommen hat sie keine Intelligenz.«

»Wie lange wird sie leben?«

»Wenn sie die nächsten eineinhalb Jahre überlebt, kann sie das Erwachsenenalter erreichen, zwanzig Jahre oder mehr.«

»Wird sie uns je erkennen?«

»Andere Eltern mit Kindern wie Imogen sagen, sie würden sie erkennen.«

»Und wie steht es mit der Pflege eines solchen Kindes? Was sagen andere Eltern dazu?«

»Dass es sehr schwer ist. Es gibt nie genug Hilfe.«

Jetzt hatte ich eine Frage.

»Sehen Sie an diesen Bildern, wie Imogen ohne die Schädigung geworden wäre?«

»Wie ist Ihr erstes Kind?«

»Lebenslustig, verspielt …«

»So wäre Imogen auch gewesen.«

Er sprach über das West-Syndrom, unkoordinierte elektrische Impulse jagten durch ihren Schädel, er erklärte die Schwierigkeiten bei der Behandlung von Epilepsie, dass man nur mit Versuch und Irrtum die richtige Medikamentierung herausfände, dass die Tabletten Nebenwirkungen hätten … aber er könne uns zusichern, dass wir Immie in ein paar Tagen nach Hause holen könnten. Mir platzte plötzlich der Kragen.

»Erwartet man von mir, dass ich mein Baby mit heim nehme und füttere?«

Nach einer vorsichtigen Pause antwortete Randle: »Ja.«

»Das hat nichts mehr mit dem Elternsein zu tun.«

»Da denken viele Eltern anders.«

Randle behielt Imogen eine ganze Woche zusätzlich im Krankenhaus. Er wollte mir Zeit geben, mich mit der Situation abzufinden. Ich erinnere mich nur noch an die wahnsinnige Anstrengung, die es mich kostete, die Station zu durchqueren, einen Fuß vor den anderen zu setzen, den Knopf zu drücken, der die Sicherheitstür entriegelte, und das Auto zu erreichen. Jay fuhr schweigend zum Haus meiner Eltern, die auf Elinor aufpassten. Als wir in die Straße einbogen, kam mir meine Mutter entgegen. Ich kletterte noch immer wie in Zeitlupe aus dem Wagen und ließ mich von ihr in den Arm nehmen. Sie murmelte die ganze Zeit: »Es tut mir leid, es tut mir so leid.«

♦ ♦ ♦

Wir wollten das Leben so normal wie möglich weiterführen. Also hielt ich in den Tagen nach der CT die Routinen aufrecht: kochen, putzen, Ellie beschäftigen. Meine Unterleibsschmerzen waren weg, dafür hatte ich jetzt Kopfweh. Es ging nicht weg, das ist Immies leerer Kopf, dachte ich. Und die CTs gingen auch nicht weg. Holly organisierte ein Feuerwerk, und im Rahmen unseres Wir-wollen-ganz-normal-weiterleben-Projekts gingen Jay und ich mit Elinor hin. Die Stimmung war festlich, an dem feuchten, kalten Abend wurde viel gelacht. Ich aß ein Hotdog und wanderte mit Ellie auf den Schultern durch die Menge. Als das Feuerwerk begann, legte ich den Kopf in den Nacken, und mein aufgeregtes Kleinkind legte die Ärmchen um meinen Hals, um nicht herunterzufallen. Die Gesichter dicht beieinander, beobachteten wir die hellen Leuchtspuren am pechschwarzen Novemberhimmel. Bei jeder Explosion sah ich die wunderschönen Spitzen, die von Immies grauen Zellen übrig geblieben waren und das schwarze Loch ihres verlorenen Bewusstseins wie eine Aura umschlossen.

Nachts wurde die CT noch aufdringlicher. Die dunklen Wände im Schlafzimmer ähnelten der Schwärze in Immies Schädel, wenn ich wegdämmerte, zogen sie sich langsam zusammen, wie die Blende einer Kamera, und kurz bevor sie sich komplett schlossen, zog sich die Schwärze wieder zurück, aber dieses Mal so weit, dass ein riesiger Hohlraum entstand, in dem ich gestrandet dalag.

Als ich meiner Mutter davon erzählte, sagte sie: »Sie hätten dir die CTs nicht zeigen dürfen, das war zu viel.« Aber wie hätte ich es dann erfahren sollen?

Zu diesen Gefühlen kamen Gedanken, die mich seit Randles Diagnose Tag und Nacht verfolgten.

»Genau genommen hat sie keine Intelligenz.« Ich musste akzeptieren, dass bei Immie das Organ zerstört war, in dem Gedanken und Gefühle entstehen. Ich versuchte mir vorzustellen, was das bedeutet – die grundlegendsten Eigenschaften zu verlieren, die zum Menschsein dazugehören. Ein *Homo sapiens* – der nicht denken kann? Ohne das Großhirn konnte das Stammhirn nur die primitivsten Funktionen steuern – Verdauung, Schlafen, Atmen. Vielleicht spürte sie Wärme und Licht, Weichheit und Härte, Dinge, die auf die Physis wirkten. Falls sie Trauer oder Einsamkeit oder Angst haben sollte, dann nur als Reflex des Überlebenswillens. Sie hatte keinen Begriff von dem, wer oder was sie war oder was ihr widerfuhr.

Gehirntransplantationen, darüber dachte ich intensiv nach. Man kann eine Niere oder ein Herz ohne allzu große Schwierigkeiten transplantieren, aber kein Gehirn. Man kann sich unters Messer von Schönheitschirurgen legen und die gesamte äußere Erscheinung umoperieren lassen. Aber das Gehirn kann man nicht wechseln und nicht ersetzen, es gehört einem allein. Wir sind unser Gehirn. Ohne Gehirn sind wir nicht mehr.

Randle hatte sich auf die Aussagen von Eltern berufen, deren ähnlich geschädigte Kinder sie angeblich erkannten, aber das war eine Ausflucht, überlegte ich mir. Er konnte es unmöglich ernst meinen, als Arzt musste ihm klar sein, dass Immie ohne Großhirnrinde keine Beziehung zu anderen Menschen aufbauen konnte. Ohne Selbstbewusstsein konnte sie auch uns nicht erkennen, jedenfalls nicht in sinnvoller Weise. Doch Randle hatte genug Eltern erlebt, er wusste um ihr Bedürfnis danach, dass ihre Kinder sie erkennen oder wenigstens bemerken. Sonst kann man sich nicht um ein Wesen kümmern, dass weder Hoffnung noch Erwartung rechtfertigt. Es ist eine Projektion, sonst nichts.

Ich konnte und wollte mich nicht so betrügen, sondern suchte nach anderen Wegen, um meine Tochter zu akzeptieren. Dass Immies Gehirn zerstört war, hieß für mich, dass sie ihre Einmaligkeit als Person verloren hatte, aber ich glaubte an ihre Seele. Ich stellte sie mir als einen wabernden Geist vor, der in dem nutzlosen Körper des Kindes gelandet war, ohne sich irgendwie ausdrücken zu können. Diese Seele war etwas von mir Getrenntes, jener Teil von ihr, den ich Gott zuschrieb. Und der Ort, den sie sich zum Wohnen ausgewählt hatte, war Imogens malträtierter Körper, das Fleisch und Blut, das ich ausgetragen und geboren hatte.

Das lateinische Wort *mater* hat sich in vielen europäischen Sprachen nicht nur zu dem Wort für Mutter, sondern auch zu dem Wort für Materie weiterentwickelt. Materie ist der Stoff, aus dem wir sind. Mein eigen Fleisch und Blut sagen wir und meinen unsere Kinder. Dieses Fleisch und Blut war über Monate in mir herangewachsen, bevor andere damit in Kontakt kamen. Und einmal geboren, war das Verhältnis so symbiotisch geworden, dass ich sie noch immer als Teil von mir empfand. Ihr Körper hatte Zellen von meinem, in meinem waren noch Zellen von ihrem. Ihr bleicher, nagelneuer Körper war wie ein Ast, der aus meinem Kernholz wuchs.

Ich saß in der Pädiatrie mit dem sedierten Baby auf dem Schoß und stellte mir wieder ihren Tod vor. Aber dieses Mal beschäftigte er mich nicht als Erlösung, sondern ich dachte an die Wiederauferstehung. Ich betrachtete den kurkumafarbenen Jungen im Bett gegenüber und dachte: Er braucht nur eine Leber. Vielleicht wird er sterben, weil sie nicht rechtzeitig eine passende Leber für ihn auftreiben. Wenn wir ihm Immies Leber geben könnten, würde er ein glückliches, aktives Leben führen, und seine Eltern könnten ihn ordentlich großziehen. Ein ganz normaler, gesunder Junge.

Aber ich wusste natürlich, dass ich das nie tun würde. Niemand würde mir erlauben, Körperteile meiner Tochter einem anderen Kind zu schenken. Ich musste mich mit ihrer Existenz abfinden, hier und jetzt, so einfach war das. Auch wenn ich sie für eine lebende Tote hielt – sie wusste es Gott sei Dank nicht besser.

KAPITEL 7

Wege durchs Dickicht

Mittwoch, 6. November. Holly nahm Ellie mit zu ihrer Mutter und überließ mich einer segensreichen, erwachsenen Stille. Ich hatte vergessen, wie still das Haus war, wenn Immie nicht schrie. Aber ich wollte die Hände nicht in den Schoß legen. Kaum eine Woche blieb mir, bevor sie zurückkam, bis dahin wollte ich wieder Herrin der Lage sein.

Die CTs waren so endgültig, an ihnen war nichts zu rütteln. Jetzt hatte ich die Diagnose, die mir bei den ersten Telefonaten mit den Hilfsorganisationen gefehlt hatte. Mit ihr konnte ich herausfinden, was die Zukunft für uns bereithielt.

Als Erstes rief ich das Beratungstelefon von SCOPE an; diesmal hatte ich einen Mann an der Strippe, der sehr aufmerksam zuhörte und ebenso unparteiisch wie informiert antwortete. Der nächste Ansprechpartner für mich wäre der Social Service, der würde für uns einen Pflegeplan entwickeln. In Großbritannien gab es rund hunderttausend Kinder, die den Höchstsatz bekamen; wie groß die Zahl derer war, die so schwer behindert waren wie Immie, war nicht bekannt, vielleicht mehr, vielleicht weniger als hunderttausend. Jeder Bezirk hatte andere Kriterien und stellte andere Hilfen zur Verfügung.

Randle habe recht, meinte der Berater, genug sei es nie, ich solle mich darauf einstellen, dass ich um alles und jedes kämpfen müsste. Er nannte mir seinen Vornamen, Gerald, und sagte, ich könne mich zu ihm durchstellen lassen, wenn ich die SCOPE-Hotline anrief.

Ich wollte Jay mit in die Suche einbeziehen, wie es mit Imogen weitergehen würde, er sollte seinerseits die Hotline anrufen. Am Abend sagte er, sie hätten ihn abgewiesen, sie seien kein Sorgentelefon.

Ich hatte SCOPE eigentlich nicht angerufen, um mir emotionale Entlastung zu verschaffen, sondern wollte Informationen, doch in dem Augenblick, in dem sie Jay abwiesen, wusste ich, an wen ich mich wenden konnte – Gerald war bereit, mir zuzuhören. Unsere Gespräche drehten sich um Zukunftsängste, manchmal erzählte ich jedoch auch, was mich aktuell beschäftigte. Einmal bekannte ich ihm gegenüber meine Eifersucht auf alle, die ein gesundes Kind hatten.

»Daran müssen Sie sich gewöhnen«, sagte er, »wenn Leute aus Immies Jahrgang einen Schulabschluss machen oder eigene Kinder bekommen … Ihr Baby wird nicht …« Er verlor den Faden. Oje, dachte ich panisch, wie werde ich damit klarkommen? Mit wem kann ich dann darüber reden?

Unsere einzige Therapie bisher waren die paar Sitzungen bei der Paarberatung mit Jay im Sommer gewesen. Nie hatte ich daran gedacht, sie für mich allein in Anspruch zu nehmen, vielleicht wäre es gut, überlegte ich, denn die Hotline reichte nicht. Ich sollte mir einen geschützten Ort schaffen, an dem ich um mein Baby trauern könnte. Zum Glück hatte Mary es bereits begriffen und brachte den Prospekt einer gemeinnützigen Organisation in Oxford mit, die sich um Eltern und Babys kümmerte, die an Wochenbettdepressionen litten. Taktvoll sagte sie, dass mein Fall etwas anders gelagert sei, nichtsdestoweniger sei es ein wichtiges Projekt und ein sinnvoller Beitrag zur nationalen Forschung. Sie stellte es so dar, als würde ich ihnen einen mindestens ebenso großen Gefallen tun wie sie mir. Ich rief dort an und vereinbarte einen Termin.

Doch die Therapie war ein langfristiges Projekt für mein angeschlagenes, trauerndes Ich. Kurzfristig musste ich mehr Kraft beweisen als je zuvor. Ich hatte bis Dienstag der darauffolgenden Woche Zeit, bis dahin musste ich die Hilfe zumindest angeleiert haben. Dank Seroxat, das ungefähr wie ein Schutzschild aus Plexiglas funktionierte, war ich bereit für den Kampf.

♦ ♦ ♦

Mary hatte mir noch etwas anderes mitgebracht: eine dicke, grüne, abwaschbare Kladde mit dem Titel »Kinder mit speziellen Bedürfnissen – Informationen für Eltern«. Noch bevor ich sie aufschlug, war ich schon in Rage: Mir stieß das Wort »speziell« bitter auf, seine schleimigen Zischlaute, seine Sentimentalität. Die Definition im Wörterbuch lautet »herausgehoben, alle anderen übertreffend«. Es gibt also Leute, die bereit sind, Kindern wie Immie solche Qualitäten zuzuschreiben. »Oh«, gurren die mitfühlenden Seelen, »sieh sie dir an, sie sind wirklich etwas Besonderes!« Sie können es sich leisten, sie müssen ihrem zurückgebliebenen Nachwuchs nicht zwanzig Jahre lang die Windeln wechseln. Sie müssen nicht um jeden noch so kleinen Fortschritt kämpfen. »Behindert«, nein, Immie war völlig unfähig. Lernschwierigkeiten, tja, wie soll jemand etwas lernen, wenn er kein Gehirn hat? Für mich war das Ding mit Euphemismen nur so gespickt, pathetische Sprechblasen sollten klaffende Wunden verpflastern.

Ich öffnete die Kladde mit ihren steifen Klammern, die jederzeit Aktualisierungen zuließen, und blätterte durch die

Seiten. Die Informationen waren übersichtlich und gut aufbereitet, am Anfang wurden Begriffserklärungen geboten und die Akronyme aufgelöst. Ich sah mir den Abschnitt »Ins System kommen« an. Eine Grafik verdeutlichte die komplizierte Beurteilung von *speziellen* Bildungsbedürfnissen, ihr folgte eine Liste von *speziellen* Schulen, die zur Auswahl standen, und dann wurden die Angebote von Kinderkliniken und Sozialdiensten, Logopäden und Beschäftigungstherapeuten ausführlich beschrieben.

Wenn Immie zu Hause gewesen wäre, wäre ich vielleicht direkt darauf angesprungen; entnervt von ihrem ständigen Geschrei, hätte ich den Telefonhörer abgehoben und mich ins System begeben. So aber hatte ich die Ruhe, um nachzudenken. Und ich dachte: »Das ist nichts für mich, das ist für Leute, die ihre Kinder kennen und wissen, wonach sie suchen. Aber mich stößt schon der Jargon total ab.«

◆ ◆ ◆

Donnerstag, 7. November. Der Geburts- und Todestag meines älteren Bruders. Die Sozialarbeiterin kam und erklärte, sie sei letztlich nicht für die Familie, sondern für Imogen zuständig. Ich saß mit demonstrativ leeren Armen im Stillstuhl, während Jay auf und ab lief und unsere Ängste und Differenzen erklärte. Die Frau sagte gar nichts, und ich dachte, jetzt geht der Kampf los. Also klinkte ich mich ein und beschwerte mich, dass Amanda unsere Situation vor vielen Wochen beurteilt habe und seither – abgesehen von dem Notfall-Wochenende – absolut nichts passiert sei. Dabei hätte sie gesagt, dass wir alle vierzehn Tage ein solches Entlastungswochenende bekämen. Was damit sei?

Immies Sozialarbeiterin versuchte, uns zu beschwichtigen, sie und Amanda würden einen vollständigen Bericht einreichen und dann genau ermitteln, welche Hilfe uns zustünde. Solche Dinge brauchten leider ihre Zeit. Neben den Wochenendentlastungen könnten wir wahrscheinlich einmal pro Woche eine Haushaltshilfe beantragen. Ihr Jargon war unerträglich, ein personalisierter Betreuungsplan, der Rechtsanspruch, das Antragsrecht …

Ich schnitt ihr das Wort ab: Oxfordshire sei eine reiche County, schlecht bezahlte Stellen könnten oft nicht besetzt werden, selbst der Supermarkt im Ort hätte Probleme mit dem Personalmangel. Und der Pflegebereich sei vermutlich schlecht bezahlt und wenig beliebt. Ich hatte – das erzählte ich der Frau nicht – herausgefunden, dass Tracey für die Wochenendpflege rund 1 Pfund pro Stunde bekam. Was ein Betreuungsplan nütze, wollte ich wissen, wenn sich niemand fände, der die Arbeit tun wolle? Sie gab zu, dass das ein Problem werden könnte. Sie würde nächste Woche noch einmal vorbeischauen …

Wenn es nach den Behörden ging, war alles nur eine Frage der Zeit. Aber ich wollte nicht warten. Ich misstraute dem Jargon und den Informationsbroschüren, den Erklärungen und Beschwichtigungen. Seit Monaten hieß es, wir sollten nicht in die Zukunft planen, aber inzwischen hatte ich das Gefühl, dass man uns einfach nicht die Wahrheit sagen wollte. Für die Experten, die sich ganz und gar auf Immie konzentrierten, war es am besten, wenn ich nicht über den Tag hinaus plante. Und die Liebe zu meinem Baby mit der Zeit wie selbstverständlich in eine Betreuung rund um die Uhr fließen ließ. Durch fortwährendes Vertrösten steckten die Familien zehn, zwanzig Jahre lang in der Mühle, geschlagen mit einem Neugeborenen, das niemals erwachsen wird. Das spart dem Staat eine Menge Geld. Nein, ich wollte ihnen nicht in die Falle gehen.

Ich holte die grüne Kladde heraus und suchte nach unabhängigen Vereinen, die mir ein realistisches Bild geben würden. Auf der Liste standen Familienberatungsstellen und Selbsthilfegruppen, Pflegeheime und Pflegedienste. Als ich bei der nächstgelegenen externen Betreuungsstelle telefonisch durchkam, erklärte mir die Empfangsdame das neue, ziemlich komplizierte System: Betreiber war ein Kinderhilfsverein, Barnardo's, aber er arbeitete mit dem Council zusammen. Immie konnte frühestens mit sieben Jahren dort aufgenommen werden, aber nur für ein Wochenende im Vierzehn-Tages-Rhythmus, je nach Pflegestufe. Warum sie, fragte ich, als unabhängiger Verein nur Fälle aufnahmen, die ihnen von staatlichen Stellen zugewiesen wurden? Ich hätte bisher wenig Anlass gehabt, mich auf den Social Service zu verlassen.

Sie musste die Verzweiflung durchgehört haben. Ihre Stimme wurde weicher, zutraulicher. »Es ist so schwer für die Familien«, sagte sie. »Es gibt einfach zu viele Menschen, die auf Hilfe angewiesen sind. Wussten Sie, dass nur sechs Prozent der Familien mit behinderten Kindern überhaupt etwas bekommen? Und das ist dann oft nur eine Putzhilfe für paar Stunden. Wenn Sie Ihr Kind in einer Einrichtung betreuen lassen wollen, müssen Sie mit Zähnen und Klauen kämpfen. In ganz Oxfordshire gibt es ganze sechs Zentren wie unseres, und von denen werden drei demnächst geschlossen. Wir schließen auch, wegen Renovierung, aber wenn wir wieder eröffnen, müssen wir Kinder von dort übernehmen. Der Kuchen wird immer kleiner.«

»Warum werden die Einrichtungen geschlossen?«

»Kostensenkung, es geht doch immer nur um Einsparungen, nicht?!«

Sie gab mir die Nummer einer Bürgerbewegung, Eltern hatten sich zusammengeschlossen, um auf die Bedürfnisse von Familien wie meiner aufmerksam zu machen. Ich notierte mir die Telefonnummer hinten in Immies Still- und Schreitagebuch, das längst ausgedient hatte.

Dann rief ich Gerald bei der SCOPE-Hotline an und erzählte ihm, was ich herausgefunden hatte. Ob es in anderen Countys besser aussähe? Wir könnten es uns nicht leisten, die Betreuung selbst zu bezahlen, wir hätten aber durchaus die Freiheit, innerhalb einer vernünftigen Entfernung zu London den Ort zu wechseln. Ich war richtig stolz auf mein strategisches Vorgehen. Naja, sagte er, Cambridgeshire solle etwas großzügiger sein ... Aber ob ich mir überlegt hätte, was ein Umzug für meine ältere Tochter bedeuten würde? Nein, hatte ich natürlich nicht. Außerdem, fuhr er fort, würden die Sozialsysteme ständig umgebaut, es könne durchaus passieren, dass die Bedürftigkeitskriterien oder die Kostensätze am neuen Standort geändert würden. Genau das war in Oxfordshire vor kurzem geschehen. Gerald meinte, wir sollten besser bleiben und versuchen, uns mit der Sozialarbeiterin gut zu stellen, sie könne am meisten helfen. Wir hätten hier unseren Freundeskreis und unsere Familien, auf die wären wir mindestens so sehr angewiesen wie auf das System.

Freunde und Familie. Gerald hatte einen wunden Punkt getroffen, der meinen Kampfgeist dämpfte. Seit Nadine weggezogen war, gab es niemanden in unserem Freundeskreis, dem ich Immie hätte anvertrauen können. Mary und der Kindergarten hatten angeboten, mir Elinor zeitweise abzunehmen. Aber sie wollte ich nicht in Betreuung geben. Holly hatte ihre Arbeit mit bewundernswerter Gelassenheit gemacht, aber nachdem die Diagnose feststand, konnten wir nicht mehr so tun, als sei das ein normales Babysitting. Holly brauchte neue Aufgaben. Ich sah mich schon auf alle Ewigkeit an Immie gefesselt, ohne die nötigen finanziellen Mittel für eine professionelle Betreuung, während mein Sonnenschatz Elinor von einer hilfsbereiten Freundin zur nächsten durchgereicht wurde.

Und die Familie? Baby Joely hatte Tanten und Omas, es war in eine große Sippe hineingeboren, die reihum nach dem Kind sahen. Aber meine Familie war nicht so gestrickt. Keiner wohnte in der Nähe, alle hatten einen Beruf, ein eigenes Leben. Ich konnte mich nicht von ihnen abhängig machen.

Außerdem hatte das Ganze eine emotionale Seite. Ich hatte die Betroffenheit in meinem persönlichen Umfeld deutlich gespürt. Seit der ersten Vermutung, dass eine geistige Behinderung im Spiel sein könnte, herrschten Angst und Trauer, und meine Freunde bemitleideten nicht nur Immie, sondern auch mich. Das musste aufhören, schwor ich mir.

Ein Bekannter hatte sich nach einigen Monaten mal wieder gemeldet, wollte vorbeikommen und fragte, wie es Immie gehe. Ich musste lachen, ich lachte wie ein Maschinengewehr, es war ein Lachen, dass sich seit einigen Wochen in mir angestaut hatte.

»Sie hat keinen zerebralen Cortex.«

»Oh!«, sagte er und legte auf. Ein kurzer, heftiger Schock war das Beste. Es war sicherer, die Gefühle anderer Menschen auszusperren und mich selbst in sie einzusperren. Auf diese Weise bewahrte ich wenigstens Haltung.

Meinen Panzer durchbrach kaum jemand; wer das schaffen wollte, musste so hartnäckig sein wie ich. Manche versuchten es auf die praktische Tour, eine Freundin schickte zum Beispiel einen Prospekt, mit dem eine Praxis für Krankengymnastik bei uns in der Nähe für ihre »Intensivprogramme« mit gelähmten Kinder warb. Auf der Titelseite war ein Kind mit einem verzerrten Lächeln abgebildet. Eine andere Freundin sprach mir mehrmals aufs Band und pries ein Übungsprogramm, das wahre Wunder wirken sollte und geistig behinderte Kinder zu den Lernfortschritten anhielt, die normale Kinder spontan erreichten. Ich schrieb die Nummer in die Kontaktliste im Ex-Stilltagebuch. Sie wuchs rasch an, diese Liste, aber mit den meisten Nummern würde ich wohl nie etwas anfangen können, und das war meinen Freundinnen vielleicht sogar klar; sie wollten mir nur ihre Solidarität signalisieren.

Mark der Vikar gab mir die Telefonnummern von zwei Familien mit behinderten Kindern, die gern mit mir Kontakt aufnehmen wollten. Eine Nachbarin, die ich nur flüchtig kannte, schob mir einen Zettel mit den Kontaktdaten einer Londoner Familie unter der Tür durch, sie hatten nach sieben Jahren ihren Prozess gegen den National Health Service gewonnen, hatten dessen Verschulden für die Behinderung ihrer Tochter nachweisen können. Ich schrieb alle auf, hatte aber nicht den Mut, zum Telefon zu greifen.

Jay hielt sich aus allem heraus. Seine Haltung war klar, Immie war extrem stark behindert und brauchte professionelle Hilfe. Er behauptete, nein, er würde sich nicht vor der Verantwortung drücken, er sehe nur den Tatsachen ins Auge und schätze seine eigenen Grenzen als Vater realistisch ein; er könne kein Kind pflegen, das kein Bewusstsein habe. Seit ich die CTs von Immies Schädel gesehen hätte, solle ich akzeptieren, dass sie nicht mitbekam, wer ich war; sie hätte keine Vorstellung davon, wer sich um sie kümmerte. Die Schwestern kämen offensichtlich besser mit dem Kind klar als die Familie. Ich solle sie ihnen überlassen.

»Sie werden sie nicht dabehalten«, sagte ich. »Randle sagt, sie sei kein Fall fürs Krankenhaus.«

»Wie sollen wir das schaffen, Julia?«

Ich wusste es nicht. Mit Imogen würde ihr ständiges Gebrüll zurückkehren, die Medikamente, die Milchfläschchen, das Defilee der Therapeuten, die Anspannung in ihrem Körper, der sich auf meinen übertrug. Der Dauerstress wäre wieder da, die physische wie psychische Erschöpfung.

Hätte Randle gesagt, dass sie die nächsten eineinhalb Jahre nicht überleben würde, hätte ich es vielleicht auf mich genommen. Ich hätte mich vielleicht für ein sterbendes Baby abgeschottet und ihr diese Zeit gewidmet. So aber war es nicht absehbar, es konnten zwanzig Jahre und mehr werden. Zwanzig Jahre die Situation, die wir vor ihrem Krankenhausaufenthalt gehabt hatten. Nein, schlimmer: Denn jetzt war uns klar, dass wir zu ihr keinerlei Beziehung aufbauen konnten.

Hätten wir gewusst, ob unsere Klage gegen den NHS Erfolgsaussichten hatte – dann hätten wir den jahrelangen Rechtsstreit vielleicht durchgestanden, Geld geborgt und uns jede Hilfe gekauft, die wir brauchten. Aber das Verfahren hatte noch nicht einmal begonnen. Die Betreibergesellschaft des Krankenhauses hatte unsere Akte bisher nicht weitergegeben.

♦ ♦ ♦

»Wo gehst du hin?«, fragte Ellie.

»Ins Krankenhaus.«

»Warum?«

»Weil ich Immie besuchen muss.«

»Warum?«
»Weil sie krank ist.«
»Warum?«
»Weil ihr Kopf nicht richtig arbeitet.«
»Warum?«
»Wegen dem Unfall.«
»Warum?«
»Weil sie einen schlimmen Unfall hatte, als sie geboren wurde.«
»Ja, aber warum hatte sie den schlimmen Unfall???«

»Unfall« war das richtige Wort gewesen, ein Schicksal, das Immie zufällig getroffen hatte. Aber wie soll man das einem kleinen Kind erklären, das auf seine Warum-Fragen Antworten braucht, die ihm Sicherheit geben? Wenn wir Ellie keine ausreichende Erklärung für die Behinderung ihrer Schwester lieferten, würde sie sich selbst eine zurechtlegen. Und wie ich würde sie die Schuld höchstwahrscheinlich bei sich suchen. Wie viele aberwitzige Szenarien hatte sie wohl in ihrem Köpfchen schon durchgespielt, um sich davon zu überzeugen, dass sie den Unfall verursacht hatte?

»Niemand ist schuld«, sagte ich immer wieder. »Es ist einfach passiert. Manchmal passieren schlimme Dinge, und dieses Mal hat es Immie getroffen.«

Jeden Morgen fuhr ich die vertraute Route zum Krankenhaus und sah zu, dass ich den Besuch möglichst effizient abspulen konnte: rein in die Station, in Immies Ecke huschen, zuständige Schwester erwischen – »Alles okay?«

»Ihr geht's gut!«

»'tschuldigung, ich versuche, morgen länger dazubleiben.«

Und dann schnell wieder weg ins warme Auto.

Die Straßen waren rutschig, der Pendlerverkehr meistens genauso ungeduldig wie ich. Nach dem langen Sommer waren die Blätter durch die Fröste sehr schnell abgefallen und bildeten einen tödlichen Schlier auf dem Asphalt. Manchmal fuhr ich vorsichtig, ganz die verantwortungsbewusste Mutter. Aber meistens raste ich; allein in dem röhrenden Auto, forderte ich das Schicksal heraus, sollte es mir doch mein wertloses Leben nehmen. Ich stieg immer später auf die Bremse, wenn ich mich einem Blitzautomaten näherte, testete immer dreister die Straßenlage meines Vehikels, irgendwann musste es doch außer Kontrolle geraten und mich gegen einen anderen Metallklumpen schleudern. Wenn ich in der scharfen Kurve da vorn mal nicht abbremsen, nicht herunterschalten und auf die Gegenfahrbahn geraten würde … wen kümmerte es! So ungefähr müssen sich Jugendliche fühlen, die ständig die Kupplung treten und das Gummi zum Rauchen bringen, das sind nicht die, die sich für unsterblich halten, sondern die, denen alles egal ist. Nihilisten.

Zu Hause igelte ich mich ein, babyfreie Zone, in der ich mich verstecken konnte. Wenn ich nicht im Bett lag, saß ich in einen breiten Schal gewickelt am Ofen im Wohnzimmer. Ob es draußen dunkel oder hell war, interessierte mich nicht.

♦ ♦ ♦

Meine Mutter rief an und sagte: »Ich habe nachgedacht. Immie hat ihre Kreativität verloren, du schuldest es ihr, deine zu nutzen.« Kreativität. Welche Kreativität? Als ich meinen Kinderwunsch entdeckte, hatte ich Mamas Satz im Kopf: Kinder großziehen sei das Kreativste, was man sich vorstellen könne. Auf einmal wünschte sie sich offenbar, ich hätte gar keine Kinder bekommen. Dass ich wieder da anfangen könnte, wo ich mit Ellies Geburt aufgehört hatte, wieder das geschäftige, kinderlose Leben von einst aufnähme. Der Gedanke, dass mich dies für den Verlust meiner Tochter entschädigen könnte, war verlockend. Aber ich sah keine Möglichkeit, ich war noch nicht bereit dazu.

Bereit, wieder zu arbeiten. Als Ellie sechs Wochen alt war, setzte ich mich begeistert für zwei Morgende die Woche ab. Mit drei Monaten gab ich sie zu einer Tagesmutter, sechs Wochen lang, damit ich den Auftrag für eine Show annehmen konnte. Aber ich war froh, als das Engagement endete – sie vermisste mich, und ich vermisste sie. Diesmal hatte ich die Entwicklung meines Kindes genauer beobachten wollen, seine wachsende Unabhängigkeit spüren und meine Arbeit danach ausrichten wollen. Aber Immie würde immer von mir abhängig bleiben, unfähig und ohne jeden Begriff von der Welt um sie herum. Sie konnte keinen Kontakt zu mir aufbauen, also konnte sie sich auch nicht ablösen.

Wider alle Vernunft war es schwer zu akzeptieren. Amanda vom Social Service hatte nicht recht, ich hatte sehr wohl eine Bindung zu meinem Baby aufgebaut, eine tiefe, liebevolle Beziehung. Aber es konnte nicht die bedingungslose Liebe sein, die ich mir vorgestellt hatte, denn Immie hatte nicht genug Verstand, um mich zurückzuweisen. Meine Mutterliebe lebte im Vakuum.

Vielleicht, so dachte ich, wollte ich nie wieder arbeiten, denn die Hälfte der Beziehung, die sich entfernen und ihre nachlassende Bedürftigkeit beweisen sollte, fehlte.

♦ ♦ ♦

Jay surfte im Internet und förderte schreckliche Geschichten zutage. Er druckte einen Bericht aus Australien aus, der die

Auswirkungen eines stark behinderten Kindes auf die durchschnittliche Familie schilderte. »Chronischer Stress«, der Ausdruck sprang mir als Erstes ins Auge, dann las ich die ganze Liste: verkümmertes Sozialleben, gehen selten aus, kaum Urlaub, verminderte Karrierechancen, niedriges Selbstwertgefühl bei Geschwistern und Eltern … Jay brütete über dem Material und erstellte eine lange Liste von Gründen, warum Immie nicht nach Hause kommen sollte, sie endete mit: »Geistige Gesundheit bedroht.«

Ich stellte mir das Leben der heiligen Julia vor, zwanzig Jahre mit der Pflege meiner armen Tochter, die mir höchstwahrscheinlich all diese Opfer abverlangen würden. Und wozu? Weil ich ihr gegenüber Verantwortung trug, ich hatte sie so unsanft auf die Welt gebracht. Weil es keine andere Möglichkeit gab, weil ich sie liebte. Aber ich liebte auch Jay. Zumindest hatte ich ihn einmal geliebt.

Mir dämmerte, dass Jay und ich uns nicht mehr gestritten hatten, seit Immie im Krankenhaus war. Nur an dem Tag, an dem wir sie für die Taufe heimgeholt hatten, da hatten wir kurz vor einer heftigen Auseinandersetzung gestanden. Es war, als säe ihre bloße Gegenwart Zwietracht. Seit ihrer Geburt hatte ich meine ganze Liebe in Imogen investiert und nichts für Jay übrig gelassen, fast schon vorsätzlich. Er behauptete, er könne Immie nicht mehr lieben, aber ich wusste, dass das nicht stimmte. Dass er angesichts ihres Leidens so machtlos war, blockierte seine Liebe. Deswegen hatte er sich von uns beiden abgewandt, sich hinter einer Rüstung verschanzt, ohne die er an Imogen und ihrer Welt zerbrechen würde.

Ich wollte diese Liebe wiederfinden. Ich brauchte Jays Liebe mehr denn je, und er brauchte meine. Das war das Fundament unserer Familie.

Jay deutete auf einen amerikanischen Bericht, in dem stand, dass die Familie genauso zu ihrem Recht kommen und ihre Freiheiten haben müsse wie die behinderten Kinder. Beides lasse sich nicht immer vereinbaren.

Das größtmögliche Glück für die größtmögliche Zahl. Die Phrase kannte ich seit meiner Studentenzeit. Sie ging mir nicht mehr aus dem Kopf. Ein Leben mit Jay wäre ein von Kreativität und Freude erfülltes Leben, nicht die dauernden Konflikte, die noch vor Imogens Diagnose eingesetzt hatten. Wir sollten einen Kurs einschlagen, der allen in unserer Familie das größtmögliche Glück gewährte. Jays Liste ließ vermuten, dass dieses Ziel hart erkämpft werden musste. Wie konnte Glück in eine Familie kommen, deren Mitglieder keinen Urlaub, keine guten Berufsaussichten, kein positives Selbstwertgefühl hatten? Ich mochte das Gefühl haben, durch meine Mitschuld an Immies Behinderung zwanzig Jahre Unglück verdient zu haben. Aber weder Jay noch Ellie hatten es verdient.

♦ ♦ ♦

Mark hatte mir die Telefonnummer einer Frau gegeben, deren elfjährige Tochter schwerstbehindert war und die mit ihr ein Stück weit die Straße hinunter wohnte. Tussie Myerson könne mir einiges darüber erzählen, wie ich mit Immie fertig werden könnte. Ich griff zum Telefon. Die Frau am anderen Ende hörte sich extrovertiert und energisch an, im Hintergrund hörte man den Lärmpegel einer geschäftigen Familie. Es sei schon richtig, fing sie an, es gebe nie genug Hilfe. Immie betreuen würde mir mehr abverlangen, als ich mir je vorstellen könnte.

Unser Gespräch wandte sich schnell ins Makabre, der Wunsch, dass unsere Kinder stürben, wie man die Doktoren dazu bringen könnte. Tussie hatte Jahre in pädiatrischen Stationen verbracht, war hinter Schwestern hergerannt, um ihnen die Akte mit dem Vermerk: Nicht reanimieren! zu zeigen, hatte auf die finale epileptische Krise ihrer Tochter gewartet. Es war eine Riesenerleichterung, mit jemandem zu sprechen, der mit der düsteren, verwirrenden Welt vertraut war, in der ich mich seit neuestem befand. Meine Schuldgefühle schwächten sich merklich ab, als ich meine Wünsche aus fremdem Munde hörte.

Ich bekannte, dass ich Angst um Ellie hätte und nicht wüsste, wie sie mit dem Stress, den ihre Schwester in die Familie brachte, fertig würde. In den letzten Monaten sei sie sehr verschlossen geworden. Tussie erklärte, dass auch bei ihr die beiden gesunden Kinder oft hinter dem kranken zurückstehen müssten. Aber sie liebten sie und fanden meistens einen Weg, damit umzugehen. Jüngst sei der Sohn in der Schule gehänselt worden wegen seiner spastischen Schwester, der Spötter würde seither nicht mehr zum Tee eingeladen.

Ich erzählte, Jay wolle Immie nicht zurücknehmen, mit ihr hätte er das Gefühl, in der Falle zu sitzen.

»Jetzt schon!«, rief sie. »Das dauert normalerweise ein paar Jahre. Aber so ist das, es ist eine reichlich seltsame Reise, die man da antritt. Jeder muss seinen eigenen Weg gehen, aber fast alle scheitern früher oder später daran.«

Ihr Kampf währte nun elf Jahre und kannte das Elend zur Genüge. Als das Gespräch auf den Social Service kam, seufzte sie: »Das läuft alles komplett in die falsche Richtung, es geht nur noch ums Sparen. Sozialarbeiter müssen möglichst viele Ansprüche abwimmeln, wo sie doch eigentlich Hilfen anbieten müssten.«

In den letzten Monaten hatte sie bei einer Fernsehsendung mitgewirkt; die Kameras fingen ein, warum die Familie die Belastung durch die kranke Tochter nicht mehr aushielt. MENCAP, eine der größten Hilfsorganisationen in Großbritannien für lernbehinderte Kinder, hatte eine Umfrage in Auftrag gegeben, deren Ergebnisse im Juni 2003 bekannt gegeben wurden. Danach erklären acht von zehn Eltern mit schwerbehinderten Kindern, sie stünden kurz vor dem Zusammenbruch. Tussie wurde von dem Fernsehteam bei ihren Versuchen gefilmt, ihre Tochter in eine stationäre Pflege zu geben, etwas, das der Social Service mit allen möglichen langwierigen bürokratischen Prozeduren zu verhindern suchte. Man wollte sie davon überzeugen, eine Pflegefamilie sei besser, aber sie glaubte es nicht, es war einfach nur billiger. Die betreute Einrichtung in der Nähe ihres Wohnorts war teuer, aber es war das Richtige für die Familie.

Ich verstand Tussies Vorbehalte gegen Pflegefamilien. Selbst bei einer Bezahlung von 1 Pfund pro Stunde gab es bestimmt Frauen und Männer, die sehr gute Arbeit leisteten. Meine Erfahrung mit Tracey hatte das gezeigt. Und doch war es für mich eine demütigende Erfahrung gewesen, ich schämte mich immer noch dafür, mein Kind jemandem zu geben, der geduldiger, liebevoller mit ihm umging als ich. Mit Schwestern und Babysittern war es etwas anderes. Eine Pflegemutter war eine Ersatzmutter – das lebende Verdikt des Social Service, dass mein Kind vor mir geschützt werden musste.

In meinem Hinterkopf saß auch noch die Angst, dass meine Tochter hinter den geschlossenen Türen einer dauerhaften Pflegefamilie in irgendeiner Form misshandelt werden könnte, ohne dass es auffiel.

Das war in einem Pflegeheim anders. Als institutionelle Form der Pflege gab es dort keine einzelne Alternativmutter. Alles lief anonym, professionell, kontrolliert ab, dort konnte ich mein Päckchen abgeben, ohne dass ich aufhörte, Immies

Mutter zu sein. Ich stellte mir vor, dass der öffentliche Rahmen dem Pflegepersonal weniger Raum für Misshandlungen ließ als eine Privatwohnung. An eine Betreuungseinrichtung hatte ich bis dato noch nicht gedacht, niemand hatte erwähnt, dass diese Möglichkeit überhaupt bestand. Ich hatte Kinderheime mit der Zeit von Charles Dickens abgespeichert, ein Ort, an dem behinderte Menschen weggesperrt wurden, verstoßen und vergessen. Das, was Tussie beschrieb, klang ganz anders.

In einem Heim für geistig und körperlich schwerbehinderte Kinder gab es Therapeuten und Schwestern und eine ganze Reihe von Profis, die sich sachkundig um die verschiedenen Probleme kümmerten. Ich stellte mir Uniformen und Korridore und die technologischen Geräte eines Krankenhauses vor. Ich hatte Immie in der Perinatalstation und in der Pädiatrie erlebt, sie schien solche Orte zu mögen. Wir könnten sie dort besuchen, wann immer wir wollten, sie für begrenzte Zeit nach Hause holen, aber ihre Bedürfnisse würden von dem Team im Heim erfüllt. Warum sollte ich wie Tussie elf Jahre warten? Warum sollte ich sie nicht direkt hinschicken!

Das Internet spuckte schnell zahlreiche Namen aus und etliche Telefonnummern, und für die nächsten Tage war der Briefkasten regelmäßig mit Hochglanzbroschüren verstopft. Mit diesem Material wollte ich Imogens Sozialarbeiterin konfrontieren, dann könnte sie wenigstens nicht behaupten, derartige Heime gebe es nicht. Ich würde ihr klarmachen, dass ich nicht länger auf eine Hilfe warten würde, die dann nicht käme, ich hatte mich zu einer Entscheidung durchgerungen.

Jay konnte es kaum glauben. »Du wirst nie in der Lage sein, sie aufzugeben«, sagte er.

»Warum?«, konterte ich. »Es wäre wie eine Amputation. Das überlebe ich.«

Immie war mein Fleisch und Blut. Für mich war sie nicht ein Baby, das wachsen und langsam selbstständig werden würde, eher ein dauerhafter, integraler Bestandteil meines Körpers. Seit ihrer Geburt hatte ich die Fantasie gehabt, dass sie aus mir herausgeschnitten wurde. Wenn meine Lunge oder meine Leber oder sonst ein Organ streikte, würde sie ein Chirurg entfernen, und dann würde ich, achtsam im Umgang mit meinem geschwächten Körper, weiterhin ein glückliches Leben führen können. Anders als andere Mütter, etwas Wichtiges würde fehlen, an manchen Tagen wäre ich wie ein Invalide, müsste mich zurückziehen und um mich selbst kümmern. Aber Gerald, mein Ansprechpartner bei SCOPE, hatte mir versichert, das wäre sowieso so. Imogens bloße Existenz war eine Wunde, die versorgt werden musste.

Am Freitag rief die Sozialarbeiterin an; ich sagte, wir wollten Immie in ein Kinderheim geben. Ganz ruhig erklärte sie: »Die Behörden neigen nicht dazu, Kinder wie Imogen in Pflegeheime zu geben.«

»Warum?«

»Weil es nicht gut für sie ist.«

Zerberus, dachte ich. Sie muss es gespürt haben.

»Wissen Sie, wir sind da, um zu helfen«, sagte sie, »im Fernsehen laufen alle möglichen Horrorgeschichten über uns, und alle meinen, wir wollten den Leuten Böses. Aber in den meisten Fällen stimmt das nicht. Wir hören zu.«

Nun gut, dachte ich, dann nimm meine Entscheidung zur Kenntnis. Ich würde mich auf klare Ansagen verlegen und kompromisslos meine Zukunftspläne vertreten, das schwarze Loch im Kopf meiner Tochter war eindeutig genug.

♦ ♦ ♦

Zwei Tage, bevor wir Imogen aus dem Krankenhaus abholen sollten, ging ich nicht mehr dorthin. Ich lief im Haus herum und merkte, dass ich die Schauspielerei nicht mehr ertrug. Es war Sonntag, ohnehin hatten andere Mitarbeiter als sonst Dienst, ein paar Assistenzärzte, die nicht weiter nach mir fragen würden. Also ging ich wieder ins Bett und zog die Vorhänge zu. Meine Immie-Migräne war unerträglich, in meinen Schläfen klopfte der Schmerz. Es war meine Version ihrer Paralyse, die Schwere ihrer Welt drückte mich zu Boden.

Montagmorgen ging es mir trotz eines ganzen Cocktails von Schmerzmitteln und Seroxat nicht besser. Ich lag mit Ellie auf dem Sofa und guckte ein Kindervideo mit leise gedrehtem Ton. Ein Auto fuhr vor und brachte mich auf die Beine. Vor der Tür stand eine große, starke Frau im fahlen Novemberlicht. Sie käme vom Carer's Centre, sagte sie, einer gemeinnützigen Organisation, die pflegende Angehörige unterstützte. Vielleicht hatte ich den Termin in meiner Kampfphase vereinbart, vielleicht schickte Mary sie zu mir, ich hatte keine Ahnung. All diese Vereine da draußen, all diese engagierten Ehrenamtler – ich brauchte sie, damit sie mir die Last abnahmen.

Wir setzten uns ans Feuer. Ich behielt den Schlafanzug an und ließ sie reden. Sheila erörterte ausführlichst die Problematik des Pflegesystems, den Kampf der Familien. Sie sprach von dem »dreiteiligen System«: Für Kinder wie Immie seien drei Behörden zuständig, Health Service, Social Service und das Schulamt. Alle betrachteten sich als unterfinanziert und schickten die Leute gern zu einer der anderen Stellen, stahlen sich aus der Verantwortung, wenn sie die geringste Chance dazu hatten.

Sie war überrascht von meinem Wunsch, Immie in einem Heim unterzubringen, denn es würde allgemein angenommen, dass eine Pflegefamilie für Babys besser sei. Sie selbst hätte als Pflegemutter einen schwerbehinderten Jungen betreuen sollen, aber an dem Tag, an dem er zu ihr kommen sollte, hätte die Mutter sich doch entschlossen, ihn lieber selbst zu pflegen. Sheila hatte jedoch den Kontakt gehalten und ihn regelmäßig an den Wochenenden zu sich genommen, bis zu seinem Tod im Alter von neun Jahren. Diese Großzügigkeit war für die Familie bestimmt ein Segen gewesen, das war mir klar. Sie hatte sie regelmäßig entlastet und ihnen ein Sicherheitsnetz gegeben.

»Sie haben zur erweiterten Familie gehört«, sagte ich, und sie lächelte.

Sie hätte ein CP-Kind adoptiert, ein Mädchen, das aber weit weniger schlimm behindert sei als Immie. Ob sie die Mutter kenne, fragte ich. Ja, sie hätte sie einmal getroffen. Ich dachte an meine Urgroßmutter und die Millionen von Frauen, die ihr Kind verstoßen haben. Im August hatte Lorna gesagt, ihre Schwester wäre nicht von der Sorte, die ein Baby wie Joely einfach im Krankenhaus ließ. Aber es musste solche Frauen geben, vielleicht gehörte ich selbst zu dieser Sorte, vielleicht lag es in meinen Genen.

»In welchem Alter ist es für ein Kind am besten, in Pflege gegeben zu werden?«, fragte ich. Sie zögerte, sah mit zusammengekniffenen Augen durch das Erkerfenster. Dass ich ziemlich dünnhäutig war, war ihr klar, und so suchte sie wohl nach den richtigen Worten. »Da gibt es keinen richtigen Zeitpunkt«, sagte sie schließlich.

Da war ich anderer Meinung. Ihre Geschichten hatten mir Mut gemacht. Je länger ich wartete, je weiter das Leben von Immie wegrückte, desto schwieriger würde es, desto größer wäre der Schaden für die Familie. Schon jetzt kam für Jay nur eins in Frage: sie in die Hände von Profis zu geben. Ich schluckte massenweise Pillen und kam nicht aus dem Bett. Vielleicht hatten wir die Belastungsgrenze erreicht. Und Elinor? An sie mochte ich gar nicht denken, das tat weh.

Elinor wollte die Schwester sein, ich hatte sie darauf vorbereitet, Imogen gab ihr diese Identität. Sie wusste nicht, wie anders dieses Geschwisterkind im Vergleich zu normalen Familien war, vielleicht würde es ihr auch gar nichts ausmachen. Aber je länger Jay und ich mit Immies Problemen absorbiert waren, desto mehr wurde Elinor in unsere Angst, unsere Streitereien und unser Leid hineingezogen, und das wollte ich ihr nicht antun. Sie war noch nicht einmal drei Jahre alt, sie würde sich später vermutlich nicht mehr bewusst an all das erinnern. Wenn Immie jetzt ging, bliebe es eine Episode, Ellie würde nicht mehr als eine vage Vorstellung vom Geschwisterhaben behalten.

Meine eigene Kindheit hatte mich etwas über ein abwesendes Geschwisterkind gelehrt. Lange bevor man mir von dem totgeborenen ersten Sohn meiner Mutter erzählte, hatte ich ihn mir zusammengeträumt. In der Grundschule erfand ich Geschichten von einem großen Bruder, der mit mir spielte und kämpfte und mich veräppelte. Als ich elf war, setzten sich meine Eltern mit mir an den Küchentisch und verkündeten die alte Neuigkeit, es schockierte mich nicht, ich hatte es längst gewusst. Ich hatte schon immer gewusst, dass leidende Babys sterben und fortgehen und in ihren gesunden Schwestern weiterleben.

Zu Sheila sagte ich, Imogen sei meinem Eindruck nach im Krankenhaus glücklich und dass es uns allen besser gehe, wenn sie dort sei. Sheila nickte. »Naja, dann sollten Sie sie vielleicht den Ärzten überlassen.« Es schien das Richtige für Immie zu sein, sicher im Krankenhausbett zu liegen. Es schien auch für mich das Richtige zu sein, die ich bei ihrer Geburt, auf allen vieren im Wohnzimmer, von Hebamme und Krankenhaus im Stich gelassen wurde. Diesmal würde ich sie dazu zwingen, sich um uns zu kümmern.

Wenn das Baby als medizinischer Fall gesehen würde, sagte Sheila, hätten wir vermutlich die besten Chancen auf Unterstützung. Der Health Service hatte letztlich das größte Budget. Ich war ihr außerordentlich dankbar für diese Argumente, für ihre Art, praktische Erwägungen anzustellen, ohne dass meine schmerzlichen Gefühle hochkamen.

Und so wollte ich es machen: Dem Krankenhaus sagen, dass ich Imogen nicht abholen würde. Sheila hatte so etwas noch nie gehört. Es klänge machbar, erklärte sie, aber wir sollten vorher ausschließen, dass man uns dafür belangen würde. Wenn ich Immie nicht bemuttern wollte, könnte das so interpretiert werden, dass ich auch nicht als Mutter für Elinor geeignet wäre.

Mein Gott. Natürlich. Die Strafe. Das klang ziemlich logisch, ich würde nicht ohne Strafe davonkommen. Ich kannte die Geschichten von Mitarbeitern des Social Service, wenn sie nur den Hauch einer Chance hatten, nahmen sie einem das Kind weg. Das gesunde, intelligente Kind.

Sheila sagte, sie wisse es nicht, ich solle nur einen guten Rechtsanwalt fragen und mich absichern. Kaum war sie aus der Tür, schnappte ich mir die Gelben Seiten und suchte nach einem auf Familienrecht spezialisierten Anwalt in der Region. Einer nach dem anderen hörte sich meine Geschichte an und erklärte, einen so komplizierten Fall nicht übernehmen zu können. Am Schluss vermittelte mich jemand an eine Anwältin in London, die sich auf derartige Fälle spezialisiert hatte. Als ich bei ihr durchkam, war es Abend, die üblichen Bürozeiten längst um, aber sie saß an ihrem Schreibtisch, kompetent und engagiert. Ich bewunderte ihr klar strukturiertes Denken, spürte ihre große Erfahrung. Endlich an der richtigen Adresse, dachte ich.

Was würde passieren, wenn ich das Kind im Krankenhaus ließe? Könnte sie für immer dort bleiben? Nein, die zuständige Behörde würde sich ihrer annehmen, der Social Service ihre Betreuung organisieren.

Könnten sie mich dazu zwingen, sie in eine Pflegefamilie zu geben? Nein, sie könnten mich zu gar nichts zwingen, ich hätte das Sorgerecht. Aber Pflegefamilien seien viel billiger als Heime, und es herrsche die Meinung vor, dass ein häusliches Umfeld für das Kind das Beste ist, unabhängig vom Grad seiner Behinderung. Aus dem Mund einer toughen Rechtsanwältin wirkten diese Statements glaubwürdiger, einsichtiger.

Welche Auswirkungen hätte es auf die Klage wegen der Fahrlässigkeit bei der Geburt gegen die Klinik? Keine, rein rechtlich war das Imogens Prozess, nicht unserer.

Und nun die ganz große Frage: Könnten sie mich bestrafen, indem sie mir mein anderes Kind wegnahmen? Nein. Die Gerichte achteten jeweils auf die individuellen Bedürfnisse des Kindes, jeder Fall würde für sich behandelt.

◆ ◆ ◆

Dienstag, 12. November. Der Termin war da, da stand er in meinem Kalender: Immie abholen. Ich setzte mich stattdessen ans Telefon und wartete auf den Anruf vom Krankenhaus. Jay tigerte durch den Raum, überzeugt, dass ich das Richtige tat, aber nicht sicher, ob ich es durchhalten würde. Ungefähr gegen Mittag klingelte es, ich hob sofort ab. Die Stimme am anderen Ende versprühte professionelle Munterkeit – freue mich, Ihnen sagen zu können, dass es Imogen sehr gut geht. Ich schwieg. Sie schaltete stimmlich einen Gang herunter und fragte höflich, wann ich das Kind abholen käme.

»Ich werde nicht kommen.«

»Gibt es irgendetwas …«

»Ich kann nicht.«

Stille. Hoffentlich versteht sie es, ohne dass ich noch viel erklären muss, dachte ich. Ich hätte losgeheult, hätte ich nur ein weiteres Wort äußern müssen.

»Ich spreche mit Mr. Randle und rufe zurück.«

Als sie es tat, erklärte sie, der Doktor verstehe, dass wir das Kind nicht holen würden. Ob wir am nächsten Tag zu einer Besprechung in sein Büro kommen könnten? Ich willigte ein.

Ich dachte an das Treffen in Randles Sprechzimmer, als die CTs an der Wand gehangen hatten. Er wusste, worauf wir hinauswollten, er war nicht das erste Mal mit einer solchen Situation konfrontiert. Was er wohl über diese leeren Köpfe dachte? Und über die Wege, auf denen sie acht von zehn Familien zerstörten?

Dann rief ich meine Mutter an und erzählte ihr, was ich getan hatte. »Wenn du es für richtig hältst …«, sagte sie. In ihrer Stimme lag eine Mischung von Trauer und Erleichterung. Ob sie bitte die pensionierte Kinderärztin für mich anrufen könne, ich würde sie gern um Rat fragen, ich wollte bei dem Treffen mit Randle nichts Falsches sagen und meinen Fall absolut glaubwürdig darstellen, es durfte nicht der Schatten eines Zweifels aufkommen. Und ich wollte wissen, wie oft so etwas vorkam und wie tendenziell damit umgegangen würde.

Bewegungslos verharrte ich neben dem Telefon und wartete auf Mutters Rückruf. Den ganzen Morgen hatte ich mich nicht von der Stelle wegbewegt. Die Wintersonne schien auf den weißen Hörer, so dass er leuchtete. Das gab mir ein Gefühl von Stärke und Entschlossenheit, ich konzentrierte mich ganz auf meine Aufgabe. Es dauerte nicht lange, und Mama hatte alle gewünschten Informationen: Um meine erste Frage zu beantworten, ihre Freundin hätte gesagt, dass rund sechzehn Prozent der behinderten Babys im Krankenhaus nicht abgeholt würden. Ich weiß nicht, ob ich mehr oder weniger erwartet hätte, aber ich war nicht die Einzige und nicht die Erste, die auf diesen Ausweg verfiel, andere Eltern hatten ihn schon vor mir eingeschlagen. Darauf kam es mir an. Und was die übrigen Fragen beträfe, es gäbe alle möglichen Arten, die Kinder aufzugeben, aber wenn ich das wirklich wollte, hätte die Ärztin einen Vorschlag, wie ich es formulieren sollte.

»Ja, das will ich unbedingt, bitte, bitte«, drängte ich, »sag's mir, ich will nichts dem Zufall überlassen.«

Meine Mutter brachte es kaum über die Lippen.

»Dann musst du sagen: ›Ich bin nicht die richtige Mutter für Imogen.‹«

♦ ♦ ♦

Am Nachmittag räumten Jay und ich, während Ellie im Kindergarten war, die Babysachen weg. Meine Mutter hatte mir erzählt, dass ihre Freundinnen das für Martin vorbereitete Babyzimmer vor ihrer Rückkehr aus dem Krankenhaus leer geräumt hätten. Während ich jede Spur von Imogen tilgte, bewies ich Jay, dass ich es ernst meinte.

Gemeinsam hatten wir dieses arme Kind gezeugt, gemeinsam entfernten wir ihre Sachen aus dem Haus. Wir lehrten die Schrankbretter mit den Stramplern und legten die Anziehsachen in einen Koffer, den wir mit ins Krankenhaus nehmen wollten. Ich trennte das schwarze Futter aus den Vorhängen, warf es zusammen mit den Rasseln in den Müll. Wir stopften auch den ganzen anderen Kram in die Tonne. Besonders in Erinnerung geblieben ist mir ein Buch, das ich verwendet hatte, als Elinor sprechen lernte, ein Foto mit einem lachenden Kleinkind war auf dem Cover abgebildet. Ich hatte nicht den Nerv, es einem passenden Verein zu spenden; wenn es meinem Kind nicht helfen konnte, durfte es ruhig auf der Müllkippe verrotten. Auch Immies übrigem Schrott gönnte ich kein besseres Schicksal, die Wiege neben meinem Bett, der Sterilisator für ihre Fläschchen, der Hochstuhl, den wir von Elinor aufgehoben hatten, bis Immie selbstständig sitzen würde, alles landete im Kofferraum, und Jay fuhr es zur Deponie.

Als Elinor heimkam, waren alle Sachen von ihrer Schwester verschwunden. Sie sagte nichts dazu, wir hatten ihr gesagt, Immie sei im Krankenhaus und müsse dort bleiben, mehr musste sie fürs Erste nicht wissen.

◆ ◆ ◆

Mittwoch, 13. November. Als wir durch den Korridor zur Pädiatrie liefen, sah ich zu meinem Erstaunen, dass die Wände bemalt waren. So oft war ich hier entlanggegangen und hatte die Wandbilder nicht bemerkt. Dargestellt war eine fröhliche Strandszene mit Bötchen und Möwen und Figuren aus dem Kasperletheater. An einigen Stellen zerstörten praktische Utensilien die Illusion – der Feuerlöscher saß direkt auf einer Sandburg, über einem Dampfschiff prangte das Schild »Kittel und Putzmittel«. An der Tür des Puppentheaters hing die

Ankündigung für einen Vortrag: Die Ernährung eines zerebral paralysierten Kindes.

Jay und ich hatten uns für das Treffen mit unseren Unterlagen bewaffnet: Er mit seinen Internetzitaten, ich schleppte meine Broschüren mit. Immies Sozialarbeiterin war bereits auf Station, sie begleitete uns zu Randles Sprechzimmer. Der Arzt saß seitlich an seinem Schreibtisch, genau wie bei jener Sitzung mit den CTs. Ich setzte mich nicht wieder auf denselben Stuhl, sondern wählte einen mit Blick aus dem Fenster mit einer furiosen Aussicht auf die verträumten Zinnen, Turmspitzen und Dächer der alten Universitätsgebäude.

Die Stimmung war ernst und behutsam, ganz anders, als wir erwartet hatten. Es war wie auf dem Standesamt, wenn man eine Geburt oder einen Todesfall oder beides zu melden hat. Randle bat mich um eine Bestätigung, dass ich Immie nicht mit nach Hause nehmen wolle. Ich brachte den Satz heraus, dass ich »nicht die richtige Mutter« sei, und verstummte wieder. Mehr war nicht zu sagen. Der Arzt wandte sich an Jay, auch er bestätigte, er könne sich nicht um das Kind kümmern.

Dann fragte Randle Jay: »Haben Sie je daran gedacht, ihr etwas anzutun?«

Wahrscheinlich musste die Frage gestellt werden, um die staatlichen Zuschüsse zu bekommen. Meine Hausärztin hatte es ja schon gesagt: Sie mussten glauben, dass das Kind in Gefahr war. Jay hielt den Kopf gesenkt, aber seine Antwort kam klar und deutlich. »Ich müsste lügen, wenn ich etwas anderes behaupten würde.«

»Dann wollen wir Ihnen diese Bürde abnehmen.«

Ich holte mein Notizbuch heraus und präsentierte meine Argumente für ein Pflegeheim. Ich winkte mit den Broschüren der Heime, die mir am meisten zusagten, das sei meiner

Meinung nach der beste Platz für mein Baby, erklärte ich. Ein bisschen fühlte ich mich wie eine Schülerin, die einen hoffnungslos schlechten Aufsatz verteidigen will. Randle sah die Sozialarbeiterin an und sagte: »Das ist wohl kaum der richtige Platz für ein Kind dieses Alters.«

»Werden Sie sie später dorthin verlegen?«, fragte ich.

»Vielleicht.« Wieder sah er die Sozialarbeiterin an. Ich wusste, was sie sagen würde.

»In Oxfordshire geben die Social Services kein Kind unter acht Jahren in ein Kinderheim.«

»Aber vielleicht der Health Service«, wagte ich einzuwenden, eingedenk des dreigliedrigen Systems, von dem Sheila gesprochen hatte.

»Wenn Sie Imogen nicht zu sich nehmen«, sagte Randle, »ist der Social Service für sie zuständig.« Daran war nichts zu rütteln, das hatte mir die Rechtsanwältin schon gesagt, ich hatte keine Argumente mehr. Ich wendete mich an Imogens Sozialarbeiterin.

»Was werden Sie tun?«, fragte ich.

»Ich habe mich umgehört und eine erfahrene Pflegemutter in Abingdon gefunden. Sie ist bereit, Imogen aufzunehmen, wenn Sie zustimmen.«

»Wir brauchen einen Platz«, sagte ich und schaute Jay an, aber er erwiderte den Blick nicht. »Wie lang soll sie dort bleiben?«

»Fürs Erste, Pflegefamilien sind immer nur eine temporäre Maßnahme. Würden Sie sie gern kennenlernen?«

Ich nickte.

Vermutlich habe ich mich damals besiegt gefühlt. Nach all den Ränken und Plänen hatte das System seine eigene Lösung durchgesetzt, die Pflegefamilie, die ich ablehnte. Aber ich war nicht mehr böse, man kümmerte sich um uns, diese Menschen wollten uns helfen. Vielleicht hatten sie ja recht, und Babys brauchten wirklich ein häusliches Umfeld, was wusste ich schon?

Die Sozialarbeiterin begleitete mich in die Station und stand daneben, als ich Immie auf meinen Schoß nahm. Ihre Augen waren offen, sie war so friedfertig, warm, stark und rundlich. Ich sah die Frau vom Amt an und murmelte: »Ich liebe sie, wissen Sie.«

♦ ♦ ♦

Wir wurden in einen abgedunkelten Nebenraum gebracht, um auf die Pflegemutter zu warten. Immie lag still in meinem Schoß. Als die Tür aufging, kam zuerst eine Krankenschwester herein und hinter ihr eine schlanke, dunkle Figur im Nadelstreifenanzug. Mein erster Gedanke war: wie ein verdeckter Ermittler. Aber als er die Tür hinter sich schloss, erkannte ich den Ernährungsspezialisten.

»Wir kennen uns, nicht wahr?«, sagte der Professor und hielt mir die Hand hin. Ich hielt meine eng um das Baby geschlossen. Er gab der Schwester einen Wink, sich zu setzen, und stellte sich so an das quadratische Fenster, dass ich ihn im Profil sah – die Pose sollte wohl seinen hohen Status spiegeln. Würde er den Vortrag zur Ernährung von CP-Kindern halten, der im Flur angekündigt war?

»Man hat mir gesagt, dass Sie Ihr Baby in Pflege geben wollen.« Er wartete nicht auf eine Bestätigung. »Wir müssen realistisch sein, nicht wahr, wir werden in Ihrem Fall nicht um eine künstliche Ernährung herumkommen. Ich empfehle eine Gastrostomie. Ausgebildete Pflegeeltern sind mit der Technik gut vertraut, eine Ernährungssonde wird dabei direkt in den Magen gelegt und die Nahrung durch eine Pumpe hineingebracht. Die Operation können wir noch im Krankenhaus durchführen.«

Darauf hatte mein schuldbewusstes Ich nur gewartet. Da hatte ich meine Bestrafung – nicht vom Social Service, sondern von den Ärzten. Ein Schlauch direkt in den Magen, eine Pumpe – wenn ihre Rabenmutter sie nicht füttern wollte, konnte sie auch gleich an eine Maschine gehängt werden.

»Aber ich habe sie gefüttert«, wandte ich ein.

»Und wie lange hat das pro Fläschchen gedauert?«

»Drei, vier Stunden, aber ich habe es geschafft. Die Schwestern hier haben sich auch nicht beschwert.«

Er zog die Augenbraue hoch, sie hatten sich wohl doch beschwert …

»Warum sollte eine Pflegemutter die Sonde brauchen?«, hakte ich nach.

»Weil das Baby damit viel leichter zu betreuen sein wird.«

»Aber es ist das Einzige, was sie kann. Sie kann essen …«

»Wissen Sie, ich habe die CTs gesehen, und es muss einmal gesagt werden – viel ist vom Gehirn Ihrer Tochter nicht übrig geblieben!«

Meine Beine zitterten unter meiner hirnlosen Tochter. Das war die letzte Gelegenheit für mich, als ihre Mutter, zu sagen, was ich dachte. Ich beugte mich in meinem Stuhl vor und hob sie ein wenig an, um mich aufzuplustern. Angst hatte ich keine. Sehr langsam, sehr spitz sagte ich: »Ich glaube nicht, dass ihre Lebensqualität durch Ihre Erfindung gesteigert wird.« Gelungener Einsatz der offiziellen Sprachregelung, fand ich, dem hatte ich seine Barbarei mit gleicher Münze heimgezahlt. Aus dem Augenwinkel heraus sah ich, wie die Schwester zusammenzuckte.

»Aha«, sagte der Professor. Mit gesenktem Kopf, Hände auf dem Rücken, fing er an, auf den zur Verfügung stehenden paar Fußbodenmetern hin- und herzulaufen, und überlegte, wie er seine Thesen am elegantesten formulieren könnte. Auf seinen schicken Absätzen drehte er sich schließlich zu uns um.

»Ich möchte auf zweierlei hinweisen: Erstens ist die Technologie genau auf ihren Zustand abgestimmt und für Babys vollkommen geeignet …«

»Aber es ist unnatürlich«, warf ich ein.

»Was meinen Sie denn damit?« Er hob den Fehdehandschuh auf.

»Natürlich wäre, dass sie stirbt. Das würde passieren, wenn sie in einem indischen Dorf leben würde.«

»Aber Imogen lebt nicht in Indien, sie hat das Glück, in der Ersten Welt und im einundzwanzigsten Jahrhundert geboren zu sein. Wir können sie nicht verhungern lassen, wenn wir die Mittel haben, etwas dagegen zu tun. Wissen Sie, wie lange es dauert, bis ein Kind verhungert?« Das ließ er ein bisschen wirken, bevor er die Antwort nachlieferte: »Zwei Wochen! Und das ist kein schöner Anblick. Jede Zelle in dem kleinen Körper schreit nach Nahrung … Wollen Sie das Ihrem Kind wirklich antun?«

Er wusste natürlich, dass ich das nicht konnte. Viele Ärzte können es und sprechen von Behandlungsabbruch, wenn sie in meinem Land Patienten mit ungünstiger Prognose durch Nahrungsentzug zu Tode bringen. Einem Hund gibt man eine Spritze und schläfert ihn ein, um ihn nicht elend verrecken zu lassen, Menschen müssen durch Verhungern sterben. So will es das Gesetz. Der Professor dürfte etliche solcher Fälle gesehen haben. Aber es war nicht die Situation, um diese Dinge auszudiskutieren, ich hatte nichts mehr zu sagen. Aber ich weigerte mich weiterhin, die Einverständniserklärung zu unterschreiben.

Die Pflegemutter stellte sich als junge, sympathische Frau namens Tania heraus, deren glattes langes Haar sich kaum von ihrem dunkelvioletten Samtkleid abhob. Ich konnte ihr nicht in die Augen sehen, wollte keine Bindung. Ich wollte nur die Sache hinter mich bringen und nach Hause. Ich versuchte mir selbst vorzumachen, dass ich Holly das Baby für ein paar Stunden überließe. Jay ging mit Tania zum Parkplatz, um ihr Kinderwagen und Babysitz auszuhändigen.

Die Sozialarbeiterin begleitete mich ins Erdgeschoss zur Kantine. Dort arbeiteten wir uns durch einen ganzen Stapel Dokumente, die ich unterzeichnen musste. Währenddessen erblickte ich die Mutter, deren Tochter auf der Perinatalstation im Brutkasten neben Immie gelegen hatte und auf eine Speiseröhren-OP wartete. Jetzt lag die Kleine an der Brust und wurde gestillt, während ein Schwesterchen im Alter von Ellie brav danebensaß. Die Frau schaute auf, ich wollte auf keinen Fall, dass sie herüberkam und sich nach Immie erkundigte. Sie winkte, und ich winkte zurück.

◆ ◆ ◆

Jay saß am Steuer, wir fuhren bergab vom Krankenhaus weg, da stieß ich einen Schrei aus, einen langen, lauten Schrei, der nicht enden wollte. Mein Unterleib fühlte sich an, als würde er von seiner eigenen Muskulatur zerrissen, entlang der *linea nigra*, die sich während der Schwangerschaft gebildet hatte. Aber da war kein dicker Bauch, nur eine klaffende Wunde.

Der Schrei wurde immer höher: »Ich kann sie nicht allein lassen, ich kann nicht!«

»Aber du hast beschlossen …«

»Du hast mich dazu gezwungen …«

»Nein, Julia, du hast es gewollt.«

»Au!« Es gab nichts zu sagen, Worte waren gegenüber diesem monströsen Gefühl sinnlos. Monster Mutterliebe.

Als wir die Umgehungsstraße erreichten, rastete ich aus.

»Dreh um, wir müssen zurück, dreh um, Jay!«

Wir steckten im Verkehr, an Wenden war nicht zu denken. Jay fuhr in eine Seitenstraße und hielt an.

»Sie oder ich, Julia.«

Wieder das schreckliche Aufheulen. Da war sie, die Entscheidung. Ich hatte die ganze Zeit gespürt, dass sie anstand, untergründig, hinter meinen ganzen Überlegungen. Dass Jay es aussprechen würde, hätte ich mir allerdings nicht träumen lassen. Ich brüllte ihn an, warf ihm Selbstsüchtigkeit und Egoismus und Grausamkeit und so weiter vor. Als ich mein Pulver verschossen hatte, fragte er mich, ob er mich zum Krankenhaus zurückfahren solle. Und ich sagte nein.

Ich hatte mein Kind mit Brief und Siegel abgegeben. Mein Verstand sagte mir, dass es das einzig Vernünftige war, also musste ich da durch. Ich brauchte Zeit, um wieder zu mir zu kommen, um sie zu betrauern und wieder die Kraft zu finden, die anderen Menschen, die ich liebte, zu lieben. Wenn ich mir diese Zeit nahm, könnte ich vielleicht auch wieder Zeit mit ihr verbringen.

Am nächsten Tag stand ich nicht auf. Ich rief die Sozialarbeiterin an und fragte, ob Immie für ein paar Stunden kommen könne. »Aber Sie haben gestern unterschrieben, dass Sie sie zwei Wochen lang nicht besuchen werden, damit sie sich in die neue Pflegefamilie einfinden kann.«

»Was meinen Sie?«

»Sie können sich doch bestimmt vorstellen, wie irritierend es für ein Kind ist, zur Herkunftsfamilie zurückzukommen und kurz darauf wieder weg zu müssen. Imogen muss erst einmal begreifen, dass ihr Zuhause bei Tania ist.«

»Aber sie begreift doch nichts, sie hat kein Gehirn!«

»Tut mir leid, aber die Regeln gelten für Imogen wie für jedes andere Kind.«

»Ich muss sie sehen, bitte, erlauben Sie es mir doch.«

»Oje, vielleicht war es doch ein Fehler, vielleicht ist die Pflegefamilie nicht die richtige Lösung für Sie …«

»Ich wusste nicht, wie es sich anfühlt.« Ich fing wieder an zu weinen.

»Ich schau mal, was sich machen lässt.«

Sie müssen die Regeln für mich umgangen haben, ich habe nicht nachgefragt. Ein paar Tage später kam Tania mit Immie und dem anderen Pflegekind, eine Jugendliche im Rollstuhl. Imogen saß in einem nagelneuen milchkaffeefarbenen Tragesack. Ich traute mich nicht, sie in den Arm zu nehmen, ich wäre vermutlich heulend zusammengebrochen. Elinor zuliebe bewahrte ich Haltung und tat so, als sei das nichts weiter als ein ganz bezauberndes und reichlich exzentrisches Mittagessen. Ich beschäftigte mich, servierte Suppe, brockte Brot hinein für die ältere Tochter. Sie lachte in einem fort, ein lautes, meckerndes Lachen, das schnell unser Gesprächsthema wurde und uns dauernd zum Mitlachen reizte. Hörte sie mal auf, bugsierte ihr die Pflegemutter schnell einen Löffel Suppe in den Mund. Nach dem Essen sagten sie *The Three Billy Goats Gruff* auf, ein Staccato mit zwei Stimmen, bei dem Tania die Zeilen beendete, wenn sie der Jugendlichen nicht einfallen wollten. Deren lange Finger tanzten über die Armlehne ihres Rollstuhls und gaben eine eigene Vorstellung. Ich fragte mich, warum sie ihre Mutter abgegeben hatte.

Im Kontrast zu dem extrovertierten Schützling wirkte Tania schüchtern, sie versteckte sich hinter dem langen Haar und einer Brille. Gleichzeitig strahlte sie eine Würde und Stärke aus, die mich vollkommen für sie einnahm. Die Art, wie sie Elinor aufmunternd zulächelte, um ihr die Angst vor dem schrägen Spektakel zu nehmen, bewies, dass sie mit Kindern umgehen konnte. Mir gegenüber war sie herzlich und trotzdem professionell, sie kam damit zurecht, wie ich mit Imogen Umgang haben wollte, jetzt, wo sie in ihrer Obhut war. Vielleicht spürte sie meine Versagensängste, weil ich mein Baby Fremden überließ, Fremden, die kompetenter waren als ich, vielleicht hatte sie es schon öfter erlebt. Ich fühlte mich jedenfalls nicht gedemütigt, nein, Tania vermittelte mir das Gefühl, respektiert zu werden.

Als es Zeit war für den Abschied, verstaute Tania den Rollstuhl und das Mädchen in ihrem Van, die ganze Zeit mit Immie vor ihrem Bauch. Ich konnte sehen, wie stark und geradeaus diese Frau war. Der Van war außer Sichtweite, ich nahm Ellie in den Arm und versuchte ihr zu erklären, dass die Pflegemutter so etwas wie eine Krankenschwester sei und sich für uns um Immie kümmern würde. Ellie verstand nicht, warum ihre Schwester wieder weg war. Sie fragte nach dieser anderen Schwester im Rollstuhl. Ich redete mich um Kopf und Kragen, es sei nicht für lange, wir müssten ein bisschen abwarten und dergleichen, aber sie hörte nicht auf zu fragen, bis ich einknickte: »Sie kommt bestimmt bald nach Hause«, sagte ich.

KAPITEL 8

Tania

Dezember 2002. Jay, Ellie und ich besuchten Immie zum ersten Mal, seit sie bei Tania lebte. Sie wohnte 45 Autominuten von uns entfernt in einem dreistöckigen viktorianischen Haus neben dem Gelände eines Steinmetzen, der die eben fertiggestellten Grabsteine an die Hauswand lehnte. Wir klingelten, und Tania kam durch das enge Treppenhaus herunter, Imogen in den Armen, hielt sie mir hin und rief: »Da ist sie!«, gerade als hätte Imogen dringend nach ihrer Mami verlangt. Ich küsste sie ab und gab mich entzückt ob der Fortschritte und wie hübsch mein Mädchen geworden sei ... Als ich sie hielt, merkte ich, wie ich ruhiger wurde und die Spannung von mir wich; dann setzte ich sie auf meinen Schoß und fühlte mich wieder ganz.

Tania beantwortete Elinor alle Fragen und ließ sie Immies neues Zuhause erkunden. Ellie wollte wissen, wo die Schwester schlief, und wurde zu dem hübschen Schlafzimmer unterm Dach geführt, mit Teddybären im Kinderbettchen und Winnie the Pooh an der Wand. Zurück im Wohnzimmer setzte sich Elinor aufs Sofa und beobachtete ehrfürchtig, wie das große Mädchen im Rollstuhl durch eine Falltür in der Decke wie der *deus ex machina* herabgelassen wurde. Der Lift war eine von etlichen technischen Besonderheiten im Haus, Hebekräne und Stehtrainer im Raum der Älteren, die Gummibank über der Badewanne, das ausladende Gestänge aus Edelstahl um die

Toilette. In einer Ecke des Wohnzimmers stand der Computer, an dem Tania ihre Magisterarbeit über Kinder mit schweren und Mehrfach-Lernbehinderungen geschrieben hatte; die lag allerdings bis auf weiteres aus Zeitmangel auf Eis. Der Computer verschaffte Tania auch Zugang zu Selbsthilfegruppen und Chatrooms, in denen sich Pflegeeltern weltweit über ihre Probleme austauschten. Darüber hingen ein staubiges Kreuz, das von einer offenbar länger zurückliegenden Palmsonntagsmesse stammen musste, und eine Stoffcollage von Häusern mit roten Dächern, in die die Worte »Wir dienen dem Herrn« eingestickt war.

In den Regalen standen viele Romane, Kinder- und Jugendserien, etwa *Die Chroniken von Narnia*, *Anne auf Green Gables* und sämtliche Bände von *Chalet Schools*. Einen Raum weiter war das Klavier zu sehen, Schuberts *Lieder ohne Worte* standen aufgeschlagen auf dem Notenhalter. Und es gab eine große Bildergalerie von den Kindern, die Tania bisher betreut hatte. Elinor war sofort gefesselt, stellte sich vor die Fotos und fragte Tania über die zwölf behinderten Jungen und Mädchen aus. Ein Zweijähriger klatschte fröhlich in die Hände, ein Bub mit ausdruckslosem Gesicht klopfte ans Fenster. Mich berührte vor allem ein kleines Mädchen mit wuscheligem Haar, dunklen Augen, die hinter riesigen Lidern fast verschwanden, und einem schmächtigen, verkümmerten Körper.

Wir besuchten Tania regelmäßig, und es waren erstaunlich positive Besuche. Ankommen und Wegfahren, das war hart. Jedes Mal, wenn ich das Auto vor ihrem Haus abstellte, blieb ich noch einen Moment drin sitzen und wünschte mir, ich müsste nicht wieder in Immies Welt eintauchen. Und jedes Mal, wenn ich ging, zerriss es mir das Herz, die Liebe zu meinem Kind wurde übermächtig. Wenn ich wieder im Wagen saß und den Zündschlüssel umdrehte, spürte ich die unsichtbare Nabelschnur zu ihr; sobald ich in die Hauptstraße abbog und Richtung Kreisel fuhr, spannte sie sich, es gab einen Ruck, und im Kreisel musste ich dagegen ankämpfen, nicht einmal ganz herum und zurückzufahren. Zu meinem Baby, bei dem mein angestammter Platz gewesen wäre. Resolut bog ich links auf den Zubringer zur Umgehungsstraße ab, setzte den Blinker und fuhr auf die Überholspur, und irgendwann kam das erlösende »Bang«, die Schnur riss sich los, schnurrte wieder zusammen, und ich war frei.

♦ ♦ ♦

Das Familienleben normalisierte sich allmählich. Wir bezahlten ein junges Mädchen aus der Nachbarschaft, an dem einen oder anderen Abend auf Ellie aufzupassen, und gingen aus. Ich schätzte die Freiheit, die früher so selbstverständlich gewesen war, ging mit Jay ins Kino, freute mich auf kleine gemeinsame Besäufnisse ohne Streit und Krach. War Ellie im Kindergarten, musste ich nicht zurückhechten, um meinen Haushalt vor der totalen Implosion zu bewahren. Ich konnte tun, was ich wollte, konnte durch Geschäfte bummeln, ohne angestarrt zu werden, mich in die Bibliothek setzen, ohne die anderen zu stören.

Ich meldete mich im Chor zurück, ging zur wöchentlichen Probe für das Weihnachtskonzert. Das Chorsingen hatte ich relativ früh in der ersten Schwangerschaft aufgegeben, die meisten wussten nicht einmal, dass ich Kinder hatte. Ich kam spät hin, zu spät, um Neuigkeiten auszutauschen. Und dann merkte ich, dass ich einen Riesenfehler gemacht hatte. Alle

Lieder handelten von Müttern und Kindern. Klar, es ging ja auf den Advent zu. Ich hatte einfach nicht daran gedacht, wie quälend Texte sein können, zärtliche Schlaflieder, und die Mutter schaukelt sanft ihr Kind in der Wiege, ihr winziges Kind. Ich brachte keinen Ton heraus, starrte auf meinen Schoß und konzentrierte mich darauf, nicht loszuflennen.

Ich hätte es wissen können. Das Singen war so ein wichtiger Teil meines Umgangs mit Immie gewesen, angefangen von dem Tag, als ich mein Gesicht in die Luke des Brutkastens gepresst hatte. Die wilden Kinderlieder konnte ich immer singen, aber die leisen Wiegenlieder hatte ich früh aufgegeben, nachdem Immie mit ihrem Geschrei angefangen hatte. *Summer Time* beispielsweise. In der Zeit kurz vor ihrer Geburt hatten Jay und ich uns oft die hoffnungsgesättigte Melodie von Gershwin vorgeknöpft – er am Klavier, ich der Gesang – und uns bei *Your Daddy's rich, and your Mama's good looking* bedeutsam zugelächelt. Und dann hatten wir Immie mit Mozart heilen wollen, mehrfach, aber es hatte in Gebrüll und Chaos geendet. Jay hatte es als Erster nicht mehr ausgehalten, die Schultern hochgezogen, und das war's dann gewesen, wir hatten abgebrochen, uns in die Arme genommen und uns versichert, das Gröbste liege hinter uns. Was leider nicht stimmte. Wir würden nie ein süßes, zartes Kind haben, das wir angurren konnten.

Die Mikrozephalie-Diagnose von Virginia Nicholas hatte allen musikalischen Gemeinschaftsaktionen ein Ende gesetzt. Und seit Randles CTs sang ich auch Ellie nichts mehr vor. Es ging einfach nicht, dieser wichtige Teil meines Wesens war verdorrt.

♦ ♦ ♦

Eine Chorkollegin holte es aus mir heraus, und als ich erzählte, ich hätte Immie zu einer Pflegefamilie gegeben, überraschte sie mich. »Eine gute Freundin von mir hat ihren Sohn vor dreißig Jahren weggegeben, ruf sie mal an.« Die Freundin war in Kalkutta und organisierte dort ein Hilfsprogramm für behinderte Kinder, als ich das erste Mal anrief. Aber sie meldete sich sofort, als sie meine Nachricht auf dem Anrufbeantworter abgehört hatte. Es war lang her, aber die Erinnerung war lebendig, die Erinnerung an die Jahre, in der sie ihren Sohn selbst betreut und sich eingebildet hatte, sie hätte alles im Griff, während ihre Ehe in die Brüche ging und die anderen Kinder auf die schiefe Bahn gerieten. An die grässliche Suche nach einer Pflegefamilie … aber als diese endlich Erfolg gehabt hatte, waren die Dinge wieder in ein ruhiges Fahrwasser gekommen. Ihr schwerbehinderter Sohn lebte hundert Meilen weit entfernt, sie bezahlte seine Betreuung und besuchte ihn mehrmals pro Jahr. Die Pflegefamilie war großartig, sehr liebenswürdige Menschen, die ihn mochten und seine komplizierten Ansprüche in einer Weise erfüllten, zu der sie nie in der Lage gewesen wäre. Und sie konnte ihre Talente entfalten und den behinderten Kindern anderer Eltern helfen, die weit schlimmer dran waren als sie.

♦ ♦ ♦

Ellie und Jay begleiteten mich zu der Therapiesitzung, die ich während Immies Krankenhausaufenthalt vereinbart hatte. Die Praxis befand sich in einer umgebauten Kirche. Ich setzte mich in dem gemütlichen Raum direkt neben die Kleenexrolle und heulte mich aus. Jay redete für mich. Die Therapeutin brachte eine Kiste mit Spielzeug, und Elinor suchte sich ein paar Puppen aus, sie hatten fast lebensgroße Gesichter und weiche Körper aus Stoff. Ellie brauchte ewig, um sie auszuziehen und in Decken zu wickeln.

Als die Zeit um war, suchten wir unser Kleinkind und entdeckten sie hinter meinem Sessel, dort wickelte sie die Puppen in den schweren Vorhang. Sie sah zu mir auf.

»Können wir die Schwestern hierlassen?«

»Wir müssen sie in die Kiste legen, für die anderen Kinder.«

»Kein Problem«, sagte die Therapeutin, »lass sie ruhig liegen.«

Bei uns zu Hause war die Gegenwart von Ellies Schwester nicht völlig getilgt. In einer großen schwarzen Schachtel hob ich ihre Papiere auf, sie stand auf dem Boden in einer Ecke des Wohnzimmers. Von meinem Schreibtisch aus konnte ich sie hinter dem Stillstuhl sehen. Ihr Leben steckte nun in der Schachtel. Dahinter waren die Unterlagen für meine Arbeit, gestapelt in einer Reihe von Kartons, die wir seit unserem Einzug noch nicht ausgepackt hatten.

In den Kartons waren die Programme und Fotos und Besprechungen von Theateraufführungen, bei denen ich vor fünfzehn Jahren Regie geführt hatte. Es gab Hefte und Alben von meiner Arbeit in Indien vor gut einem Jahrzehnt. Das war im Kern das Material für das Buch, das ich im Herbst so überstürzt begonnen und wieder aufgegeben hatte.

Ich zeigte Ellie die bunten Bilder von Schauspielern in gefältelten Röcken und juwelenbestücktem Kopfschmuck. Ein Foto zeigte mich im Sari in einem Dorf, backstage während einer Theateraufführung.

»Das bist du, Mummy?!!!«, japste sie. Es war wunderbar, es freute mich, dass sie so neugierig und fantasievoll war, ich wollte, dass sie von diesen fremden Welten erfuhr und sie verstand. Im September hatte ich arbeiten wollen, weil es mir guttat, jetzt spornte es mich an, dass Ellie von meiner Arbeit an dem Buch profitieren könnte. Sie interessierte sich für Welten jenseits ihrer eigenen, und von der Welt hatte ich ja ein bisschen was gesehen. Später einmal würde sie diese ersten Kenntnisse ausbauen, selbst im Ausland arbeiten oder mitkommen, wenn ich wieder Engagements annahm. Ich sah mich schon auf Fotos, die eine Abenteurerin zeigten, eine Abenteurerin, die auch Mutter war. Ja, ich wollte wieder arbeiten.

Aber der Social Service würde es mir nicht leicht machen. Pflegefamilien sind als temporäre Maßnahme gedacht. Wenn wir Imogen nicht zurücknehmen wollten, mussten wir sie zur Adoption freigeben. Amanda kam extra zu mir nach Hause, um mir das zu sagen.

Adoption – sie ganz aufgeben, mein Sorgerecht mit Brief und Siegel abgeben, meine Verbundenheit mit ihr kappen – wie sollte ich das schaffen?

Sonst müsse Immie nach Hause zurück, das sei die einzige Alternative, erklärte die Sozialarbeiterin. Aber mit Immie käme das Chaos zurück, der Streit, der Lärm. Jay wäre bestimmt dagegen und würde mir die Pflege überlassen. Für zwanzig Jahre und mehr.

Jay und ich wurden zu einem Termin in Tanias Haus gebeten, bei der eine ganze Gruppe von Sozialarbeitern auf uns einredete. Sie setzten uns unter Druck, wir müssten innerhalb von einem Monat über eine Adoption entscheiden. Je eher, desto besser Immies Chancen, zu den Adoptiveltern eine enge Bindung zu entwickeln. Das sei lächerlich, sagte ich, wie sollte jemand, der kein Gehirn hat, eine Bindung entwickeln? Die Sozialarbeiter insistierten, sie hielten sich an die Anforderungen des Fostering and Adoption Panel, und für das stehe stets das Wohl des Kindes im Vordergrund. Vor meinem geistigen Auge wurde das allmächtige Panel zu einer Reihe von Professoren für Behindertenernährung in Nadelstreifen.

Und wer sollte Immie überhaupt adoptieren? Nette Leute, die das kleine Engelchen sahen und sie haben wollten? Aber bald wäre sie kein kleines Engelchen mehr, würde sabbern, unter scheußlichen Operationen und abstoßenden gesundheitlichen Einschränkungen leiden, plump und unkoordiniert. Was wäre dann? Wenn diese Leute feststellten, dass sie doch nicht mit dem Kind zurechtkämen, wäre sie schlimmer dran als zuvor. Man würde in ganz Großbritannien nach geeigneten Paaren suchen, sagten die Sozialarbeiter, das Auswahlverfahren sei streng, man unternehme alles, um sie zu unterstützen. Ja, natürlich könnte es sein, dass Imogen weit von uns entfernt unterkommen würde. Aber wir müssten an das Kind denken, nicht an uns. Kinder brauchten Stabilität.

Ich hielt mein Baby eng an mich gepresst und ließ meinen Tränen freien Lauf. »Sehen Sie denn nicht«, sagte ich, »sie war länger in meinem Bauch, als sie jetzt auf der Welt ist. Ich kann sie nicht gehen lassen.«

Der Kampf mit dem System war noch nicht ausgestanden. Zurück in unserem Cottage, war ich entschlossen, Plan A erneut aufzugreifen und die Idee mit dem Kinderheim zu verfolgen. Wenn es dem Social Service um Stabilität ging – die bot ein solches Heim. Wir mussten eine geeignete Einrichtung finden.

◆◆◆

Bei uns im Ort gab es ein auf die speziellen Bedürfnisse von Behinderten ausgerichtetes Heim, untergebracht in einem klassizistischen Haus, das hinter großen Bäumen etwas zurückgesetzt an der Hauptstraße stand. Die Auffahrt führte an der Seite des Gebäudes zu einer Reihe einstöckiger Fertighäuser hinter dem Haupthaus. Eine Lehrerin begrüßte uns und führte uns durch die Schlafräume, alle mit Teppich ausgelegt und mit technischen Hilfsmitteln ausgestattet. Poster hingen an der Wand, Spielzeug lag umher, beides gab den Zimmern eine gewisse Individualität, trotzdem waren sie eher nützlich als wohnlich. Weit weniger luxuriös, als sie in der Broschüre wirkten.

Wir liefen mit der Lehrerin über den Hof, um die Kinder im Unterricht zu sehen. An der Tür hielt sie inne und fragte: »Haben Sie schon solche Kinder gesehen?« Offenbar hatte sie Angst, wir könnten schockiert sein.

Ich sagte: »Ja, im Krankenhaus. Imogen sieht bald auch so aus!«

Sie riss die Tür auf: keine Schreibtische, nur ein paar normale Tische, eher ein heruntergekommener Gymnastikraum als ein Klassenzimmer. Einige Kinder lagen auf Matten am Boden, die Betreuer streichelten sie sanft und schwatzten fröhlich miteinander. Ein zehn- oder elfjähriger Junge war senkrecht an einem Stehtrainer angeschnallt, den Kopf in einer Art Schraubstock. In der Ecke lag ein Mädchen in einem Becken mit farbigen Plastikbällen, die Lippen über vorstehenden Zähnen aufgeworfen. Meine fünfmonatige Immie war viel hübscher als diese Kinder, aber ich fühlte mich nicht abgestoßen oder verängstigt, ich empfand eher eine große Zärtlichkeit für sie.

Im Büro der Leiterin bewirtete man uns mit einer Tasse Tee und Ingwerplätzchen. Ich wollte praktische Auskünfte, wie hoch waren die Kosten? Sie seien kürzlich gezwungen gewesen, die Gebühren um fünfzig Prozent zu erhöhen, sie lagen jetzt bei hundertfünfunddreißigtausend Pfund pro Jahr. Ja, das war viel Geld. Einige Familien finanzierten einen Platz mit den Entschädigungszahlungen, die sie nach erfolgreicher Klage gegen den National Health Service zugesprochen bekommen hatten. Die meisten holten sich die Kosten von der zuständigen Behörde wieder, aber es dauere oft Jahre, bis man diese Schlacht gewonnen hätte. Sie betreuten keine Babys, insofern könnten sie Imogen erst in einigen Jahren aufnehmen.

»Wir haben nicht das Gefühl«, sagte ich, »dass wir unsere Tochter kennen.«

Die Leiterin schnaubte zustimmend. »Darüber klagen die meisten Eltern, sie sagen, ihre Kinder würden sie nicht erkennen.«

»Wann?«

»Immer dann, wenn sie aufgeben und es hierherschicken, wenn das Kind fünf oder acht Jahre oder noch älter ist. Wenn sie merken, dass es kein Baby mehr ist.«

»Wie sind diese Eltern?«, wollte Jay wissen.

»Gebrochen, um ehrlich zu sein, völlig gebrochen.«

Ob die Schule ganzjährig geöffnet sei. Nein, über Weihnachten hätten sie geschlossen, sie sähen es gern, wenn die Eltern ihre Kinder dann nach Hause nähmen. »Wir haben das eingeführt, weil wir gemerkt haben, dass die Leute den Bezug verlieren. Es dauert manchmal so lange, bis sie endlich einen Platz hier ergattert haben, dass sie dann nichts mehr von ihren Kindern wissen wollen. Sie geben sie hier ab und rennen weg.«

Klasse, dachte ich, da führt man jahrelang Prozesse und kämpft um Geld, und zu welchem Ende? Man überlässt sie einem Heim.

Wenn wir Immie in ein Heim geben wollten, mussten wir das jetzt schaffen, nicht erst zu einem Zeitpunkt, an dem wir sie so sehr hassten, dass wir sie nie wiedersehen wollten. Jay wollte ebenfalls den Kontakt zu Immie halten, er liebte sie, aber er wollte die Gewissheit, dass sie sicher in der Obhut von Fachkräften war. Wir mussten eine Einrichtung finden, die Babys aufnahm. Ich arbeitete mich durch meine Liste und telefonierte herum. Bei einem Verein für Menschen mit Kopfverletzungen erwischte ich einen eifrigen jungen Mann, der sich für mich erkundigen wollte. Bald rief er zurück und nannte ein Babyhospiz in Liverpool. Es war in ganz Großbritannien die einzige Institution, die Kinder unter vier Jahren in Dauerpflege nahm. Sie hatte nichts mit dem Social Service zu tun. Das klang schon mal gut.

Jay und ich fuhren gemeinsam hin, drei Stunden Fahrt waren es bis zu »Zoe's Place«, und ich dachte, wie soll ich das aushalten? Das Hospiz war klein und still, untergebracht in einem luftigen Obergeschoss, es gab viele kleine Bettchen und freundliche Pflegerinnen, die mich an Mary erinnerten. Sie fragten als Erstes, wie sie uns helfen könnten, und ich wusste keine Antwort. Zu sehr hatte ich mich an die Hartleibigkeit der Sozialarbeiter gewöhnt, als dass ich schnell auf diese Offenheit hätte umschalten können.

»Nun, wir wollten Sie fragen, ob Sie sich um unsere Tochter kümmern würden.«

»Natürlich, für wie lange?«

»Vier Jahre?«

»Gut!«

Das trieb mir die Tränen in die Augen. Wie verhärtet, zynisch und böse war ich durch den Kampf mit den Höllenhunden, ihren Regeln und Vorschriften schon geworden! Das wurde mir angesichts der zuvorkommenden Freundlichkeit hier erst klar. Und dass ich den Bezug zu der eigentlichen Ursache für all das verloren hatte: meine Verletzlichkeit. Hier wurde meine Schwäche akzeptiert. Sie hießen mich und mein Kind willkommen. Und mit den Tränen fiel meine Bedürftigkeit von mir ab. »Vielleicht brauche ich ihre Hilfe doch nicht. Ich will Immie nicht für Jahre in eine Institution sperren, ich will ihre Mutter sein.«

Aber ich war mir noch nicht sicher, ob ich sie zurückhaben wollte.

♦ ♦ ♦

Seit Imogen sich offiziell bei Tania eingewöhnt hatte, durfte sie zu uns kommen und bei uns bleiben. Jay war gegen solche Rückschritte, gerade hätten sich die Dinge beruhigt, Imogens Rückkehr würde wieder alles aufmischen. Also rief ich Nadine an und fragte, ob ich sie mit den Mädchen in Wales besuchen dürfe. »Natürlich«, sagte sie mit ihrer gewohnt guten Laune, »komm her und bleib, solange du willst.« Ich war fröhlich, als ich, die Sonne im Rücken, in die walisischen Berge fuhr, meinen Nachwuchs auf der Rückbank. Sollte Immie doch den größten Teil der Fahrt schreien – ihr Gebrüll fehlte mir. Ellie saß nachdenklich daneben. »Immie hat einen schlimmen Kopf, stimmt's, Mama?«

Nadine kam uns den Hügel hinunter entgegen, riss die Wagentür auf und küsste meine Brut ab. Ihre Lippen schmatzten auf den runden Bäckchen, rhythmisierten ihre herzlichen Worte: »Eres mi niña … preciosa … cariño mio … la màs dulce … angel de mi vida.«

Granny Nadine schleppte Immie das ganze Wochenende mit sich herum, schaukelte und fütterte sie, als müsste sie sie aufpäppeln. Sie steckte sie in den Tragesack und ging mit uns auf den Berg, Ellie huckepack. Da oben im Moor fühlte ich mich so stark wie seit langem nicht mehr. Abends ließen wir den Kindern ein Bad ein, das Wasser lief und lief, damit Immie nicht schrie, Nadine schwenkte ihren nackten Körper durchs Wasser, und Ellie lachte über dieses Spiel und planschte. Ich musste eine Träne verdrücken; ich hatte es nie geschafft, dass Ellie mit ihrer Schwester gemeinsam badete. In der Nacht schnarchte ich lautstark, eingerahmt von meinen Töchtern.

Nadine wollte mich auf dem Heimweg begleiten, und ich nahm es gern an. Solange sie Immie hielt, würde diese nicht schreien. Wir fuhren durch den Regen gen Süden, drei Generationen von Frauen, die aus vollem Hals *Old MacDonald had a farm, eijeijeijoh* sangen. Seit Wochen das erste Mal, dass ich fröhlich sang.

Bei Tania streifte Nadine, die ausgebildete Pflegerin, durch den Wohnraum, inspizierte jede Ritze und jeden Spalt mit einem so kritischen Gesichtsausdruck, dass ich mich schon fragte, ob ich zu unkritisch gewesen sei, als ich mich mit diesem Pflegearrangement einverstanden erklärt hatte.

◆ ◆ ◆

Seit dieser Zeit holte ich Immie einmal pro Woche über Nacht nach Hause. Jay musste sich damit abfinden. »Ich kann weder mit ihr noch ohne sie leben«, sagte ich ihm, »wie eine schlechte Liebesgeschichte.« Wir holten sie am Donnerstagmorgen ab, fuhren von Tania direkt zu der Therapeutin – Ellie spielte auf dem Boden mit den Puppen, ich saß in der Ecke bei den Papiertaschentüchern, und Jay fütterte Imogen im anderen Sessel. Ich konnte sie nicht halten, das hätte mich irritiert, meine Gefühle wären dann in dieser Fleisch-und-Blut-Abhängigkeit stecken geblieben. Ich wollte aber auch meine anderen Gefühle erkunden, und ich wollte Jays hören. Die Therapeutin war eine ausgebildete Kinderpsychologin, und ich vertraute auf ihre Einschätzung von Elinor. Oft unterbrach sie uns mitten in einer Diskussion und versuchte, Ellies Spiel zu interpretieren, oder fragte sie etwas. Es tat uns allen gut, unsere Vorstellungen von Immie auf diese Weise zu teilen. Ich wollte es versuchen und zu einer gemeinsamen Entscheidung finden.

Den Rest des Tages verbrachte ich mehr oder weniger wie früher – ich saß die meiste Zeit im Stillstuhl und fütterte das Baby. Tania hatte sich darauf eingelassen, ohne Sonde zu arbeiten, sie konnte meine Vorbehalte gegen eine Gastrostomie nachvollziehen und stimmte mir zu, dass man Immies einzige Fähigkeit fördern sollte. Aber wenn Immie für ein Fläschchen mal wieder den ganzen Nachmittag und den halben Abend gebraucht hatte, bewunderte ich Tanias Geduld. Die Experten waren schon in Habacht-Stellung mit ihrer künstlichen Ernährung, früher oder später würde Immie ihre Fähigkeit zu saugen verlieren.

Nach einer Nacht mit den Spritzen und dem endlosen Gebrüll und einer Ellie, die mich löcherte: »Aber warum muss sie zu Tania?«, war ich mit den Nerven wieder völlig am Ende. Hatte ich dann Imogen sicher in Abingdon deponiert, erwartete mich zu Hause noch mehr Ärger – in Gestalt ihrer älteren Schwester, die ihre Fersen in mich stemmte und verkündete: »Du kümmerst dich nicht um sie, aber ich werde es tun!«

Einmal hatte ich zufällig Immies Sitz im Auto vergessen und wurde die ganze Woche über von meinen eigenen Gedanken und Ellies Stimme gequält: »Das ist der Sitz von meiner Schwester. Sie ist unser Baby, warum muss sie dauernd weggehen?«

Ellies dritter Geburtstag stand bevor, bald danach dann Weihnachten. Das glückliche Familienleben war mir wichtig, also musste ich etwas dafür tun. Auf dem Rückweg vom Kindergarten fuhren wir zum Gartencenter und kauften die schönste Fichte, die sie hatten. Wir manövrierten sie durch die Tür ins Wohnzimmer und verbrachten einen ganzen Abend damit, den Stamm so abzusägen, dass die Weihnachtsfee direkt unter der Decke schwebte. Als der Baum endlich stand, bestückten wir ihn mit der Lichterkette, die ich für Immie am Laufstall befestigt hatte.

Am nächsten Morgen holte ich die Kiste mit der Weihnachtsdeko herunter. Darin waren so viele hübsche, zerbrechliche Dinge – Ellie war jetzt alt genug, um sie nicht sofort kaputtzumachen. Sie fischte einen der rot-grünen Anhänger heraus, die Jay und ich kurz vor ihrer Geburt gekauft (und, während die ersten Wehen einsetzten, noch aufgehängt) hatten, stellte sich vors Fenster, ließ den Nippes von einem Finger baumeln und betrachtete die Lichtreflexe auf den Pailletten. In der Kiste entdeckte ich Papierschmuck, den ich mit ihr letztes Jahr bemalt hatte. Und dann fiel mir ein Dodekaeder in die Hände, den ich mit vielleicht zwölf Jahren gebastelt und mit raffinierten braun-goldenen Spiralen beklebt hatte. Dieses Jahr würde der Baum exotischer und lebendiger denn je.

Wir hatten vor, Immie für die Zeit von Heiligabend bis zum zweiten Weihnachtstag heimzuholen. Wir wollten ganz altmodisch mit der ganzen Familie feiern, mit den beiden kleinen Mädchen, genau so, wie ich es mir während der Schwangerschaft ausgemalt hatte.

♦ ♦ ♦

Ich nahm Kontakt auf zu der Freundin der Nachbarin, die ihren Entschädigungsprozess gewonnen hatte; mich interessierte, wie das Leben aussehen würde, wenn wir einen finanziellen Ausgleich erstreiten könnten. Außerdem wollte ich eine andere Mutter mit einem CP-Kind kennenlernen – und dass Jay einmal deren Leben sah.

Rachel lebte in einem Reihenhaus bei West-London. Es war das letzte Haus in der Reihe, rechts befand sich eine solide Garage, so viel war an dem dunklen Abend, als wir sie besuchten, zu erkennen. Drinnen erwartete uns ein nach neuesten Erkenntnissen ausgestattetes Zimmer mit Krankengymnastikbereich für Rachels achtjährige Tochter. Der Umbau war vor einem Jahr durchgeführt worden, nachdem sie die sechsjährige juristische Auseinandersetzung mit dem National Health Service gewonnen hatte. Das Geld lag jetzt auf einem Treuhandkonto, damit das Kind zu seinen Lebzeiten die bestmögliche Betreuung bekam.

»Wollen Sie sie mal knuddeln?«, fragte Rachel und setzte mir das große Mädchen auf den Schoß. Ich strich ihr über das lockige Haar und bekam die Gastrostomie gezeigt, auch die Flüssignahrung, die in ihren Magen gepumpt wurde, alles war sehr diskret. In der Ecke war ein Stehtrainer, das Spezialbett ermöglichte es, das Kind während der Nacht zu drehen. Es war alles sehr ansprechend konstruiert – und sicher ziemlich teuer gewesen.

Jay und ich saßen mit Rachel und ihrem Mann in deren Küche und tranken Rotwein; dabei sprachen wir sehr ausführlich über den Prozess, über die schwierigen, belastenden Verhandlungen im Gerichtssaal, die Durchleuchtung ihrer Privatsphäre. Der Fall war eigentlich klar gewesen, es gab Berichte über den Verlauf der Geburt, Ärzte und Hebammen hatten ihre Fahrlässigkeit schriftlich bestätigt. Rachels Mann war Anwalt, er hatte seinen ganzen Sachverstand in den Prozess eingebracht und sich zusätzlich Hilfe von Kollegen geholt. Das Geld von der zuständigen staatlichen Stelle für die Prozesskosten hatte nicht gereicht, er hatte es aus eigenen Mitteln aufstocken müssen, insbesondere in der letzten Prozessphase. Doch die Hartnäckigkeit hatte sich ausgezahlt – wie wir ja sähen. Ihre Tochter wurde rund um die Uhr von den besten verfügbaren Fachkräften betreut.

Die Unterhaltung teilte sich, Jay redete mit dem Mann, ich mit Rachel. Sie beschrieb den Kampf um die Schule – sie sollte trotz der Elternproteste geschlossen werden – und das Problem, qualifizierte Betreuer zu finden. Sie erwähnte eine Familie, die ihren Sohn kürzlich zur Adoption freigegeben habe – welch ein Schock das gewesen sei, der Junge und seine Eltern seien von jetzt auf gleich aus der Gemeinschaft verschwunden. Ich spürte, dass sich die betroffenen Eltern gegenseitig viel Halt gaben und wie wichtig es war, Menschen in einer ähnlichen Lage zu kennen. Ich könnte eine von ihnen sein, dachte ich, ich könnte mir vorstellen, wie Rachel zu werden.

Auf dem Heimweg brüllten Jay und ich uns an. Er war entsetzt über meine Begeisterung für Rachels Leben, befürchtete, ich wolle selbst so leben. Er hatte nur die negativen Seiten mitbekommen, sah vor allem den Stress, unter dem die Familie stand. Das Gespräch mit dem Vater hatte ihn dazu gebracht, jede Beziehung zu Immie abzulehnen. Wir stritten uns während der ganzen Fahrt. Als es auf Mitternacht zuging und wir die Cotswold Hills erreichten, kamen wir auf Immies Tod zu sprechen. Wir hatten das Thema ausgeblendet, seit sie bei Tania lebte, aber Jay hatte offensichtlich lange darüber nachgedacht. Er erzählte etwas aus einem Theaterstück, in dem der Vater seine behinderte Tochter bei Minusgraden in der Winternacht lässt, damit sie sich eine Lungenentzündung holt und stirbt. Das würde er tun, erklärte er, wenn ich Immie ernsthaft nach Hause holen wollte.

Ich explodierte.

»Du Mörder, du verdammter Mörder!«

Ich schnappte mir sein Handy und erklärte, ich würde seine Eltern anrufen und ihnen von seinem Verbrechen erzählen. Die Planung war meiner Meinung nach so spezifisch, dass unmittelbar Gefahr im Verzug war. Wir balgten uns um das Handy, zum Glück war sonst niemand auf der dunklen, vereisten Straße unterwegs. Jay fuhr auf eine Tankstelle, sein Handy immer noch in der Hand, sprang aus dem Wagen, während ich zu einem Mann rannte, der ahnungslos zu seinem Auto zurück wollte.

»Ich muss mir Ihr Handy leihen«, schrie ich ihn an. »Es ist ein Notfall, es geht um mein Baby.« Der Typ kramte in seinen Taschen, und ich stolperte davon, während ich die Nummer von Jays Eltern eintippte. Es war besetzt, er war mir zuvorgekommen, irgendwo da im Dunkeln um die Tankstelle. Zweifelsohne hatte er sie gebrieft, dass ich völlig durchgedreht sei. Ich gab das geliehene Handy dem verblüfften Besitzer zurück, suchte Jay und riss ihm seins aus der Hand. Wieder und wieder brüllte ich seine Mutter an: »Dein Sohn ist ein Mörder!« Ihre Versuche, mich zu beruhigen, richteten nichts aus.

Weiß Gott, was der Tankwart oder gar sein Kunde sich gedacht haben. Irgendwie beruhigte ich mich schließlich so weit, dass ich ins Auto steigen und mit Jay nach Hause fahren konnte. Aber ich würde den Vorfall nicht auf sich beruhen lassen.

♦ ♦ ♦

Obwohl es kalt geworden war, hatten die Vögel noch nicht damit angefangen, die Obstbäume kahlzupicken, und die Stechpalme war noch voller Beeren, voller und roter als in den Jahren bisher. Ich verband die Stechpalmenzweige mit Draht zu einem Kranz, ergänzte ihn mit einigen Efeuranken und hängte die festliche Krone an die Eingangstür, damit sie Besucher willkommen hieß.

Jay ging zum Schreiner und holte einen Sack voll Sägemehl als besonderen Partyspaß. Ich hatte dreizehn Kinder eingeladen, ungewöhnlich viel, die meisten vom Kindergarten, die wie ihre Eltern zum Glück nichts von unseren Malaisen wussten. Anne half mir bei den Vorbereitungen, sie brachte Ellies Lieblings-Choco-Crispies in Papierkörbchen mit. Ich kaufte Erdbeeren und backte auf Elinors speziellen Wunsch hin eine vierstöckige Erdbeertorte mit pinkfarbenem Zuckerguss; früher hätte ich das vermutlich abgelehnt, weil es überhaupt nicht zur Jahreszeit passte. Am Samstagnachmittag standen Berge von Sandwichs, Würstchen und Kuchen in allen Formen und Größen auf dem Tisch, genug Essen für die doppelte Zahl von Gästen. Das Fest ging vollkommen störungsfrei über die Bühne, während ich mich voll darauf konzentrierte, Musik und Spiele und allen möglichen Jux für Dreijährige zu organisieren. Ein sechsmonatiges Baby war dabei, das unzählige Male in die Luft geworfen wurde, woraufhin es fröhlich krähte. So sehr ich meine Abwehrkräfte bemühte, ich fühlte mich zu dem Kleinen hingezogen. Auch wenn Immie nicht kräht, dachte ich, Immie hier zu haben wäre doch besser als dieses Loch, das ihre Abwesenheit in mein Leben reißt.

Brief an Elinor

Freitag, 20. Dezember 2002

Elinor, mein lieber Schatz,
diesen Brief sollst du lesen, wenn du älter bist. Wie alt, weiß ich noch nicht. Vielleicht haben wir Daddy bis dahin verloren, ich habe mich wieder mit ihm gestritten. Wir streiten uns vorn im Auto, und du schreist uns von hinten an: »Hör auf, Mummy, hör auf mit der Streiterei. Du sollst dich nicht streiten.« Es tut mir so leid, mein Liebling.

Das war das schwierigste Jahr in meinem Leben. Deine kleine Schwester Imogen ist auf so schreckliche Weise geboren worden. Und irgendwie ist ihr zerbrechliches Wesen zwischen uns geraten. Ich liebe dich so sehr, ich will dich nicht ihretwegen verlieren. Trotzdem, je länger, desto lieber habe ich sie.

Als du geboren wurdest, habe ich mich sofort in dich verliebt. Du bist so lebhaft, du bist so fröhlich, und du bist tapfer. Deine kleine Schwester ist nichts von alledem, ihre Behinderung schließt sie von der Welt aus, ich habe auch keinen Zugang zu ihr. Trotzdem muss ich bei ihr sein, ich muss mich um sie kümmern. Ich habe das Gefühl, dass ich mich nicht mehr so gut um dich kümmern könnte, wenn ich diesen Teil von mir verleugne. Du kommst aus demselben Schoß wie sie, ich habe euch beide geboren.

Ich weiß, dass du stark bist. »Ich werde mich um sie kümmern«, hast du gesagt, und ich glaube es dir, meine wunderschöne Dreijährige. Werden wir es schaffen, du und ich? Würde Daddy uns wirklich wegen Immie verlassen? Ich kann mir das Muttersein anders nicht vorstellen.

Das habe ich an Ellies Geburtstag geschrieben. Jay und ich hatten uns wieder einmal gestritten. Seit dem Besuch bei Nadine in Wales war ich immer mehr davon überzeugt, dass Immie nach Hause kommen sollte. Er aber war nach wie vor von dem Gegenteil überzeugt. Für mich lagen die Dinge ganz einfach, ich brauchte mein Baby, was immer es kosten mochte, selbst wenn ich deswegen Jay verlieren sollte. Elinor hätte ihre Schwester, und ich wäre wieder ein ganzer Mensch. Ich stellte mir meine alleinerziehende Zukunft nicht so sehr als Heilige denn als streitbare Amazone vor, eine mächtige, unabhängige Frau, die von allen bewundert wird. Jay war in meinen Tagträumen nur noch eine Randfigur, der Feigling.

In der grünen Kladde entdeckte ich eine gemeinnützige Organisation, die Eltern wie mir Unterstützung anbot. Ich rief sie an und fand heraus, dass eine ausgebildete Pflegerin mehrmals pro Monat zu uns kommen und das Kind hüten würde – wenn wir in Oxford wohnen würden. Dass die Ressourcen auf dem Land nicht eben üppig sind, hatten wir zu unserem Schaden bereits erfahren. Wenn ich in die Stadt ziehen würde und eine rollstuhltaugliche Erdgeschosswohnung fände, wäre vieles einfacher. Sicher hatte mein Ansprechpartner bei SCOPE recht gehabt: Auf Freunde und Familie sollte man sich verlassen können.

Einen zentralen Punkt in diesem Projekt hatte ich allerdings völlig vergessen oder, genauer gesagt, einfach ignoriert: meine Mutter zu fragen. Das holte ich allerdings nach.

Einen Tag vor Weihnachten stand ich unangemeldet vor ihrer Tür mit Imogen im Arm; ich hätte beschlossen, Jay zu verlassen, und ob sie mich bei der Betreuung der Kinder unterstützen würde. Sie bat mich herein, setzte sich zu mir und hörte zu. Dann sagte sie, sie könne mir nicht die Hilfe geben, die ich brauchte. Viel mehr kann sie nicht gesagt haben, bevor mein Vater dazukam. Er war felsenfest davon überzeugt, dass es uns allen schlecht bekommen würde, wenn ich Jay verließ. Er sagte (vielleicht nicht nur bei dieser Gelegenheit): »Hau nicht alles entzwei, Julia. Nur weil eine Sache in die Brüche gegangen ist, musst du nicht gleich dein ganzes Leben kaputtmachen.«

Dad hatte recht, es steckte eine Prise Vandalismus in meinem Plan, ich wollte tatsächlich alles kurz und klein schlagen: Sie alle hatten ein Gehirn, sie konnten ihre Position verteidigen, nur Immie konnte das nicht. Sie war das schwächste Mitglied der Familie, und trotzdem hatten sich alle gegen sie verschworen. Was sagte das über sie? Immie war ein hässliches Ding, das sie aufs Abstellgleis fahren wollten, damit es nicht die Annehmlichkeiten ihres Lebens auffraß. Sie ertrugen die deformierte Tochter einfach nicht, die ich ihnen aufgedrängt hatte.

♦ ♦ ♦

Die Therapeutin hatte gesagt, Weihnachten würde hart werden. Weihnachten und Geburtstage seien für Mütter, die Kinder abgegeben hätten, am schlimmsten. Wie geplant holte ich Immie an Heiligabend ab, damit sie für drei Tage bei uns blieb.

In der Mitternachtsmesse konnte ich nicht mitsingen, das war mir in meinem Leben noch nie passiert, aber die Mutter-Kind-Thematik dieses Festes brachte mich zum Heulen, und ich konnte einfach nicht mehr aufhören. Ich stand da und heulte, und der ganze Kummer durchflutete mich in vertrauten, überschäumenden Wellen. Was ich damals noch nicht wusste: Ich sang die nächsten eineinhalb Jahre keine einzige Note. Kein Kinderlied, kein Weihnachtslied, nichts.

Am ersten Weihnachtstag waren wir in London, Ellie war so lieb und fröhlich, wie ich es mir gewünscht hatte. Die Familie bemühte sich, so normal wie möglich mit Immie umzugehen, und nahm sie mir ab, damit ich in Ruhe essen konnte. Sie spuckte mal wieder ein Fläschchen aus, und eine ordentliche Dosis Milch und Schleim landete quer über dem Sofa meiner Kusine. Hektisch wurden Handtücher und Servietten gesucht, und ich erklärte: »Wenn dein Hirn genauso am Arsch ist wie ihres, passiert das eben mit dem Weihnachtsbraten!«

Beide Mädchen wurden reich beschenkt, obwohl die Leute sich offensichtlich mit einem passenden Geschenk für das behinderte Kind schwergetan hatten. Immie bekam mehrere Hütchen (Baby Gap hatte peruanische Strickmützen mit Ohrklappen im Angebot), die ihr alle zu groß waren, ihr Kopf wuchs nicht mehr, seit sie ein paar Wochen alt war, hatte sich das nicht bis zu denen rumgesprochen? Auf dem Heimweg stellte ich sie allesamt in einer Plastiktüte vor dem SCOPE-Shop ab.

♦ ♦ ♦

Zwei Tage später flog ich nach Bombay wegen der Recherchen für mein Buch. Es war genau das Richtige, ein Experiment, ohne Immie zu leben, eine Art Probezeit für die

Trennung. Ich war seit über drei Jahren nicht mehr in Indien gewesen, so würde ich mein Mutter-Ich zu Hause lassen und in die Welt der Kinderlosen zurückkehren. Mit Jay hatte ich vereinbart, während meiner Abwesenheit nicht dichtzumachen; nach meiner Rückkehr in zweieinhalb Wochen wollten wir weiterreden. Es war scheußlich, so weit von meinen Kindern entfernt zu sein, obwohl mir schnell klar wurde, dass ich Elinor viel mehr als Imogen vermisste. In den ersten Tagen rief Jay an und erzählte, sie hätte große Sehnsucht nach mir, würde kaum noch essen und könne nicht schlafen. Die Nachricht stresste mich sehr, bis ich ihm schließlich sagte, er solle mich nicht mehr anrufen. Ich musste mich abschotten.

Ich war viel allein, reiste mit Bussen oder Jeeps durch eine vertrocknete Landschaft, wanderte tags in den Dörfern mit der Kamera herum, schoss viele Fotos von Kindern, die ich Ellie zeigen wollte. Kinder auf Gepäckträgern hinten auf dem Fahrrad, hoch auf einem Ochsenkarren oder barfuß im Staub. Ellie sollte ihre sauber gebügelten Schuluniformen sehen, die Dorfschulen mit Wänden aus Pappmaschee und Binsenmatten anstelle der ihr vertrauten Stühle. In den kühleren Nächten saß ich stundenlang auf der Straße und filmte das Theater. Diese Welt, die so ganz anders war als meine eigene, nahm mich gefangen, die Menschenmengen, die Gerüche, das Gelächter, ich war froh, ein unbedeutender Punkt im Gewimmel zu sein.

Neujahr und mein achtunddreißigster Geburtstag gingen ohne viel Aufhebens vorüber. Natürlich waren überall Babys, geliebte Babys mit geschminkten Augen und klirrenden Fußkettchen und allem möglichen Schmuck, um ihre Niedlichkeit zu betonen. Einmal setzte mir eine Frau ihr Baby auf den Schoß und machte ein Foto von uns. Ich spürte, wie es sich an meinen Körper schmiegte, war fasziniert von den Muskeln, die sein Rückgrat an meinen Bauch drückten, eine sanfte Stärke, die Immie niemals entwickeln würde. Manchmal schrie irgendwo ein Säugling, und ich hätte ihn gern getröstet.

Jeden Morgen erwachte ich mit Tränen zwischen den Lidern. Im Schlaf zu weinen wirkte fast schon so selbstverständlich wie das Atmen. Einmal wach, wünschte ich mir, ich wäre in der Nacht gestorben, aber mein Körper lebte trotz allem, was er angestellt hatte, weiter.

Ich machte auf dem Boden Sit-ups, wollte wieder die Fitness vor dem Kinderkriegen erreichen. »Mein Körper ist ein Tempel«, rezitierte ich während des Übens. Ein Tempel mit einer eigenen Identität, nicht der jener Leben, die er beherbergt hatte. Ich erinnerte mich an den Traum mit den Luftballons und dachte, ich hätte endlich all die auf das Baby bezogenen Teile losgelassen: den Bauch, die Brüste, das Gesicht, die Arme. Mein Körper gehörte wieder mir.

Und Jay, wenn ich das wollte. Aus der Entfernung dachte ich oft an die Zeit der ersten Verliebtheit. So einen würde ich nicht noch einmal finden. Er war kein Feigling, wie ich mir vor kurzem noch eingeredet hatte. Seine Überzeugung, dass er nicht für Immie sorgen konnte, war nicht feige, sondern ausgesprochen realistisch. Ein Kind ohne jedes Bewusstsein für zwanzig Jahre und vielleicht mehr zu pflegen würde uns zerstören, nicht anders als die anderen Familien, die es versucht hatten.

War ich wirklich eine Amazone? Wenn ich mich für Immie und gegen Jay entschied, würde mein Leben ziemlich hart. Tussie Myerson, Gerald von SCOPE, ja, selbst Rachel mit den ganzen Entschädigungsgeldern hatten nichts beschönigt: Ein solches Leben würde ein einziger langer Kampf. Den ich allein führen müsste, in den ich unvermeidlich Ellie hineinziehen würde, ohne einen Daddy, der sie auffangen könnte.

Was wäre gewonnen, wenn ich das Baby behielte? Die einzige Person, die davon profitierte, wäre ich. Ich könnte mich dann wieder als ganzer Mensch fühlen. Reichte dieses Gefühl? Ich sah mich vielleicht als Amazone, aber wie würden mich die anderen sehen? Eine arbeitslose, alleinerziehende Mutter mit einer schwerstbehinderten Tochter, davon könnte ich meiner bisherigen Erfahrung nach wohl kaum zehren. Die Rolle versprach keinen Erfolg, eher würde sie mich wütend, frustriert und einsam machen. Es wäre der schiere Wahnsinn, ein grausamer, selbstzerstörerischer Wahnsinn, wenn ich mich für diese Rolle entschied.

Jay hatte diesem Wahnsinn seine Wahnvorstellungen entgegengesetzt: Immie umbringen. Für diese Kindstötung würde er ins Gefängnis wandern – und er wollte dieses Risiko offenbar auf sich nehmen, um uns vor weiterem Leid zu bewahren. Die Rolle stand ihm nicht besser als mir das Amazonenkostüm.

Einmal träumte ich von Granny. Sie hatte ein Bettjäckchen an und sich die Lippen hellrosa nachgezogen – so hatte ich sie in den letzten Wochen ihres Lebens gesehen. Aber ich lag da im Bett, nicht sie, und zwar als Achtunddreißigjährige ebenso wie als Elfjährige. Granny saß über mir auf dem Kopfkissen, ihr langes weißes Haar bedeckte mein Gesicht, als sie sich über mich beugte. Ihre Züge waren weich, ein Lächeln darin angedeutet. Als ich zu ihr aufschaute, legte sie die Hand auf meine Stirn und strich mir die Haare zurück. Eine bestimmte, langsame Geste, die immer wieder denselben sanften Bogen beschrieb. Wieder und wieder strich sie mir über Stirn und Haaransatz, als wolle sie den Schmerz aus meinem Gehirn streichen.

Als ich wach wurde, war mir der Sinn des Traums klar: Granny hatte mir vergeben, hatte mir die furchtbare Zerstörung verziehen, die in mir geschehen war, das Leid, das sie über meine Familie gebracht hatte. Vor allem aber hatte Granny ihrer eigenen Mutter vergeben, dass sie sie verstoßen hatte.

◆ ◆ ◆

Dienstag, 14. Januar 2003. Jay holte mich frühmorgens am Flughafen ab. Wir umarmten uns lange, sagten nichts, genossen die körperliche Nähe. Wir küssten uns, lächelten, merkten, dass wir beide allmählich graue Haare bekamen. Was war das für eine Scheiße gewesen! Nach meiner erzwungenen Einsamkeit in seinen Armen zu liegen gab mir Gewissheit: Gemeinsam war das Leben viel besser als getrennt. Elinor war der beste Beweis dafür, sie hat uns und unsere Einigkeit immer gestärkt. Imogen hingegen hat unser Band zerrissen. Über sie würden wir nie zusammenkommen.

2002 war vorbei, die Geburt rückte allmählich in die Ferne. Ich wollte nach vorn schauen. Jay und ich konnten unsere Beziehung retten, vielleicht nicht die Wunde heilen, die der Verlust von Immie gerissen hatte, aber andere Dinge, die dabei mit zu Bruch gegangen waren: Liebe, Kreativität, Idealismus. Der Schmerz um das Kind mochte einen Platz in unserer geheilten Familie haben, schließlich hatten wir alle ihn empfunden. Wir hatten das Schwärzeste durchgemacht, was Eltern erleben können, wir hatten einander in Extremsituationen erlebt, völlig ungeschminkt, vollkommen außer sich. So etwas führt zu einer erstaunlichen Intimität.

Jay hatte eine wichtige Neuigkeit. Unsere Vermieter wollten das Cottage verkaufen und hatten uns daher gekündigt.

Das war gut. Es bot die Chance, das ganze Immie-Drama hinter sich zu lassen; die Schatten ihrer Geburt, die Mühen des Lebens mit ihr spukten innerhalb dieser Mauern. Ich freute mich auf einen Neustart an einem Ort, an dem die Nachbarn nichts von Immie wussten, wo wir wieder eine ganz normale Familie sein konnten. Aber wo wollten wir leben – auf dem Land oder wieder in der Stadt? Vor einem Jahr hätte ich mir etwas in den Cotswold Hills oder noch weiter weg von London gesucht, in Wales oder sonstwo im Westen Großbritanniens. Jetzt hatte ich einen anderen Blick auf die Dinge. Das Landleben war zu einer Parodie auf das von uns erträumte gute Leben mutiert.

Vor allem Ellie sollte sicher sein, ich wollte in eine Gegend ziehen, in der der Rettungswagen rechtzeitig eintrifft. Und die Zerstreuungen des urbanen Lebens würden uns guttun, der Dreck, die Massen, das Gefühl, von unzähligen Menschen umgeben zu sein, die ähnliche Irritationen und Schmerzen erfahren haben. Also lasst uns in die hektische Stadt zurückziehen, in der wir uns kennen und lieben gelernt haben, es ist noch gar nicht lange her. Und wer weiß, vielleicht bekommen wir doch noch ein neues, gesundes Baby.

Ich ging zu einem Spezialisten im John Radcliffe Hospital, er machte Blutuntersuchungen und fragte, ob in den letzten drei Generationen meiner Familie ähnliche Probleme während der Schwangerschaften aufgetreten wären. Ich fand schnell heraus, dass das nicht der Fall war, und auch die Blutuntersuchungen ergaben keine Hinweise, die die vorzeitige Plazentalösung erklärt hätten. Eine weitere Schwangerschaft, das gab mir der Spezialist schriftlich, bedeute ein Risiko von fünf Prozent, ähnliche Blutungen zu erleiden. Es schien tragbar. Allerdings war mir Immies Schicksal eine Lehre, was statistische Prozentsätze betraf. War man einmal die Ausnahme von der Regel, ließ einen die Angst so schnell nicht los. Aber wenn wir in der Nähe eines guten Krankenhauses lebten, hätte ein eventuelles weiteres Kind die besten Chancen.

Das Risiko musste ich tragen. Hätte ich noch ein gesundes Kind, würden sich viele darüber freuen, weit über die Kernfamilie hinaus. Ich war selbst ein Kind, das nach einer Totgeburt geboren worden war, und von daher wusste ich, dass ein Kind ein anderes nicht ersetzen kann. Doch neues Leben in der Familie könnte zu deren Heilungsprozess beitragen.

♦ ♦ ♦

Mein Neujahrsvorsatz war, mich von den Abhängigkeiten des Jahres 2002 zu befreien, von den Medikamenten und von Immie. Ich musste das Seroxat absetzen, weil ich wieder schwanger werden wollte, aber auch, weil ich meine Gefühle aufs Neue spüren wollte. Ich hatte genug von der Glasscheibe zwischen mir und der Welt, zwischen mir und meinen Emotionen. Geschützt im Kreis der Familie, konnte ich das Risiko tragen. Ich reduzierte die Dosis, indem ich die Kapsel entzweibrach und die Hälfte wegschüttete. Im Internet hatte ich recherchiert, und wie vermutet drehen viele durch, wenn sie das Psychopharmakon absetzen. Ich ließ es langsam angehen, deswegen erlebte ich keine der schrecklichen Nebenwirkungen, die auf den Webseiten beschrieben werden. Innerhalb eines Monats war ich clean, zurück in einer medikametenfreien Welt, die, wie ich jetzt wusste, ein wahrer Luxus ist.

Was Immie betraf, nutzte ich die Therapiestunden, um meine perverse Vorstellung zu durchleuchten, ich müsse mich ihrer entwöhnen. Wir gingen zu dem Donnerstagstermin immer noch als Familie: Ellie spielte mit den Puppen, Jay hielt Immie, und ich redete. Ich ging bis zur Geburt zurück, der Angst, der Trauer. Wir redeten über Mütter, die sich für unersetzlich hielten, Mütter, die ihre Babys brauchten, Mütter mit Schuldgefühlen. Und Schritt für Schritt akzeptierte ich, was ich Randle gesagt hatte, als ich Immie im Krankenhaus ließ: Ich war nicht die richtige Mutter für sie.

Aber ihre Pflegemutter war es. Tania war dazu berufen. Sie hatte diese Berufung gut ein Jahrzehnt zuvor entdeckt, als Teenager, der mit seiner Mutter (einer Sozialarbeiterin) Erholungseinrichtungen besuchte. Nach verschiedenen Stellen in Pflegeheimen und Internaten wusste sie, was sie wirklich wollte: als Pflegemutter schwerbehinderte Kinder betreuen. In der Ausbildung hatte sie andere alleinstehende Pflegemütter kennengelernt und war zunehmend zuversichtlicher geworden, dass sie diese Arbeit leisten könnte. Sie hatte sich verschiedene Behörden angesehen und sich dann für Oxfordshire entschieden; hier wurden Pflegeeltern besser als in anderen Regionen unterstützt, und außerdem war ihre sehr praktisch veranlagte Mutter in der Nähe.

Ich konnte verstehen, warum sie sich dafür entschieden hatte, es war eine extrem wichtige Arbeit. In einem anderen Leben hätte ich es mir für mich selbst vorstellen können – aber nicht, wenn das eigene Kind behindert ist. Einmal erzählte ich ihr, wie sehr mich der Verlust bedrückt hatte, und sie sagte: »Ja, für dich ist Immie immer, was sie hätte sein können, für mich ist sie eben Immie.«

Tania bekam eine Reihe steuerfreier Beihilfen für jedes Pflegekind und die ganzen Leistungen, auf die sie Anspruch hatten – ein typisch britisches, bürokratisches Durcheinander. Es war nicht viel, aber genug zum Leben. Sie wollte eine Dreizimmerwohnung im Erdgeschoss kaufen. Für Immie bekam sie mehr Geld, als wir es als ihre Familie je hätten erhoffen können. Wir mussten bloß noch den Social Service davon überzeugen, dass Immie am besten bei Tania aufgehoben war.

»Aber eine Pflegefamilie ist instabil« – die Antwort kam nicht unerwartet.

»Das gilt nicht für dieses Haus, oder?«, sagte Tania.

Ich suchte die Rechtsanwältin auf, die mich vor einem Monat beraten hatte, und ließ mir von ihr alles über das Kinder- und Jugendrecht und das für Pflegebetreuung und Adoption zuständige Gremium erklären. Aufgrund meines Sorgerechts konnte ich von den Behörden fordern, was mir das Beste schien, ich sollte mich nicht von den Bürokraten foppen lassen, sagte sie. Also verfasste ich eine Erklärung, warum ich nicht für Immie sorgen konnte und warum ich sie nicht zur Adoption freigeben wollte. Ich schrieb:

> *»In der Zukunft will ich so viel wie möglich zu ihrem Leben beitragen und ihr so viel finanzielle und emotionale Unterstützung geben, wie ich leisten kann. Ich habe den begründeten Eindruck, dass ihre Schwester Elinor die Möglichkeit haben sollte, eine Beziehung zu Imogen zu haben. Elinor ist noch zu jung, um die Probleme zu verstehen, unter denen Imogen leiden wird, aber es wäre meiner Auffassung nach zerstörerisch, sie ihrer Schwester zu berauben.«*

Imogens Sozialarbeiterin füllte ein umfangreiches Formular aus, in dem alle möglichen Einzelheiten über unsere Lebensverhältnisse erfasst und der Erfolg der Unterbringung von Imogen bei Tania ausführlich gewürdigt wurden. Das Entscheidungsgremium hatte also reichlich Stoff zum Nachdenken.

◆ ◆ ◆

Wir entschieden uns für Oxford. Ich hatte nicht die Energie, irgendwo ganz neu anzufangen. Wir waren mit der Stadt vertraut, meine Eltern lebten dort, Immie und Tania wohnten um die Ecke. Ich hatte nur als Kind in Oxford gelebt und freute mich darauf, dort neue Aspekte zu entdecken. Viele Schriftsteller leben und arbeiten in der Stadt; ich würde also in guter Gesellschaft sein, während ich an meinem Buch über das indische Theater arbeitete. Ich könnte bequem zur Unibibliothek radeln und über merkwürdigen Texten grübeln, mich in ferne Zeiten und Räume versetzen. Die Isoliertheit entsprach meinen Wünschen – ich wollte weder Smalltalk noch über meine Familie reden. Still und gründlich wollte ich etwas Neues schaffen, um es in die Welt hinauszusenden. Meine Mutter hatte recht: Kreativität war eine Kompensation für das Geschehene.

Mark der Vikar besuchte uns und brachte ein Abschiedsgeschenk der Gemeinde, ein schönes Gemälde vom Kirchturm, in Gold gerahmt.

Im Februar schafften wir unseren Kram vom Dorf in ein kleines viktorianisches Reihenhaus im Zentrum von Oxford. Anne bekam den Kühlschrank und andere große Sachen, die wir nicht mitnehmen konnten. Der neue Garten hatte die Größe einer Briefmarke, was sehr gut passte, weil die Gartenarbeit so sehr mit der Schwangerschaft und Imogen verbunden war, dass ich keine Lust mehr darauf hatte – Jahreszeiten, nein danke … Der Rasenmäher und die ganzen Geräte, die wir angeschafft hatten, mussten wohl auf den Müll, aber die Schaukel, die wir bei Immies Geburt aufgestellt hatten, war noch gut in Schuss – ein Verwandter fand sich, der einen großen Garten und Bedarf hatte. Ich war jedoch nicht auf Elinors Reaktion gefasst: »Warum holen sie die Schaukel ab? Mummy, warum? Das dürfen die nicht, die gehört Immie und mir.« Während des umständlichen Abbaus und Aufladens weinte sie, und sie beruhigte sich nicht eher, als bis das Fahrzeug außer Sichtweite war.

Überall im neuen Haus standen Kisten vom Boden bis zur Decke gestapelt. Als wir auspackten, behauptete Ellie, wir hätten ihre Lieblingspuppen weggeworfen. Ich sagte: »Wir müssen erst alle Kisten auspacken, bestimmt kommen sie noch zum Vorschein.« Es dauerte ein paar Wochen, aber sie beklagte sich immer noch.

»Meine Lissy-Puppen, wo sind meine Lissy-Puppen?«

Ich hatte noch nie etwas von Lissy-Puppen gehört, und außerdem hatte sie auch gar nicht viele Puppen.

»Wie sehen die denn aus?«

»Die sind ganz schön, klein, mit Kleidchen …«

»Welche Haarfarbe?«

»Blond.«

»Wie viele waren es?«

»Viele. Sie haben ein Haus mit einer Schaukel.«

Es dauerte ein gutes Jahr, bis sie nicht mehr danach fragte. Im Internet habe ich herausgefunden, dass es tatsächlich Lissy-Puppen gibt – steife Plastikpuppen mit herzförmigen Gesichtern und großen, leeren, dunklen Augen. Ganz wie Immie.

♦ ♦ ♦

Auch im neuen Haus holten wir Immie jeden Donnerstag, behielten sie allerdings nicht mehr über Nacht da. So war es leichter erträglich. War ich mit ihr tagsüber allein, war ich oft wütend, wütend, dass sie so viel Kummer in die Familie gebracht hatte, dass sie meine Liebe nie erwidern würde, dass sie überlebt hatte, wo sie besser gestorben wäre.

»Warum kannst du nicht einfach sagen, du willst sie nicht mehr sehen?«, fragte Jay.

Ich konnte es nicht erklären. Vielleicht musste ich meiner Großmutter etwas beweisen, vielleicht war es eine somatische Geschichte, dass mein Körper Immies Nähe brauchte, egal, welche Gefühle das in mir hervorrief. Lieber wütend sein als sich unvollständig fühlen. Das würde immer so bleiben.

Ich behauptete, ich würde Tania entlasten. Sie zeigte es zwar nie, aber sie musste gelegentlich mit den Nerven fertig sein; ein Tag ohne Gebrüll war wichtig und würde sie uns vielleicht sogar auf lange Sicht erhalten.

Wir nahmen Immie und Ellie auch weiterhin zu den wöchentlichen Therapiesitzungen mit. Jay und ich nutzten die Gelegenheit, im geschützten Rahmen über die zurückliegenden Geschehnisse zu reden, versuchten, die Reaktionen des anderen aus seinem Blickwinkel zu verstehen, wir wollten die destruktiven Elemente mit einer kreativen Zukunft verbinden. Die Therapeutin unterstützte uns darin, das Vertrauen wieder aufzubauen, Zuversicht zurückzugewinnen, als Liebende konnten wir einander Freude und Stabilität geben. Sie legte großen Wert auf die Versicherung, dass weder Jay ein schlechter Vater noch ich eine schlechte Mutter seien – der Kummer hatte die Liebe pervertiert. Ich erkannte, dass Jays entschlossene Weigerung, mit Immie zu leben, es mir ermöglicht hatte, über wesentlich holprigere Wege an demselben Punkt anzukommen. Nach der Therapie verbrachten wir den Tag zusammen. Wurde mir Immies Geschrei zu viel, nahm Jay sie und brachte sie weg. Nachdem sie bei Tania gut aufgehoben war, traute er sich wieder an einen nahen Umgang mit seiner Tochter und fütterte sie so lange, wie es für sie eben notwendig war. Er hatte seine Überzeugung eingelöst: Er würde Immie in dem Augenblick wieder lieben, wenn sie bei einer Pflegefamilie untergebracht war, denn dann würde sie nicht mehr unsere Familie zerstören können.

Jay nahm Immie oft mit ans Klavier, drückte sie mit einer Hand an seinen Bauch und schlug mit der anderen in die Tasten. Das Pedal durchgetreten, hallte eine Note mitunter eine halbe Minute nach, dann erst ertönte die nächste. Die langsame Serenade hatte überraschende, raffinierte Muster, überspannte den ganzen Tonumfang des Klaviers, hoch und wieder hinunter. Immie stellte ihr Gebrüll ein und hob den Kopf, als wenn sie sich auf den Klang konzentrierte, Augen und Mund weit offen mit einem Ausdruck, den man als Ehrfurcht bezeichnen könnte. Ihr Gehör musste intakt sein, tief im Kern des Gehirns versteckt. Diese Geräusche hatten für sie wohl eine Bedeutung und bereiteten ihr Vergnügen. Jetzt wusste ich, warum Randle aufgehorcht hatte, als er von dem Stellenwert der Musik in unserer Familie erfahren hatte.

Dass sich Jay auf diese Weise um Imogen kümmerte, war für mich außerordentlich wichtig. Es zeigte die Herzlichkeit, die Sensibilität, die er für unser Baby hatte. Das war der sanfte, großzügige Mann, in den ich mich verliebt und mit dem ich mich auf das Abenteuer der Familiengründung eingelassen hatte. Seine Zärtlichkeit für Klein-Immie weckte meine Zärtlichkeit für ihn. Und für mich selbst.

Immies Geburt hatte genug Liebe in unsere Familie gebracht, es reichte für zwei, ihre wöchentliche Rückkehr ermöglichte dieser Liebe, in eine natürliche Balance zu finden. Für die übrige Zeit hegte ich die Befürchtung, dass wir Ellie mit einem Übermaß an Liebe erdrücken könnten. Die Gefahr, dass ich zu einer allzu fordernden Mutter würde, die von Ellie verlangte, alles für ihre Schwester mitzuerreichen, oder zu einer allzu ängstlichen Mutter, die überfürsorglich dem Kind die Luft zum Atmen nahm, war durchaus vorhanden. Einmal erwischte ich sie, wie sie auf dem Küchenstuhl herumturnte, riss sie herunter mit den Worten: »Ich will nicht noch eine behinderte Tochter!« – und bereute es augenblicklich. Elinor sollte frei von meinem Verlust sein.

War Immie zu Besuch, herzte und küsste sie das Schwesterchen und sagte, sie hätte sie so lieb.

»Wann kommt sie zurück?«, fragte sie.

»Sie kommt nicht zurück«, antwortete ich sanft. »Wir können uns nicht um sie kümmern, auch wenn wir sie lieben.«

»Immie gehört aber zur Familie!«

»Weiß ich, aber sie ist zu schlimm dran. Sie wird nicht gesund, Ellie.«

»Andere Leute werden gesund.«

»Ja, aber Immie nicht.«

»Dann brauchen wir ein anderes Baby …«

»Ja, mein Liebling, das ist aber nicht so einfach.«

»… zwei Babys, Mummy, eins für mich und eins für dich.«

Schwanger werden kann für Frauen an die vierzig ziemlich aufwendig sein. Eisprung bestimmen, Liebemachen nach Kalender, verbotene Lebensmittel und Folsäure. Wenn man nicht aufpasst, macht es überhaupt keinen Spaß.

Und dann die ganzen Fehlalarme (besonders belastend, wenn man wie ich schon mehrere Schwangerschaften hatte). Diese Müdigkeit morgens, das könnte doch ein Hinweis sein, dieser plötzliche Energieschub … diese und jene Stimmung, die Appetitlosigkeit, der Heißhunger. Da tut sich doch was in der Brust, die Milchkanäle bereiten sich vor. Mein Geruchssinn spielt heute völlig verrückt, Käse riecht wie Bratäpfel, Pilze erinnern an Ammoniak. Oder dieser verdammte Schwangerschaftstest hat doch recht, und meine Tage lassen sich nur ein paar Tage Zeit …

Ich versuchte, ernsthaft zu planen und das gleichzeitig nicht ernst zu nehmen, mich auf meine Arbeit und die Familie zu konzentrieren und auf die Erfüllung, die ich daraus bezog.

Im März flog ich wieder nach Indien, um meine Recherchen zu vervollständigen. Jay und Elinor besuchten mich für ein paar Wochen. Wir buchten eine Reihe schicker Hotels, lungerten Stunden an Swimmingpools und in schattigen Gartenanlagen herum. Jay und ich hatten einen ähnlichen Urlaub im Jahr vor Ellies Geburt verbracht. Meine konservativen indischen Freunde hatten ihn hartnäckig als meinen Mann und die Reise als unsere Hochzeitsreise bezeichnet. Als wir sie mit einer hübschen Dreijährigen besuchten, die auf Jays Schultern saß und Daddy zu ihm sagte, waren sie schockiert, weil wir immer noch nicht verheiratet waren. Und wir fragten uns auch langsam, warum eigentlich. In einer Festungsstadt am Rande der Wüste bestellten wir bei einem Juwelier zwei goldene Ringe. Auf dem Rücksitz eines lärmenden Jeeps schrie Jay mitten in der aufgewirbelten Sandwolke: »Willst du mich heiraten?«, und ich schrie ihm dieselbe Frage zu. Als wir uns küssten, strahlte Ellie vor Begeisterung.

KAPITEL 9

Geburtstage

D*onnerstag, 19. Juni 2003.* Imogens erster Geburtstag. Ich war schwanger, erst seit einigen Wochen, aber schon wieder in der Angst vor einer erneuten Fehlgeburt. Schweißgebadet wachte ich gegen halb vier Uhr morgens auf und schaffte es, erneut in einen unruhigen Schlaf zu fallen, bis gegen sechs Uhr Ellie zu uns ins Bett kletterte. Da konnte ich dann richtig wach werden, denn die schrecklichen, zerstörerischen Stunden waren vorbei. Jay hatte Magenkrämpfe, er schien am Abend zuvor etwas Falsches gegessen zu haben. Ich konnte ihm nicht helfen, die Art, wie er sich krümmte, ähnelte so grotesk dem Bild, das ich vor einem Jahr und ein paar Stunden abgegeben haben musste. Er taumelte nach unten und ließ sich ein Bad ein. Ich setzte Ellie vor den Fernseher und ging wieder ins Bett, in dem Bedürfnis, in die Arme genommen zu werden. Als Jay endlich kam, legte er sich dicht an meinen Rücken, unsere Beine ineinander verschlungen. Lange lagen wir so, gelähmt von unserer Trauer.

Ich hatte Ellie versprochen, einen Schokoladenkuchen für Immies Geburtstag zu backen, sie freute sich darauf, die Schwester zu sehen. Sie ging gern zu Tania. Also machten wir uns an die Arbeit: Die beste Blockschokolade zerbröseln, Sahne vorsichtig erhitzen. Mein kleines Mädchen stellte die Schüssel auf einen Stuhl und hielt den elektrischen Mixer tapfer mit beiden Händen. Die köstliche Glasur war noch nicht ganz fest, als ich ihr, angeschnallt in ihrem Kindersitz, die Tortenplatte reichte. Als wir von der Autobahn abfuhren, fragte die große Schwester hoffnungsfroh: »Mummy, wenn mein Hirn kaputt geht, darf ich dann auch bei Tania wohnen?«

Der Kuchen war unser Geburtstagsgeschenk, wir wollten ihn mit ein bisschen Milch für sie verdrücken. Tania sagte, Immie liebe Schokolade über alles, bei einem Ausflug zum Chocolatier hätte sie eine starke Neigung dazu entwickelt. Ich war ihr dankbar, obwohl ich den starken Verdacht hatte, dass sie sich da etwas vormachte. Wie sollte jemand ohne Erkenntnisvermögen eine Neigung entwickeln? Aber ich war ja selbst nicht frei von solchen Verzerrungen – Immies Geburtstag zu feiern hieß einer Konvention zu folgen, die sie niemals verstehen würde, und war doppelt absurd, weil es ein so traumatisches Ereignis für uns alle gewesen war, dass es wirklich keinen Anlass zum Feiern bot.

Tania nahm die Schwere aus der Situation: Schokolade, erklärte sie, stimuliere den Kaureflex bei Kindern, deren Gehirn Schaden genommen hatte. Die klinische, sachliche Sprache war leichter zu verdauen. Dass Imogens Körper Schokolade brauchte, um ihre Überlebensmechanismen zu trainieren, verstand ich. Und es war ja ein guter Grund, ihr Schokolade zu geben.

Wie immer kam Tania mit Immie an die Tür und ließ uns herein, während sie von der vergangenen Woche erzählte. Immie war bei der Hydrotherapie im hiesigen Schwimmbad gewesen, und es hätte riesig viel Spaß gemacht. Meine Reaktion war reichlich unterkühlt, aber sie konnte damit umgehen. Sie hatte schließlich auch schon Kinder betreut, deren Mütter nie zu Besuch gekommen waren, geschweige denn am Geburtstag.

Tanias Mutter saß auf dem Sofa und hatte Geschenke für Ellie. Imogen lag auf meinem Schoß, gab mir die Ruhe wieder, ich stellte mir vor, das Gefühl würde sich nie mehr verlieren. Ihr Haar wuchs schnell, Tania hatte es zu wuscheligen Zöpfen zu beiden Seiten des Kopfes gebunden (es kaschierte die Mikrozephalie). Ihre Hände lagen offen neben dem Körper, nicht mehr zusammengeballt und in sich selbst gegraben. Es waren empfindsame, großzügige Hände, wie die ihres Vaters. Ich nahm die Linke und küsste die Narbe, die von den vielen Einstichen vor einem Jahr zurückgeblieben war. Ein ganzes Jahr war seit dem schrecklichen Tag vergangen, ich war dankbar für die Zeit, die alles erträglicher macht. Und es gab noch mehr zu feiern. Sie lag friedlich da und starrte aus dem Fenster. Das konnte sie erst seit ein paar Wochen. Sie schrie kaum noch. Vielleicht lag es an den neuen Medikamenten gegen das Erbrechen, vielleicht hatten sich die Dinge in ihrem Kopf beruhigt. Ich rechnete nach: Tania hatte genauso lange mit der Schreierei fertig werden müssen wie ich. Jetzt konnten wir auf deren Ende anstoßen.

Aber kaum hatte ich das gedacht, röhrte Imogen wieder los, drückte den Rücken durch und schnarrte. »Imogen«, schalt sie Tania und nahm sie mir weg, »fang nicht wieder mit deinen Marotten an. Machst dich wieder ganz steif, willst du dich wohl benehmen!« Sie beugte erst ein Bein der Kleinen und dann das andere und drückte den Oberkörper so zurecht, dass sich die Muskeln entspannten. Sie gebrauchte eine Sprechweise, die auf jemand mit Sinn und Verstand gepasst hätte, jemand, der ein Verhalten steuern kann. Wie auch sonst, sie musste ja die normale Sprache einsetzen, und die ist nun einmal voller Ideen und Gefühle. Das hätte sie nur vermeiden können, indem sie gar nicht redete. Ich sah Imogen an, betrachtete sie so objektiv, wie es mir möglich war. Ich wollte mir nicht vormachen, dass sie etwas verstand. Aber seit sie aufgehört hatte zu schreien, konnte sie Dinge jenseits ihres Wutgebrülls hören, ich sah, wie sich ihre Augen bewegten, und zwar im Rhythmus von Tanias Stimme. Ja, tatsächlich, sie hörte zu!

Hat sie mir je zugehört?, fragte ich mich. Erinnerte sie sich an meinen Tonfall in jenen Monaten, in denen ich sie gefüttert hatte? Ich konnte mich nicht mehr daran erinnern, wann ich das letzte Mal ihr zugeredet hatte, es war sicher vor den CTs gewesen. Ich hatte sie monatelang angeschwiegen. Trotzdem sollte sie mit meiner Stimme immer noch am besten vertraut sein, sie hatte sie schon in meinem Bauch gehört, bevor ihre Großhirnrinde zerstört wurde. Vielleicht war die Erinnerung daran noch irgendwo gespeichert. Also folgte ich Tanias Beispiel: »Herzlichen Glückwunsch zum Geburtstag, kleine Imogen, meine Schöne. Wir haben einen Schokoladenkuchen extra für dich gebacken.« Es fühlte sich komisch an, so wie wenn man mit einem Tier redete. Mary wäre wohl von meinem Vergleich wieder schockiert gewesen, aber ich fand keinen besseren. Es gibt Menschen, die auf andere Menschen herabsehen, die mit Tieren reden, aber ich gehöre nicht dazu. Ich glaube schon, dass es eine Beziehung zwischen Tier und Mensch herstellt und dass Tiere etwas von dem verstehen, was man ihnen erzählt.

Ellie hatte ein Spielzeug entdeckt, das dem älteren Pflegekind gehörte, eine gelbe Halbkugel, die spricht, wenn man draufdrückt. Sie fragte, ob Immie auch eine bekäme, und Tania sagte, Immie hätte damit schon gespielt. Ellie hielt das Spielzeug ans Ohr: *Twinkle, twinkle little star, How I wonder what you are – Funkel, funkel, kleiner Stern* … Wann immer Immie da draufhaute, sagte sie also was.

Und Ellie war schon wieder auf Tour und erkundete das Haus, wollte wissen, aus welcher Kirche das Palmsonntagskruzifix stammte und was das für eine Kirche war. Als gläubige Christin nahm Tania Immie jeden Sonntag mit in die anglikanische Messe. Sie beziehe viel von ihrer Stärke aus dem »Dialog mit Gott«, sagte sie. Wenn sie ihre Pflegekinder abends ins Bett bringe, sagte sie, dann lege sie sie gewissermaßen Gott auf die Türschwelle. Und wenn sie sterben würden, dann sei das nicht das Ende.

Das Christentum ist die Religion, mit der ich aufgewachsen bin. Ich bin getauft und habe meine Kinder taufen lassen. Gott hat mir geholfen, insbesondere mein wütender Ausbruch damals gegen ihn. Mark der Vikar und die Gemeinde haben mir mit ihrer Anteilnahme sehr geholfen. Und Tania hat mir mit ihrem Gott eine für mich untragbare Last abgenommen. Durch diese Liebesbeweise hat sich mein Respekt für das Christentum vertieft und mein Vertrauen in sein positives Potenzial vervielfacht. Ob ich selbst dadurch gläubiger geworden bin, kann ich nicht beurteilen, mein Vertrauen auf Gott hat sich aber auf keinen Fall abgeschwächt.

Gott hat die Welt so geliebt, dass er ihr seinen einzigen Sohn opferte … Schon witzig, dass das Christentum auf einem abgegebenen Kind aufbaut. Ich betrachtete Tanias Kreuz und dachte an den gekreuzigten Jesus Christus, der in der Agonie kurz vor seinem Tod Gott fragte, warum er ihn verlassen habe. Und Gott antwortete ihm nicht. Christen müssen wohl akzeptieren, dass Gott für unsere Wiederauferstehung sein Kind verlassen hat.

Mark der Vikar hatte mir als Erster nahegelegt, dass die Sorge um Immie nicht mein Schicksal sein müsse, dass sie einem oder einer anderen vorherbestimmt sein könnte. Wahrscheinlich wusste er aus seiner Zeit im Liverpooler Kinderkrankenhaus, dass Eltern mehr unter dem Leid ihrer Kinder leiden. Vielleicht spürte er, dass es unsere einzige Chance als Familie war, wenn ich sie aufgab, und auch die einzige Chance für mich.

Im Rückblick war ich bereits kurz nach der ersten Prognose, dass Immie größere Probleme bekommen würde, heillos überfordert. In unserem Wohnzimmer standen all die Fläschchen mit Medizin, und ich wusste, dass sie sie nicht gesund machen würden. Es ging nur darum, den Alltag mit ihr in den Griff zu kriegen. Diese Medikamente bewiesen mir nur meine Unfähigkeit, trotz all meiner Liebe konnte ich ihr nicht helfen, ich konnte das schlimme Aua in ihrem Kopf nicht wegpusten.

Das beantwortet vermutlich auch Ellies Frage: Was würde ich tun, falls sie durch eine Kopfverletzung wie ihre Schwester behindert sein würde? Es ist ein furchtbarer Gedanke, aber gut, ich versuche es mir vorzustellen. Sicher könnte ich das eher für zwanzig Jahre und mehr durchhalten, denn ich hatte sie auf andere Weise kennengelernt als ihre Schwester. Vielleicht würde ich die Pflege schon deshalb selbst übernehmen, weil ich den Ablöseprozess von Immie nicht noch einmal durchstehen würde. Andererseits kenne ich die MENCAP-Umfrage: Acht von zehn Eltern, die sich um ein Kind wie Immie kümmern, stehen kurz vor dem Zusammenbruch. Und deswegen muss ich davon ausgehen, dass ich vielleicht auch Elinor weggeben würde, natürlich nur, wenn Tania damit einverstanden wäre, sie bei sich aufzunehmen. Immerhin ist Ellie selbst für diese Lösung.

Tania hatte ein kleines Stück von dem Geburtstagskuchen abgeschnitten und mit Milch zu einem Brei vermanscht. Sie löffelte es an Immies Gaumen, und weil Immie nicht mehr schrie, hatte sie eine Chance zu reagieren: Sie öffnete den Mund ganz weit und probierte das süße Zeug laut schmatzend. Ihr Kopf kippte ein bisschen nach hinten, die Zunge rollte sich zusammen, und sie versuchte zu schlucken. Irgendwann hatte sie es geschafft und sperrte den Mund wieder auf – in der O-Form, die ich als Vorzeichen ihres Erbrechens zu fürchten gelernt hatte. Na, dann würde wohl gleich die schmutzigbraune Masse den Teppich verzieren. Aber ich lag mit meiner Annahme falsch. Sie zog den Mund auseinander, der Kopf kippte wieder nach hinten, die Augen waren weit offen. Zwei Schneidezähne oben wurden sichtbar, als sie die Lippen verzog. Da war er, der Meilenstein, auf den zu warten wir aufgegeben hatten, der Meilenstein, dessen Fehlen alle anderen verhinderte: Immie lächelte.

Sie lächelt niemanden an, sie erwidert kein Lächeln, sie wird nie die Fähigkeit entwickeln, andere Menschen mit ihrem Lächeln zu bezirzen. Es war also tatsächlich nicht das Lächeln, auf das wir nicht mehr warteten. Sie lächelte nur für sich selbst. Aber dieses Lächeln signalisierte Glück. Und Glück ist das Gefühl, das wir unseren Kindern vor allem anderen wünschen. Immie hatte endlich das Glück entdeckt.

Für Tania war das nichts Besonderes, sie hatte längst gemerkt, dass Immie Schokolade mochte. Tania hat viel Erfahrung mit Kindern wie Immie, die eine eigene Form von Kommunikation entwickeln und sich auf eine Art verständlich machen, die nicht mit der »normaler« Kinder zu vergleichen ist. Durch sie habe ich gelernt, dass Immie die Welt der Meilensteine und Ziele, also die Grundfesten der Moderne, außer Kraft setzt, dass sie in ihrem eigenen Raum und in ihrer eigenen Zeit lebt. Wenn wir sie akzeptieren, wie sie ist, dann entdecken wir den Wert der Stille, wir entgehen der Tyrannis von Zielen und Zwecken, die unser Leben beherrschen. Völlig unsentimental sah Tania darin wirklich etwas ganz Besonderes.

Wo ist der Stoff? Tania öffnet eine Flasche französischen Merlot, und wir kippen ihn zu dem Kuchen hinunter. Cheers!

◆ ◆ ◆

Zwei Tage später hatte ich eine Fehlgeburt. »Möchten Sie mit einer Therapeutin sprechen …«, fragte die Schwester, als sie meine Akte sah. Aber ich war nicht so betroffen; nachdem ich mich von meinem fünf Monate alten Baby getrennt hatte, war ein Fötus kein Problem. Abgesehen davon war ich vielleicht noch nicht bereit für ein neues Kind. Ich brauchte Zeit, bevor ich wieder die Verantwortung für das Gehirn einer anderen Person in mir tragen konnte. Und auch wenn es gesund zur Welt kommen sollte, mein nächstes Baby … vorläufig brachte mich schon der bloße Gedanke, es könne schreien, an den Rand des Wahnsinns.

Also versuchte ich, mich mit glücklichen Dingen zu befassen, Dingen, die möglichst nichts mit Babys zu tun hatten. Arbeit war ein gutes Gegenmittel. Ich besuchte Kurse, fuhr nach London zum Einkaufen. Immie hatte mich gelehrt, solche Fluchten zu schätzen. Jay und ich zappten weiter, wenn Dokumentationen oder ernste Spielfilme gezeigt wurden, nur gute Komödien konnten uns locken; fanden wir sie, waren wir diejenigen, die am lautesten lachten.

Ich lernte, die schmerzlichen Gefühle abzuwehren, mich gegen das destruktive Verlustgefühl abzuschotten. Manchmal merkte ich, dass eine Kummerwelle im Anmarsch war, und schaffte es, sie durch pure Konzentration wegzudrücken, bevor sie mich einholte. Vieles musste ich meiden – alles, was mit dem Verlust eigener Kinder zu tun hatte zum Beispiel. Früher hatte ich angehalten, um mir die Zettel neben den Kränzen und Blumensträußen am Straßenrand anzusehen, wo ein Kind zu Tode gekommen war, in der Zeitung hatte ich mir die Artikel durchgelesen, über denen »Familientragödie« stand. Das konnte ich nicht mehr ertragen, ich musste dem ausweichen.

Das ging natürlich nicht immer. Mein ganzes Umfeld bestand anscheinend aus perfekt symmetrischen Familien, alle Eltern (außer uns) schienen zwei gesunde Kinder mit geringem Altersabstand zu haben. Die Familien von Elinors Freundinnen zu treffen, bei Kindergeburtstagen eingeladen sein – ich stellte mich darauf ein und kam irgendwie durch. Manchmal faszinierten mich die gesund entwickelten Körper von Kindern in Immies Alter. Aber ich konnte mich nicht darauf einlassen, ich brauchte den Abstand.

♦ ♦ ♦

Tania war der Meinung, dass Immie einen Rollstuhl brauchte – jenes Wahrzeichen für Behinderung, an das ich bei Virginia Nicholas' ersten Andeutungen gedacht hatte. Die Bürokraten beim National Health Service sahen natürlich nicht ein, warum sie das für ein so junges Kind finanzieren sollten, aber Tania und die Krankengymnastin argumentierten, es würde ihren Rücken stärken und die gestörte Entwicklung der Gliedmaßen korrigieren. Nur dank ihrer Hartnäckigkeit bekam Immie ihren Rollstuhl wenige Wochen nach ihrem ersten Geburtstag.

Der Rahmen (tausend Pfund) war eine seltsame Konstruktion, die sich hoch und zurück und zusammenklappen ließ und die beste Dämpfung hatte, die technisch machbar war. Ein großer Einkaufskorb und die rote Federung über den Rädern waren die auffälligsten Merkmale des hochmodischen Designs. Ein speziell geformter Sitz (dreitausend Pfund) wurde in diesen Rahmen eingelassen, wahlweise vorwärts oder rückwärts. Der hellgrüne Bezugsstoff war mit Dschungeltieren geschmückt. Es gab Gurte, mit denen Beine und Oberkörper in Position gehalten wurden, eine gewölbte und gepolsterte Kopfstütze sowie ein abnehmbares Tablett. Sie würde in einigen Monaten einen neuen Sitz und in gut einem Jahr einen neuen Rahmen brauchen, weil sie ja größer wurde.

Wenn wir Immie zu uns holten, mussten wir den Rollstuhl auseinanderbauen und zusammenklappen, damit er in unseren bescheidenen Kofferraum passte, und mit der Zeit wird er so groß werden, dass wir von Tania abhängig sein werden, denn in ihrem Van hat er genug Platz. Und wir mussten zusätzlich zwei weitere Sitze verstauen: einen herkömmlichen Kindersitz fürs Auto und einen orthopädisch geformten Stuhl für zu Hause (finanziert vom Social Service, sie braucht im Abstand von einem Jahr einen neuen). Dazu kamen Plastikflaschen zum Füttern, Windeln (die über die »Kontinenz«-Kontrollstelle des National Health Service für den Rest ihres Lebens gestellt werden), Kleidung zum Wechseln und alle möglichen anderen Sachen. Zum Beispiel die Beinschienen aus Hartplastik, mit denen ihre Knie in einen rechten Winkel gebracht wurden und die sie so lange tragen sollte, wie sie es eben aushielt (eine Spezialanfertigung, die Kosten übernimmt der National Health Service, sie braucht zwei Paar pro Jahr, bis sie ausgewachsen ist). Außerdem noch eine ganze

Kollektion von Glasflaschen mit ihrer ärztlich verschriebenen Spezialnahrung und ein Mittel zum Andicken, damit sie die Flüssignahrung besser schlucken kann. Plus verschiedene Medikamente, die sie tagsüber nehmen musste, und Medikamente für Notfälle, dazu die Spritzen, um sie zu verabreichen. Und ich hatte es früher als lästig empfunden, die Sachen für zwei Babys zusammenzusuchen!

Es war viel Aufwand, Immie und ihren ganzen Krempel ins Erdgeschoss zu schaffen. Ich gewöhnte mich an ihre Besuche, und da sie nicht mehr schrie, wurde ich auch nicht mehr so wütend. Ellie küsste sie auch nicht mehr ständig ab, und genau genommen war es schwierig, sie jetzt, wo sie nicht ständig umsorgt werden musste, nicht komplett zu ignorieren.

Man findet schwer Zugang zu ihr. Hält man ihr ein Spielzeug hin, lässt sie es bald wieder fallen, wedelt man mit einem Stück Alufolie vor ihren Augen, weiß man nicht, ob sie es überhaupt sieht, wenn man mit ihr redet, hört sie vielleicht etwas, vielleicht auch nicht. Ihre Reaktionen sind so unmerklich und verändern sich so häufig, dass man sie schwer erkennt, wenn man nur einmal pro Woche mit ihr zusammen ist. Deswegen war es viel leichter, die Dinge positiv zu sehen, wenn Tania dabei war.

Zu Hause waren wir dagegen versucht, sie aufs Sofa zu legen und unseren eigenen Kram weiterzumachen. Wohl wollte ich gern etwas mit ihr unternehmen, aber was? Spielplatz, Dino-Museum, Kinderbücherei – Elinors Lieblingsstätten in der Stadt bedeuteten ihrer Schwester nichts. Freunde besuchen?

Eines Donnerstags klopfte ich bei einer Nachbarin an, die kleine Kinder hatte, wuchtete den Rollstuhl über die Schwelle und durch einen engen Flur ins Wohnzimmer. Es fühlte sich komisch an, mein Doppelleben offen zu zeigen. Immie saß da, nahm den größten Raum ein und bekam von Ellie und ihren Spielkameraden offensichtlich nichts mit. Ich hatte nicht die Überzeugung oder das Selbstbewusstsein, um für Immie zu sprechen, wie Tania das getan hätte. Und ich sah die Trauer im Gesicht meiner Gastgeberin, als sie den alten Refrain anstimmte: »Sie sieht aus wie du!«

Peu à peu nahm ich wieder Kontakt zu alten Freunden auf. Einige (insbesondere die Kinderlosen) verstanden sofort, dass ich ein schwerbehindertes Kind nicht behalten konnte. Andere taten sich schwer mit meiner Geschichte und kamen nicht so recht mit meiner Unfähigkeit klar, mein hübsches Baby zu betreuen. Eines Donnerstags nahm ich Immie mit zum Mittagessen bei einer alten Schulfreundin (stolze Mutter von drei Kindern), die sich anbot, Immie zu halten, während ich auf Toilette ging. Als ich zurückkam, saß sie kerzengerade mit durchgestreckten Armen da und hielt Immies steifen Körper ängstlich vor sich. Ich konnte eine gewisse Schadenfreude nicht unterdrücken – jetzt hatte sie eine Ahnung davon bekommen, warum ich mein Kind nicht ertragen konnte.

Ich hatte zu Recht befürchtet, dass mich einige kritisieren würden. Eine sagte mir ins Gesicht: »Ich könnte niemals mein Kind weggeben!« Ich weinte – ich wusste genau, was sie meinte. Dabei wollte ich mir unbedingt jenen Teil meines Wesens erhalten, der genauso fühlte. Dieser Freundin wie auch vielen anderen gegenüber erwähnte ich Immie so gut wie gar nicht und brachte sie auch nie mit. So konnte ich so tun, als wäre ich eine ganz normale Mutter.

Ich hatte mein Leben in Zonen eingeteilt. Nadine hatte mir das vor Monaten geraten, aber sie hatte es wohl anders gemeint. Immie wegzugeben, damit war sie bestimmt nicht einverstanden, wahrscheinlich hatte ich in ihren Augen als

Mutter versagt. Aber ich hatte eine Entscheidung getroffen und musste mit ihr leben. Nadine war in Wales und ich ein Feigling – ich habe keinen Kontakt mehr zu ihr.

♦ ♦ ♦

Ab September besuchte Elinor die Vorschule in Oxford. Oft holte ich sie mittags ab und fuhr mit ihr in die Cotswold Hills zu Mark dem Vikar und Anne, manchmal streiften wir auch nur wie früher durch die Felder. Ich wollte mit dem Land in Verbindung bleiben, plante Ferien und Wochenenden, damit wir gelegentlich auch länger dort blieben. Doch auf Dauer wollte ich nicht zurückziehen. Inzwischen war sogar der einzige Rettungswagen, der Immie in der Nacht ihrer Geburt nicht gerettet hatte, außer Dienst gestellt worden; wenn Ellie einen gebraucht und nicht bekommen hätte, ich hätte es mir nie verziehen. Vielleicht würden Jay und ich zurück aufs Land ziehen, wenn sie einmal aus dem Haus war, aber bis dahin mussten gelegentliche Ausflüge genügen.

Ellie erinnerte sich an die Pilze auf der Wiese und wollte wieder welche sammeln. Also streiften wir über die Koppel und durchs Gebüsch, hinter dem Maschendraht saß der diesjährige Fasanennachwuchs und pickte eifrig, bevor er in der Jagdsaison abgeschossen wurde. Wenn er uns bemerkte, gab es ein Gerenne und Gekrächze, bis er sich außer Sichtweite geflüchtet hatte.

Ellie suchte mit gesenktem Kopf nach Champignons. Aber ich blieb stehen und ließ die weite Landschaft auf mich wirken. Hier hatte ich mich vor Monaten mit dem Rücken an die alte Eiche gelehnt und zu Gott gebetet, meine Tochter möge nicht behindert sein. Ein vergebliches Gebet, wie sich bald danach herausgestellt hatte. Die Stute trottete auf mich zu, scheu und stolz, ihr Fohlen an der Seite, staksig und strubbelig und dunkelgrau. Doch die Eiche stand nicht mehr, ein Sturm hatte sie gefällt.

Ich lief über die offene Fläche auf den umgekippten Baum zu. Es war ein trauriger Anblick, und ich musste daran denken, wie sehr ich damals von seiner Stärke überzeugt gewesen war, in hundert Jahren würde sie noch stehen, diese Eiche, hatte ich gedacht. Und jetzt lagen die Äste, die mich beschützt hatten, auf dem Boden, und die Wurzel, die sie hätte halten sollen, streckte sich in den Himmel. Es war ein Sinnbild für meine Mutterschaft: Der Baum hatte seiner Schwäche nachgegeben.

Ellie sprang über die Grasbüschel zu mir: »Schau mal, Mama, schau!«

In ihren Händchen hielt sie die dicksten, weißesten Champignons, die man sich vorstellen kann.

◆ ◆ ◆

»Wie viele Kinder haben Sie?«

Wie oft wurde ich das gefragt, während ich an der Schule oder auf dem frostigen Spielplatz auf Ellie wartete? Beim Umzug hatte ich vorgehabt, nicht über Imogen zu reden. Aber dann hätte ich lügen müssen, und das war etwas anderes. Ich fühlte mich verpflichtet, die Wahrheit zu sagen, das schuldete ich ihr. Also versuchte ich es.

»Zwei. Die andere lebt bei einer Pflegemutter in Abingdon. Sie ist schwerbehindert.«

Die Leute reagierten verstört, wussten nicht, wohin mit sich. Eine Frage, die als harmloser Plausch gedacht war, entpuppte sich als beschämende Neugier. Ich war ihr Albtraum, davor hatten sie in den schlaflosen Nächten während der Schwangerschaft Angst gehabt, und wer weiß, vielleicht waren sie gerade wieder schwanger.

Jedenfalls wollten sie am liebsten so schnell und so weit wie möglich weg, und manche liefen ganz buchstäblich davon, drehten sich auf dem Absatz um und gingen.

Ich versuchte es mit der Lüge: »Nur die eine.« Damit lebte es sich leichter. Aber wenn Ellie in Hörweite war, hatte ich ein Problem.

»Nein, Mummy«, rief sie, »du hast zwei Kinder, mich und Immie. Sie ist jetzt eineinhalb Jahre alt.« Ach du liebe Zeit, ich Dummerchen, die hatte ich doch glatt vergessen …

War sie zum Spielen verabredet, wurde ich leicht panisch – irgendwie musste ich es die Leute wissen lassen, bevor sie es von ihr erfuhren. Tat ich es nicht, nahmen sie mich beim nächsten Mal todsicher taktvoll beiseite und fragten: »Wir wussten nicht, ob wir ihr glauben sollten, aber …«

Einmal schwatzte ich auf dem Spielplatz mit einer anderen Mutter, als Klein-Isaac um die Ecke des Klettergerüsts gerannt kam.

»Mama«, brüllte er, »was ist ein Hirnschaden?« Ellie trottete hinter ihm her, einigermaßen belämmert. Ich fasste unsere Geschichte so knapp wie möglich zusammen, schmerzlich bewusst, dass ich die Frau seit Wochen kannte und während unserer häufigen Unterhaltung nie etwas davon erzählt hatte. Der Junge stellte noch ein paar Fragen, aber die Atmosphäre war ziemlich frostig. Zwischen uns und den anderen hatte sich eine Mauer aufgebaut.

Auf dem Heimweg war Ellie nachdenklich. »Ich glaube, ich höre damit auf, den Leuten von Immie zu erzählen«, sagte sie.

Mit der Zeit lernten wir, die Reaktionen der Leute vorherzuahnen und einzuordnen. Manche erzählten im Gegenzug von eigenen Schwierigkeiten, einer schlimmen Geburt, einem kranken Kind, angeborenen Behinderungen. Ganz selten traf ich andere Elternteile, deren Kind ebenfalls nicht bei ihnen lebte, wegen einer Scheidung, finanzieller oder psychischer Probleme. Eine Frau aus Zimbabwe war dabei, die ohne ihre Kinder geflohen war. Ich war froh, sie kennenzulernen, wir wussten, wie zerbrechlich wir waren, welche Wunde wir vor allen anderen verstecken mussten. Wir hatten Tränen in den Augen, während die andere von ihrem Schicksal erzählte, wir konnten miteinander schweigen. Wir erinnerten uns daran, dass es für unsere Kinder wohl das Beste war, unabhängig davon, wie wir es verpackten.

Ich versuchte mir vorzustellen, wie sich meine Urgroßmutter gefühlt hatte, suchte deshalb nach Informationen über sie, aber sie hat keine Briefe, Tagebücher oder sonst etwas hinterlassen, aus dem sich ablesen ließe, warum sie ihre Tochter aufgab. Vielleicht hatte sie sehr gute Gründe dafür, vielleicht hatte sie Angst, als Mutter zu versagen, die eigene Tochter eines Tages mit dem Kopf gegen die Wand zu schleudern. Und konnte nach dem Schnitt nicht anders, als alle Verbindungen abzubrechen, weil sie es sonst nicht überlebt hätte. Und ihre Tochter auch nicht.

Meine Erfahrungen mit Immie haben meine Sicht auf die Verbindung zwischen Müttern und Töchtern und darauf, wie sich Gefühle selbst durch Generationen übertragen, verändert. Ich weiß es sehr zu schätzen, dass die Sozialarbeiter und die Therapeutin und andere sich mit meinen Gefühlen auseinandergesetzt und mir vorurteilslos geholfen haben. Und umgekehrt wollte ich die Mär von meiner Urgroßmutter, der die eigene Tochter angeblich scheißegal gewesen war, außer Kraft setzen und stellte mir vor, dass dieser Akt in ihr eine tiefe Wunde hinterlassen hatte. Heute bin ich davon überzeugt, dass sie schwer darunter gelitten haben muss, ihr Kind zu verlassen, dass sie aber aufgrund der damaligen Konventionen keinen Weg fand, ihren Schmerz auszudrücken.

♦ ♦ ♦

Im November wurde ich wieder schwanger, fünf Monate nach der Fehlgeburt, genau ein Jahr, nachdem ich Immie in Pflege gegeben hatte. Nach einigen Wochen besuchte ich mit Jay einen Spezialisten für Geburtshilfe und sah meinem zweiten Herzschlag auf dem Ultraschallmonitor zu. Der sei stark, hieß es, das winzige neue Leben in mir würde wahrscheinlich nicht abgehen. Aber ich fühlte mich seltsam distanziert. Ich sang ihm nichts vor, ich redete nicht mit ihm, ich spürte nicht den Lebensregungen des größer werdenden Fötus nach, ganz anders als in meinen früheren Schwangerschaften. Ich konnte mich nicht an das Baby in mir binden, falls es doch wieder … Das musste warten, erst musste ich wissen, dass es meinen gefährlichen Bauch sicher überstanden hatte.

Die Schwangerschaft fiel zeitlich damit zusammen, dass ich auf der Warteliste des National Health Service für eine Therapie auf Platz 1 rückte. Imogens Neurologe hatte mich auf meine Bitte hin Monate zuvor an das Counselling Centre überwiesen. Die wöchentliche Sitzung mit Jay war ausgelaufen, die Organisation hatte eine Warteliste, auf der andere verzweifelte Mütter standen, die unseren Termin brauchten. Ich wollte jedoch meine regelmäßige Trauerarbeit um Immie fortsetzen. Meine Umgebung nahm an, nach über einem Jahr hätte ich das Schlimmste hinter mir, und natürlich wollte ich nach vorn blicken und weiterkommen. Aber im zweiten Trauerjahr fühlte ich mich einsamer und alleingelassener als im ersten. Ich brauchte eine Anlaufstelle, bei der ich mich ausheulen konnte.

Einmal pro Woche durfte ich im geschützten Rahmen meine Tränen wertschätzen. Für mich war das ein Sicherheitsventil, über das meine Ängste und Verlustgefühle entweichen konnten, bevor sie mich überwältigten. Das Östrogen, das die Schwangerschaft in mein Blut schwemmte, förderte solche Gefühle noch; je dicker mein Bauch wurde, desto gegenwärtiger waren mir die Schrecken von Immies Geburt und die Folgen, die sich daraus ergeben hatten. Die Tränen vor der Therapeutin (die beim National Health Service angestellt war) gaben mir die Möglichkeit, damit fertig zu werden – ihre bloße Anwesenheit bewies, dass sich der National Health Service um mich und mein Kind kümmerte. Wenn ich die nächste Geburt erst einmal überstanden hatte, würde ich ihre Hilfe hoffentlich nicht mehr benötigen.

Eine weitere, vertrautere Möglichkeit, mit meinen Ängsten fertig zu werden, war die Arbeit. Die Ankunft des neuen Kindes war ein natürlicher Termin, bis zu dem ich das Buch über das indische Theater geschrieben haben sollte, und ich sah zu, dass ich es abschloss. Obwohl ich es immer noch nicht über mich brachte zu singen, war ich ausgehungert nach Live-Musik und organisierte eine kleine Armee von Babysittern, damit ich mit Jay in Konzerte und Jazzclubs gehen konnte. Jay bekam von einem Londoner Theater den Auftrag, eine Oper über das Columbia Space Shuttle zu schreiben, das am 1. Februar 2003 beim Landeanflug auseinandergebrochen war. Die Besatzung hatte keine Chance gehabt, das Unglück zu überleben. Im Zentrum seiner Interpretation stand eine weibliche Astronautin, die von ihrem Sohn eine Glückwunschkarte bekommen hatte, auf der ein Engel vom Himmel fiel. Die Protagonistin erzählte von der Notwendigkeit, Risiken einzugehen und ein Kind zurückzulassen, das man braucht. Ich übernahm den Regieauftrag für die Aufführung und war in die Entstehung der Oper eingebunden, saß stundenlang mit Jay im Studio und tüftelte an Textstellen und der dramatischen Struktur. Es waren Tätigkeiten, die wir aus unserer Zeit vor den Kindern kannten, es war schön, sie wiederzubeleben.

Imogen war bei Tania gut aufgehoben, wir alle fühlten uns in dieser erweiterten Familie gut aufgehoben. Jetzt konnte ich nach positiven, praktischen Äußerungen meiner Liebe zu ihr suchen. Das Wiederaufleben meiner Regietätigkeit zeigte einen Weg, das Theater für Imogens Welt zu öffnen. Ich suchte den Kontakt zum Oxford Playhouse und sprach mit der Intendantin. Sie ließ sich davon überzeugen, Wohltätigkeitsveranstaltungen ins Programm aufzunehmen. Eine erste Maßnahme war, nach den diesjährigen Aufführungen des Weihnachtsmärchens für die Organisation zu sammeln, bei der ich meine Therapie gemacht hatte. Im Februar hatte ich mit Ellie vor dem Theater einen Pressetermin, bei dem wir einen überdimensionierten Scheck über zweitausend Pfund vor die Kamera hielten.

◆ ◆ ◆

Die Schwangerschaft veränderte meine Einstellung zu Immie und befreite mich zum Teil von der Trägheit, die mich bei ihren Besuchen befallen hatte. Ich ließ es zwar bei einem Tag pro Woche, aber ich wollte direkter mit ihrer Welt in Kontakt kommen. Tania nannte mir einen Verein, der Workshops für behinderte Kinder und ihre Eltern veranstaltete, ich buchte einen »Spaßtag«. Eine halbe Autostunde von der Stadt entfernt, inmitten üppiger Felder, lag auf dem Gelände des Vereins ein Spielplatz mit einer Schaukel, deren großer Plastiksitz Immies Körper stützte, mit einem nagelneuen Karussell, groß genug, um den Rollstuhl dort zu befestigen. Jay packte die Stange und schob, das Karussell drehte sich, Immie legte den Kopf zurück, und ihr Mund verzog sich zu ihrem Lächeln.

Im dazugehörigen Gebäude saßen schwerbehinderte Kinder und ihre Familien bei einer Tasse Kaffee zusammen. Einige Mädchen befanden sich mit ihren Müttern in einer Ecke, sie waren älter als Immie, aber offenbar genauso schwer beschädigt. Ich setzte mich zu ihnen. Das Gespräch drehte sich um Medikamente, sie diskutierten, welches Mittel am besten gegen das Erbrechen half, wie oft sie die Notfall-Dosis verabreichen mussten; es war eine Fachsimpelei, so wie sich andere eben über Fußball unterhalten. Aber es war nichts Aufgebauschtes daran, es war ein ganz normaler, entspannter Austausch mit etwas anderen Themen als Schule oder Lehrer oder Freundinnen. Ich allerdings hatte nicht genug mit meiner Tochter zu tun, um mitzureden, streichelte stattdessen Immies Wange und grinste dümmlich. Als ich Rachel und ihre Tochter in London besucht hatte, hatte ich mir vorstellen können, zu dieser Welt zu gehören. Aber ich hatte mich für eine unsichtbare Gemeinde entschieden – die Gemeinschaft der Mütter, die ihre Kinder abgeben. Sechzehn Prozent, hatte die mit meiner Mutter befreundete Kinderärztin gesagt. Eine hatte ich kennengelernt, eine, die es vor dreißig Jahren gewagt hatte. Wo waren all die anderen?

In der Turnhalle breiteten die Workshopleiter Fallschirmseide aus, Elinor und ich kannten sie von der Kleinkindbetreuung. Einige Erwachsene und nicht behinderte Geschwisterkinder hoben die Ecken hoch, die behinderten Kinder wurden auf Matten darunter gelegt und die bunte Kuppel sanft über ihnen bewegt. Ich lag neben Immie, hielt ihre Hand und fragte mich, ob sie etwas sah. Sie schien die Bewegung der Luft um sich herum zu spüren und die Stimmen zu hören. Irgendwo an der Seite standen Röhrenglocken, und als jemand diese anschlug, lächelte sie.

Eine der Mütter krabbelte auf allen vieren über ihre der Länge nach ausgestreckte Tochter, stützte sich auf einem Arm ab und legte mit der freien Hand eine gelähmte kleine Hand um ihren Hals, ließ sie los, um auch die andere Hand der Tochter heranzuholen, aber unterdessen plumpste die erste wieder auf die Matte. Mit der zweiten Hand wiederholte sich das Spiel, sie war nicht schnell genug, um sich beide gleichzeitig um den Hals zu legen. Sie wiederholte den Versuch noch etliche Male, stets ohne Erfolg. Dabei wollte sie doch nur geknuddelt werden.

Waren das die Familien, die laut MENCAP-Umfrage am Rande der Erschöpfung standen? Gaben sich die Frauen hier tapfer, und zu Hause sah alles anders aus?

Später kam ein Musiktherapeut mit Gitarre und Mikrofon. Ich war in meinem Element. Einige Familien saßen im Kreis, die Mütter hielten jeweils die behinderten Kinder im Schoß. Ich nahm Immie und setzte mich dazu, Jay mit Ellie ebenfalls.

Der Gitarrist ging von Kind zu Kind und sang. Er stellte sich vor Immie, improvisierte – »Imogen, I-mo-gen, liebe, liebe Imogen …« – und trieb mir die Tränen in die Augen, aber die Namensträgerin blieb völlig unberührt. Ihr Kopf hing auf der Brust. Man stellte ein Mikro vor uns, jemand ging zum Mischpult an der gegenüberliegenden Wand. Ich hatte nicht den Eindruck, als würde Immie die Chance nutzen und singen, aber Ellie stieg voll ein. Sie beugte sich vor und rief: »Immie!«, über die Lautsprecher verstärkt hallte das Wort durch den Raum, dann singsangte Ellie noch einmal: »Immie, wo bist du?«

Ich lehnte mich zurück, legte die Hand auf Immies Stirn und zog sie zu mir heran. Ihre Augen waren offen und leuchteten. Sie hörte den Ruf ihrer Schwester, vielleicht als käme er von weit weg über einen Hügel geweht. Ich spürte, wie sich die Muskeln in ihrem Rücken anspannten und ihre Lippen öffneten …

»Agh«, macht sie.

Ein Geräusch, ein Krächzen, tief aus der Kehle heraus. Sie streckt die Beine dabei, aber ihre Arme bleiben überraschend ruhig, das Kinn in die Höhe gereckt, als hätte sie das Bedürfnis, sich mitzuteilen.

»Agh.« Es ist kein Schreien, das einzige Geräusch, das sie bisher von sich gegeben hat. Nein, sie fühlt sich wohl, sie will sich äußern, das ist Immies Stimme.

»Immie«, singt Elinor.

»Agh«, antwortet Immie.

»Immie!«

»Agh.«

Sie lässt keine Pause nach Elinors Rufen, sie antwortet wirklich. Sie ist im Takt, in einem Viervierteltakt. Und sie moduliert ihre Stimme: Singt Ellie hoch, geht auch ihre Stimme hoch, singt Ellie tiefer, geht ihre Stimme runter. Manchmal trifft sie genau den Ton.

Als Ellie aussteigt, übernimmt der Musiker am Mischpult, spielt die aufgezeichneten Rufe ab: »Immie – Agh – wo bist du? – Agh – Immie.« Die überlagerten Stimmen der Schwestern sind die Orchestereinspielung, während Immie ihr Solo live singt.

♦ ♦ ♦

Der Prozess um die Entschädigung nahm seinen Lauf. Unsere Rechtsanwälte hatten endlich die Berichte vom JR erhalten und suchten jetzt nach Gutachtern. Die Gerichtskostenbeihilfe spuckte fünfstellige Beträge aus, um das zu finanzieren. Die eine Expertin sparte nicht mit Kritik am Verhalten der Hebammen in der Nacht von Immies Geburt, ihr Urteil gipfelte in der Aussage, die Arbeit der Hebammen habe den beruflichen Mindestanforderungen nicht mal entfernt entsprochen. Der Experte für Geburtshilfe hatte eine schwierigere Aufgabe. Er musste beurteilen, ob Immies Gehirn durch Fahrlässigkeit Schaden genommen hatte. Sein hypothetisches Best-Case-Szenario kam zu dem Schluss, wenn ich in einem Rettungswagen ins JR gefahren worden wäre, hätte sie mit einem Kaiserschnitt fünf bis zehn Minuten früher auf die Welt geholt werden können. Es wäre schwierig geworden zu beweisen, dass just diese Minuten zum Untergang ihrer Großhirnrinde geführt hatten.

Ich hätte es trotzdem versuchen können, der Prozess war nicht aussichtslos. Man hätte einen anderen Gutachter beauftragen können, der vielleicht mit günstigeren Zeitangaben operiert hätte. Ich musste mich ja nicht mehr rund um die Uhr um das kranke Kind kümmern, ich hätte die Zeit und die Energie gehabt, die juristische Schlammschlacht für Imogen durchzufechten und Millionen Pfund vom National Health Service herauszuschlagen. Aber würde die Entschädigung ihre Situation verbessern?

Die öffentliche Hand bezahlte bereits riesige Summen für ihre Betreuung, ohne von den Gerichten dazu gezwungen zu werden. Nach der Billig-Geburt bekam sie jetzt eine Luxus-Behandlung. Die spezielle Ausstattung, die Medikamente und die Pflegeunterbringung kosteten gut und gern über 30 000 Pfund jährlich. Zahllose Spezialisten befassen sich mit ihr, von dem Ernährungsfachmann, dem Neurologen, dem orthopädischen Chirurgen und anderen Ärzten über Spezialisten, die ein Auge auf ihre Inkontinenz haben und die schlechten Zähne behandeln (die unter den Medikamenten und ihrer Magensäure leiden), ihre Verdauung unterstützen, ihr eingeschränktes Sehvermögen, ihre unzuverlässige Atmung … und so weiter. Sie bekommt Besuch von der Krankengymnastin, der Beschäftigungstherapeutin, Rollstuhlfachleuten, alle möglichen Bildungsexperten, Krankenschwestern und Sozialarbeiterinnen.

Am wichtigsten aber ist Tania. Sie hält die Verbindung zu den ganzen Experten und weiß besser als sie, was Immie braucht. Es wäre keine Verbesserung, sie in die Obhut von teuren Spezialisten zu geben. Imogen kann nicht kommunizieren, deswegen ist es besser, sie bleibt bei einer Person, die sie gut kennt und intuitiv erfasst, was das Beste für sie ist. Dass der Social Service jemanden gefunden hat, der so viel Humor, Handfestigkeit und Intelligenz mitbringt wie Tania, grenzt wirklich an ein Wunder.

Wie konnte ich befürchten, dass Immie in einer Pflegefamilie misshandelt würde? Es ist nicht nur so, dass ich Tania von Anfang an restlos vertraute. Inzwischen weiß ich, wie streng sie kontrolliert wird. Die zuständige Frau vom Social Service besucht sie Minimum einmal pro Monat, Immies Sozialarbeiterin sieht einmal im Vierteljahr vorbei, und alle zwölf Monate kommt eine unangemeldete Kontrolle. Das Haus wird unter die Lupe genommen: Ist alles sauber und ordentlich? Gibt es giftige Pflanzen? Gefährliche Gegenstände? Tania muss ein Tagebuch über Imogens Gesundheit führen, alle Unfälle und außergewöhnliche Vorfälle sofort beim Social Service melden.

Im Gegenzug erhält Tania aber auch alle Unterstützung, die sie braucht. Als Imogen zu ihr kam, bezahlte die Kommunalverwaltung für drei Abende und einen Morgen die Woche zusätzliche Hilfskräfte. Das war nicht so viel, aber immer noch mehr als das Doppelte, auf das ich als ihre leibliche Mutter Anspruch gehabt hätte. Da Tania alleinerziehend war und staatliche Unterstützung bezog, konnten sie ihre Bedürftigkeit nicht abweisen. Waren Pflegeeltern knapp (was oft vorkam), wurde sie bevorzugt behandelt. Hätte sie mehr Hilfe verlangt, hätte man sie ihr gewähren müssen. Der Social Service weiß ganz genau, dass die Unterbringung in Pflegefamilien nicht zusammenbrechen darf.

Das Fostering and Adoption Panel hat sich den Fall angesehen und entschieden, dass Imogen bei Tania bleiben darf. Ich dachte zwischendurch daran, Tania solle Imogen adoptieren, damit Immie langfristig versorgt wäre. Inzwischen war es eine eher theoretische Frage für mich, ob Tania die Adoptiv- oder die Pflegemutter war – es ging längst nicht mehr darum, dass ich mein Baby ganz abgeben musste, sondern welches Arrangement für uns alle am besten funktionierte. Aber dann begriff ich, dass nur der Pflegestatus die staatlichen Hilfen sicherte; als Adoptivmutter hätte sie auch nicht mehr bekommen als ich. Es wäre der schiere Wahnsinn gewesen, wenn Tania Immie adoptiert hätte.

Lange Zeit konnte ich mein Glück kaum fassen. Immer wieder bedankte ich mich bei Tania – wenn wir telefonierten, wenn ich Immie donnerstags wieder bei ihr ablieferte. Danke schön, danke schön. Aber sie guckte kritisch und sagte nicht mal etwas wie »kein Problem« oder »ist schon okay«. Sie mochte es nicht, das war nicht zu übersehen. Vielleicht dachte sie, dass sie es ja nicht für mich, sondern für Immie tat – normalerweise kommen Kinder in eine Pflegefamilie, deren Mütter sich gar nicht um sie kümmern. Aber ich wollte ihr vermitteln, dass sie eine ganze Familie gerettet hatte.

♦ ♦ ♦

Im Mai kam Jays Oper in London auf die Bühne, bunt und kompromisslos wie unsere früheren Produktionen. Am selben Wochenende fand im Oxford Playhouse auf mein Betreiben hin eine große Wohltätigkeitsveranstaltung zugunsten des Helen House statt, dem hiesigen Kinderhospiz. Das kannte ich noch aus meiner Schulzeit, denn in den 1980er-Jahren war die charismatische Gründerin zu uns in die Klasse gekommen und hatte über ihre Arbeit geredet: dass sie einen Ort für Kinder mit einer verkürzten Lebenserwartung geschaffen habe, an dem sie eine schöne Zeit verbringen könnten, bewundert würden und an dem ihre Familien Atem schöpfen könnten. Als Stiftung erhielt das Hospiz keinerlei staatliche Gelder. Damals spendete ich alle Einnahmen aus dem Schulfest den kranken Kindern von Schwester Frances.

Das Hospiz ist der einzige Ort, der Tania Urlaub ermöglicht, vierzehn Nächte pro Jahr, die sie sich selbst einteilen kann. Als ich nach Immies Diagnose nach Hilfe suchte, merkte ich bald, dass die kommunalen Hilfszentren (deren Zahl jüngst drastisch reduziert wurde) Familien erst dann unterstützen, sobald das behinderte Kind sieben Jahre alt ist. Und schwere Fälle wie Imogen werden oft gar nicht aufgenommen, weil das Personal dort nicht dafür ausgebildet ist, sie zu betreuen. Erkrankt ein Kind wie Imogen in einer Betreuungseinrichtung (auch in einer von denen, die es rund um die Uhr nehmen), muss es nach Hause geschickt werden. Im Hospiz hingegen bekommen sie wirklich die Pflege, die sie benötigen.

Helen House liegt versteckt in einer Seitenstraße zu einer der verkehrsreichsten, schäbigsten Straßen von Oxford. Gemüse und Obst stehen vor den Lebensmittelgeschäften zum Verkauf, Fahrradhändler und Cafés nutzen die Straße mit. Busse fahren von einer überfüllten Haltestelle zur nächsten, streiten sich mit Radfahrern, Autos und Fußgängern, die zwielichtigen Geschäften nachgehen, um den Straßenraum. Taxis heizen am Hospiz vorbei, um eine Abkürzung zum nächsten Auftrag zu nehmen. Aber hinter der hellroten Eingangstür und dem Palisadenzaun ist es still und freundlich. Innenhöfe sorgen in den Korridoren für Sonnenschein, die Böden sind mit meerblauem Teppichboden ausgelegt, die Notausgänge von stattlichen schwarzen und weißen Schaukelpferdchen bewacht. Es riecht wie in Mutters Küche, und in der Spiele-Ecke liegen mehr Barbie-Puppen, als Ellie je in ihrem Leben gesehen hat. Die Schlafzimmer sind nach Bäumen benannt, und der Vorname des aktuellen Bewohners steht in großen, bunten Lettern auf einer Tafel an der Tür.

Bei ihren Aufenthalten im Helen House wird Immie nach Strich und Faden verwöhnt. Ihre Fingernägel werden nach allen Regeln der Kunst gefeilt und lackiert, die Haare werden gewaschen und mit glitzernden Bändern geflochten und hochgesteckt. Sie darf ein oder zwei Mal im Pool planschen, lümmelt auf dem Rasen oder im Sensory Room (in dem sie zum Hören, Fühlen, Riechen, Schauen animiert wird) und nimmt so oft wie möglich an der Musiktherapie teil. Und sie wird ganz oft geknuddelt (was in den kommunalen Zentren absolut tabu ist). Ärzte und Krankenschwestern stehen rund um die Uhr zur Verfügung, gesundheitlichen Problemen wird viel Aufmerksamkeit geschenkt, und auch wenn Imogen nicht dort untergebracht ist, kann Tania doch das ganze Jahr rund um die Uhr Rat einholen. Wenn Imogen im Krankenhaus war oder plötzlich schwer erkrankt, gibt es immer ein Bett für sie.

Es gibt dort auch ein Zimmer, in dem sie sterben kann. Als ich das Haus zum ersten Mal besichtigte, hieß es, ich müsse es mir nicht ansehen, aber ich wollte es, wollte den Frieden dort und den Geist all der Kinder spüren, die da gestorben waren. Helen House betreut und berät auch die Hinterbliebenen, ich habe den Kaplan kennengelernt, er ist freundlich und teilnahmsvoll wie alle Mitarbeiter. Aber noch ist der Gedanke an Imogens Tod weniger wichtig als der Spaß, den wir alle hier haben können. Als ich von dieser Philosophie erfuhr – das Hospiz als Ort, der Kindern mit einer verkürzten Lebenserwartung Lebensqualität bietet –, empfand ich ihn als eine Art Wasserscheide. Hier erst begriff ich, dass die Erwartung, ja fast Hoffnung, dass Imogen früh sterben würde, nicht heißen musste, dass ihr Leben ein freudloses sein würde.

Daher also ein Fund-Raising mit einer Comedy und Musik unter dem Titel »Kindische Sachen«. Mein Bruder ist Schauspieler, wollte etwas für seine Nichte tun, und er schaffte es, seine berühmten Freunde zu einem Auftritt in Oxford zu überreden. Das Haus war ausverkauft – wir hätten die vierfache

Menge an Karten verkaufen können –, und es kamen über vierzigtausend Pfund zusammen. Helen House wird die Benefizveranstaltung jedes Jahr wiederholen, immer mehr Öffentlichkeit erreichen, Geld und viele Lacher.

♦ ♦ ♦

Freitag, 18. Juni 2004. Am Tag vor Immies zweitem Geburtstag wurde ich ins JR eingeliefert, im achten Monat schwanger. Eine kleine Blutung veranlasste den Geburtshelfer, mich dazubehalten, damit ich bis zur Geburt laufend überwacht werden könnte. Er brachte mich in die Station und sagte den Hebammen: »Das ist unsere VIP-Patientin.«

Die Frau, die mich zu meinem Einzelzimmer führte, hatte als Vertreterin der Hebammen an dem Meeting für die interne Untersuchung teilgenommen. Ich fragte nicht, warum sie den Posten aufgegeben hatte und wieder als einfache Krankenschwester arbeitete. Sie erkundigte sich nach Imogen, und ich gab meine übliche Antwort: »Es geht ihr so gut, wie es ihr unter den gegebenen Umständen gehen kann, sie wird sehr gut betreut.«

Mein Zimmer war ein Stockwerk tiefer als bei Immies Geburt. Ich lag im Bett und dachte an das Elend über mir – im siebten, dem tragischen Stockwerk.

»Gut, dass Sie diesen Monat hier sind«, sagte der Geburtshelfer, als er wieder zu mir kam, »die Station wird mit Beginn der Ferien geschlossen.«

»Warum?«

»Weil die Hebammen aus Kostengründen mit Zeitverträgen eingestellt werden und alle ihren Urlaub gleichzeitig nehmen.«

»Und die Patienten?«

»Die müssen im Juli und August zu den normalen Patienten in der offenen Station eins tiefer.«

Also in den fünften Stock. Auf den hatte sich Virginia Nicholas bezogen, wenn sie damit prahlte, »ihre« Babys seien besser dran.

»Jetzt bin ich also hier, und was soll ich Ihrer Meinung nach tun?«

»Ich fürchte, Sie können gar nichts tun. Aber wenn wir Sie hier haben, können wir im Notfall schnell reagieren. Falls Sie wieder Blutungen bekommen sollten, wären Sie binnen fünf Minuten im OP.«

»Und die Symptome?«

»Sie wissen, wie es sich beim letzten Mal angefühlt hat; geben Sie sofort Bescheid, wenn sich etwas Vergleichbares anbahnt. Manche Frauen mit wiederholten Blutungen vor der Geburt haben überhaupt keine Symptome.«

Gegen diese Schwangerschaft waren Reisen in ferne Länder, halsbrecherische Autofahrten und Kamikaze-Fahrradtouren ein Klacks. Für dieses Baby habe ich das größte Risiko überhaupt getragen. Während es heranwuchs, mich trat und sich im Bauch drehte, belastete mich der Gedanke immer stärker, dass ich dem Leben in mir dieses Risiko zumutete. In den letzten sieben Wochen der Schwangerschaft ging ich jeden Dienstag in die Klinik, stellte mich mit Diabetikerinnen und rotgesichtigen Bluthochdruckpatientinnen an, um meine Urinprobe abzugeben. Es müssen Hunderte dicke, ängstliche Mamas gewesen sein, die stundenlang in dem Wartezimmer saßen, in dem ich vor einiger Zeit auf den Termin mit Virginia Nicholas gewartet hatte. Manche der schwangeren Kolleginnen strickten oder häkelten gelassen, wir waren alle ein bisschen besoffen von dem überschießenden Östrogen, ich schnappte mir meistens eine Zeitschrift und versteckte mich dahinter.

Ich war mit der Krankenhausmaschinerie wieder versöhnt, wartete mit aller Geduld der Welt, bis ich sämtliche Untersuchungen vom Blutdruckmessen bis zum Ultraschall hinter mir hatte. Sorgen, dass zu häufige Ultraschalls dem Baby schaden mochten, konnte ich mir nicht leisten. Ich wurde gut versorgt, und wenn es noch so lang dauerte, ging ich dann ruhiger nach Hause und konnte den Rest der Woche mit weniger Panikattacken durchstehen. Das Auto parkte ich immer so nah wie möglich beim Haus, in Richtung Krankenhaus, damit wir jederzeit losdüsen konnten.

Man bot mir an, die Wehen in der siebenunddreißigsten Woche einzuleiten, eine Woche, bevor beim letzten Mal die Plazentalösung aufgetreten war. Es war sicherer, wenn das Baby früh kam. Aber ich konnte mich nicht dazu durchringen, noch einmal Wehen zu haben. Nicht wegen des Schmerzes, sondern aus Angst um das Kind. Lieber wollte ich es den Ärzten überlassen als meinem unzuverlässigen Körper, wenn schon, denn schon, dachte ich mir und entschloss mich zu einem Kaiserschnitt. Da gab ich die ganze Kontrolle ab, wurde zur passiven Patientin. Taktisch gesehen war ich damit fein heraus. Wenn irgendetwas schieflief, trugen die offiziellen Stellen die Verantwortung.

◆ ◆ ◆

Donnerstag, 1. Juli. Der Morgen der Operation kam, klar und still. Es war zum Glück nicht mehr der Monat, in dem Immie geboren wurde. Irgendwie bedauerte ich, dass die Schwangerschaft zu Ende war; vielleicht hatte ich auch nur Angst vor der OP. Jay kam sehr früh, und ich posierte nackt bis auf die weißen Kompressionsstrümpfe für die Kamera, ein letztes Foto von meinem schwangeren Ich. Wir hatten uns gegen Musik während der Geburt entschieden, die hatten wir auch bei Ellie oder Immie nicht gehabt. Aber wir hatten nicht gewusst, wie leise es während der langwierigen Vorbereitungen zugehen konnte. Als der Anästhesist meinte, die Stille mache ihn nervös, sagte ich, er solle ruhig das Radio einschalten. Als die Chirurgin mit ihrem Team eintraf, bat ich wieder um Stille, ich wollte hören, wie das Baby kam. Blaue OP-Kleidung, verchromte Maschinen, wohin das Auge blickte – das richtige Science-Fiction-Ambiente für eine Geburt im einundzwanzigsten Jahrhundert. Und ein Geräusch – es kam von dem Gerät, dass die Körperflüssigkeit von der Schnittstelle absaugte – verhinderte immerhin, dass ich hörte, wie sie mich aufschnitten.

Dann sah ich, wie das Baby – ein Mädchen – stumm über den Kasperletheatervorhang gereicht wurde, der mir den Blick auf meinen Unterleib verwehrte. Der Kinderarzt am Reanimationstisch hinter mir hatte sie in Empfang genommen. Warum? Was war schiefgegangen? Und dann die Stimme – Gott sei Dank, mein Kind quäkte, oder vielmehr es gackerte wie eine Henne. Mit dem Gesicht nach unten lag sie schließlich auf der Haut zwischen meinen Brüsten. Ich spürte ihren ungewaschenen Haarschopf, ihre Ärmchen und Beinchen bewegten sich auf mir. Offenbar wollte sie sich wieder eingraben, armes Mädchen. Und ich weinte. Natürlich weinte ich, trotz der ganzen Psychopharmaka, die sie in mich hineingepumpt hatten. Ich drehte mich zu Jay und stöhnte: »Das hätte Immie gebraucht.«

♦ ♦ ♦

Wie es dazu kam, weiß ich nicht mehr, aber plötzlich war mein Baby auf dem Weg zurück zur Station verschwunden.

»Wir mussten sie in die Perinatalstation bringen«, erklärte die Hebamme, »zur Beobachtung. Ihr Mann ist dabei.«

»Warum?«

»Es kann sein, dass sie nicht richtig atmet. Haben Sie schon einen Namen für sie ausgesucht?«

»Beatrice.«

»Geht es Ihnen gut?«

»Ich bin allein«, und ich weinte wieder. Es war diese fürchterliche Leere wie nach Immies Geburt, diesmal mit Tränen. Diesmal würde es mir das Herz brechen, todsicher. Die Hebamme suchte nach meiner Akte. Irgendjemand kam herein und fragte, ob ich ein Foto von Baby Beatrice sehen wolle? Ich schüttelte den Kopf. Es erschien mir genauso tot wie der Anblick meiner schrecklich dicken weißen Beine, die vor mir im Bett lagen.

Und dann kam ein Doktor um die Ecke zu mir. Durch meinen Morphiumnebel dauerte es einen Augenblick, bis ich das vertraute, lächelnde Gesicht zuordnen konnte. Kann das sein? Mein Magen krampfte sich zusammen: Immies Kinderärztin von der Perinatalstation.

»Wie lange muss sie bei Ihnen bleiben?«, fragte ich schwach.

»Ich fürchte, die Antwort weiß nur Beatrice«, und weg war sie, zurück in ihre Babyfabrik.

Jay kam zurück, hielt meine Hand und sagte, wir könnten nichts tun, nur warten. Sie hing am Tropf, lag im Brutkasten … ach ja, und meine Mutter hätte angerufen. Ellie wolle das neue Baby sehen. Ich hatte es ihr versprochen.

Als Ellie eintraf, setzte mich Jay in einen Rollstuhl, und sie ging nebenher, ernst und beschützerisch, während wir uns auf den Weg in die Perinatalstation machten. Dieselbe Tür, dieselbe Etikette, das alte Waschritual – alles wie zwei Jahre zuvor. Wir kamen um die Ecke in den flurähnlichen Raum der Station, unser Brutkasten stand an exakt derselben Stelle wie Imogens. Die Schwester holte ihre Schutzbefohlene heraus, eng in eine Decke gewickelt, die linke Hand verstochen und geschient, legte sie mir Beatrice in den Schoß.

Langsam hob ich das Bündel hoch und drehte das kleine Gesicht zum Licht hin. Ich zog die Falten der Decke auseinander und betrachtete ihre Haut. Diese Zerbrechlichkeit.

Der kalte Luftzug passt ihr nicht, sie öffnet langsam die Augen, erst eins und dann das andere, und schielt mich an. Es ist ein mürrischer Blick, der sagt: »Was willst du denn, lass mir meine Ruhe!« Und da fange ich an zu singen, das erste Mal seit so langer Zeit. Zärtlich und wie von selbst strömt das Lied aus mir heraus: »Twinkle, twinkle, little star … Funkel, funkel, kleiner Stern …«

NACHWORT

Ostern 2007. Wir heiraten nun doch. Nach so vielen Jahren, in denen wir für eine Hochzeit zu sehr auf Unabhängigkeit bedacht, zu beschäftigt oder zu belastet waren, heirate ich ganz traditionell: Ich werde am Arm meines Mannes den Mittelgang in unserer Kirche durchschreiten, unsere drei kleinen Mädchen dicht hinter uns. Ellie hat die Kleidchen der Brautjungfern ausgesucht, ärmellos mit ausgestelltem Rock, taubenblau und mit paillettenbesticktem Oberteil. Ich habe keine Ahnung, was ich anziehen soll, Jay auch nicht, aber wir wollen anschließend mit dem Schiff die Themse hinunter zu unserer Party fahren. Auf die Einladung soll ein Bild von unseren drei Mädchen.

Immie ist inzwischen seit vier Jahren bei ihrer Pflegemutter. Wir holen sie immer noch alle paar Wochen zu uns, oft am Freitag, wenn ich mit der zweijährigen Beatrice zu Hause bin. Tania bringt sie bis an die Tür, sie thront in ihrem Rollstuhl, der Oberkörper vom Formschaum gestützt. Ihr Haar ist mit lila Spangen gebändigt, sie trägt ein gerüschtes Blüschen, das ihr Tania in Disneyland gekauft hat (nicht mal Langstreckenflüge können sie schrecken). Beatrice und Ellie sind begeistert, dass sie auch so eine Bluse bekommen haben.

Ich bin immer wieder von Imogens Schönheit überrascht, vielleicht ist das so, weil keine schwierigen Gedanken ihre Züge verzerren. Tania sagt, Schönheit sei ein echter Vorteil, wenn man ein Leben in totaler Abhängigkeit führe. Bestimmt wird sie deswegen von den ganzen Spezialisten besonders gut behandelt. Und Fremde erschrecken nicht so leicht vor ihr. Wir vergessen oft, wie einschüchternd eine Behinderung auf Menschen wirkt, die damit keine Erfahrung haben.

Als ich Imogen aufs Sofa lege, klettert Beatrice auf sie drauf. »Meine Schwester!«, ruft sie, Erste in einem Wettbewerb, bei dem sie keine Konkurrenten hat. Sie schlingt die Arme um Immie und küsst sie ab. »Meine kleine große Schwester«, sagt sie.

Ellie steht abseits. Ist sie nur eine verträumte Siebenjährige, oder hat sie Kummer? Oft frage ich mich, ob das Trauma, das wir in Immies ersten Monaten durchgemacht haben, seine Spuren bei Ellie hinterlassen hat. Sie sagt, sie kann sich an nichts erinnern, nicht einmal an die Schreierei. Sie hat früher behauptet, sie wolle niemals Kinder haben, wahrscheinlich – nehme ich an –, weil sie einen »schlimmen Unfall« befürchtete. Doch seit Beatrice da ist, hat sie ihre Meinung geändert, jetzt will sie acht Kinder. Vielleicht bedeutet das, dass sich die Nachwehen von Immies Geburt bei ihr gesetzt haben, dass sie sie so akzeptieren kann, wie sie ist. Von der Immie, die wir erwartet haben, haben wir uns alle verabschieden müssen. Bis auf Beatrice natürlich, die ja erst nach ihr geboren wurde.

»Lach doch! Lach doch!«, bettelt Bea. Jay nimmt Imogen in den Schoß und kitzelt sie durch. Immie wird locker wie eine Stoffpuppe, fängt an zu lächeln und bricht dann in lautes Lachen aus. Es ist unregelmäßig, kehlig, es klingt richtig dreckig. Wir könnten uns alle darüber schlapp lachen.

Wir bringen Immie ins Helen House, sie soll übers Wochenende dort bleiben. Es ist nicht weit von uns. Vielleicht können wir dort das Foto für die Einladung zur Hochzeit aufnehmen. Jay begleitet Ellie auf ihrem Roller. Beatrice quetscht sich zwischen mich und den Rollstuhl, reckt sich, um die Griffe zu erreichen und mitzuschieben. Ich bin stolz, dass das abhängige Geschwisterchen solche Beschützerinstinkte in meiner Jüngsten weckt, genauso wie in Elinor. Ein paar Jugendliche vor einem Pub starren uns an.

»Cooler Buggy!«, ruft uns einer zu, und ich muss grinsen.

Wir sind keine Bilderbuchfamilie, denke ich. Wir sind nicht perfekt, sondern deformiert. So ist das Leben. Ich bin stolz auf meine behinderte Tochter. Ihre vollkommene Abhängigkeit, ihre absolute Unfähigkeit ruft der Welt zu: Sind wir nicht alle so? Wir sind allesamt gebrechlich. Unter unserer äußeren Schale macht das uns erst zu Menschen!

Aber die Straße ist eng. Zehn Schritte weiter haben ein paar Autos auf dem Bürgersteig geparkt, ich muss den Rollstuhl mitten in der Fahrbahn schieben, er hoppelt über die Schwellen, die den Verkehr herunterbremsen sollen, und schützt die gesunden Kinder hinter mir. Die Fahrerin eines Vans hupt empört, was erwartet die Frau? Der Bürgersteig ist blockiert. Sie ist stark, kann sie nicht ein bisschen Platz machen für ein behindertes Kind? Sie hupt wieder. »Fuck!«, schimpfe ich und denke daran, dass meine gesunden Kinder lernen müssen, in dieser Welt für sich selbst zu kämpfen.

Wir nähern uns Helen House von der Gartenseite. Die Sonne scheint, die Vögel zwitschern, die Staudenrabatten makellos gestutzt – an diesem Ort herrscht liebevolle Aufmerksamkeit, auch wenn sich der Rest der Welt darum einen Teufel schert. Für dieses Wochenende ist Immie im Zimmer »Linde« untergebracht, und die Betreuerin hat riesige Ostereier für Ellie und Bea. Sie nimmt Immie bei der Hand und erzählt mir, sie sei verkrampfter als sonst: Die Faust lässt sich nicht öffnen. Vielleicht sollten wir die Dosis des Muskelrelaxants erhöhen. Das kann die Ärztin im Haus sicher beurteilen, ich nicht. Bis dahin schiebt die Schwester ihr Gaze unter die Finger, damit sie sich nicht mit den Fingernägeln verletzt.

Je älter Imogen wird, desto mehr Probleme werden auftreten. Sie ist jetzt fast fünf Jahre alt und braucht über ein Dutzend verschiedene Medikamente, die meisten zweimal am Tag: Medikamente gegen die Epilepsie, gegen das Sabbern, gegen das Erbrechen, für den Stuhlgang und zum Einschlafen.

Ich muss sie ihr nicht geben, aber als Sorgeberechtigte muss ich natürlich immer meine Zustimmung erteilen, Formulare unterschreiben und mir anhören, welche Risiken bestehen. Mit drei konnte sie nicht mehr saugen, der Ernährungsspezialist hatte also recht behalten. Zwei Gastrostomien folgten, mit den nötigen chirurgischen Eingriffen und allen möglichen scheußlichen Nebenwirkungen. Jetzt funktioniert es, Medikamente und Nahrung werden ihr direkt in den Magen gepumpt. Vor einem Jahr machte sich der Orthopäde um ihre Hüften Sorgen, die spastischen Arme und Beine belasten die Gelenke ständig. Sie hat ein Schlafsystem, ein Brett mit vorgeformten Mulden für die Gliedmaßen, in denen sie fixiert werden. Tagsüber massiert Tania sie ständig, um die Muskeln zu entspannen und ihren wachsenden Körper vor der totalen Deformation zu bewahren. Letztes Jahr hatte sie eine kleinere Operation, bei der die Oberschenkelmuskulatur kaltgestellt wurde, damit sie den Oberschenkelknochen nicht aus dem Becken reißt. Aber jetzt sagt der Spezialist, vier große Operationen wären notwendig, wenn ihre Epilepsie eine Vollnarkose zulässt … O Gott, es ist unerträglich. Ich versuche, es nicht an mich heranzulassen; hätte ich nicht die juristische Verantwortung, würde ich es Tania überantworten. Sie bleibt ruhig und weiß genau, was für Immie gut ist.

Das ist einer der praktischen Gründe, warum Tania das Sorgerecht bekommen sollte. Wenn ich Jay heirate, bekommt er es automatisch, aber Tania brauchte es am dringendsten. Sonst muss sie mich weiterhin ständig um meine Erlaubnis bitten. Mit dem neuen Adoptionsgesetz 2004 sollte es kein Problem mehr sein, es gibt eine Sonderregelung, die uns allen dreien das Sorgerecht erteilt. Allerdings hängt die Entscheidung auch davon ab, dass ihr die Kommunalverwaltung die Zuwendungen für die Pflegetätigkeit nicht kappt. Die neue Regelung gäbe Immie Sicherheit und Tania die Möglichkeit, die großen Entscheidungen über Immies Zukunft selbst zu fällen. Dann hätte unsere Tochter drei Eltern – eine offiziell anerkannte erweiterte Familie.

Ich möchte den Kontakt halten, ich will, dass Imogen so viel wie möglich von ihrer Geburtsfamilie bekommt. Aber zu Hause ist sie bei Tania. Vor einiger Zeit steckte der Bericht des Neurologen im Briefkasten – wenn Tania den Raum verließe, fremdele Immie. Der Arzt sagte also, dass Tania Immies einzige Bezugsperson ist. Das wird auch so sein, denn wenn ich sie zu Tania zurückbringe, habe ich oft das Gefühl, dass sie ruhiger und zufriedener wird. Seit einigen Jahren pfeift ihr Tania eine bestimmte Melodie vor, die aus drei Noten besteht und auf »I-mo-gen« passt – zwei hohe und zum Schluss ein tieferer Ton. Wenn Immie die hört, lehnt sie sich zurück, kickt die Füße in die Luft und lächelt. Tania lacht und wiederholt die Melodie, und Immies Mund öffnet sich noch mehr vor Freude.

Ich bin nicht eifersüchtig. Mir würden diese kleinen Dinge nie genügen, ich würde mir immer noch mehr wünschen. Die emotionale Bindung an Imogen, solange sie in meinem Bauch war, trug nach ihrer Geburt keine Früchte, und dieser Verlust hindert mich daran, für sie sorgen zu können. Das sage ich den Menschen, die wissen wollen, warum ich sie abgegeben habe. Ich kann keine sinnvolle Beziehung zu meiner Tochter aufbauen, erkläre ich, deswegen kann ich mich nicht um sie kümmern.

Die Bindung wird immer lockerer. Seit einigen Monaten sage ich, Immie gehe heim, wenn wir sie zu Tania zurückbringen. Manchmal sehe ich mich überhaupt nicht mehr als Immies Mutter, eher als eine Tante oder eine noch entferntere Verwandte. Ich könnte ebenso gut eine Art Leihmutter sein, die Tanias Kind ausgetragen hat.

♦ ♦ ♦

Ellie ruft: »Komm mal her – wir haben einen Schneebaum! Wir haben einen Schneebaum gefunden!« Ich laufe über die Wiese hinter dem Hospiz und sehe gerade noch, wie Bea das letzte Kleidungsstück auszieht. Sie steht nackt auf einem weißen Teppich unter einem blühenden Kirschbaum. Die Blütenblätter wirbeln im Wind um sie herum, es sieht wirklich wie ein kleiner Schneesturm aus. Jetzt grabscht sie die Blütenblätter vom Boden und reibt sich den Bauch damit ein, vielleicht gefällt ihr der Geruch.

Ich zeige Ellie, wie man einen Schneeengel macht, lege mich auf den Rücken und bewege die Arme auf und ab und die Beine seitwärts. Sie legt sich neben mich, und wir schieben beide die Blütenblätter zusammen, schaffen die Schatten von Flügeln und Rock im Weiß. Vorsichtig stehen wir auf und betrachten unser Werk: Da liegen sie, Seite an Seite, unsere Engel-Ichs.

Wo ist Immie? Wir müssen sie holen und ein Foto machen. Die Blütenblätter in unseren Haaren sehen aus wie Konfetti. Da kommt sie ja, Jay trägt sie durch den Garten zu uns.

DANKSAGUNG

Ich möchte allen, die in diesem Buch vorkommen, danken: dafür, dass sie es möglich gemacht haben. Es gibt viele andere, die zwar nicht erwähnt werden, aber einen großen Betrag geleistet haben: besonderer Dank an J und Esther, Lizzie und Penny, Annie und Gitte, Rob und Jenny.

Von allen Beteiligten aus der Verlagswelt schulde ich meiner Agentin Victoria Hobbs bei A.M. Heath großen Dank, und auch Sara Fischer, die sie während ihres Babyurlaubs vertreten hat. Ihr beide wart unübertrefflich in eurer Unterstützung und eurer Effizienz. Dank auch an Anya Serota bei John Murray, die mich auf diese Reise schickte, und an Eleanor Birne und Helen Hawksfield, die mich so gewandt an ihr Ende führten.

Schließlich geht ein großer Dank an Lisa, die immer an das Buch geglaubt hat, und an Jay, der immer da war.

Autorin und der Originalverlag John Murray danken für folgende Abdruckgenehmigungen. Auszüge aus: *You're* von Sylvia Plath (Sylvia Plath Collected Poems, Faber & Faber Ltd the Estate of Sylvia Plath (1981); Baby, *I Love You*, Text und Musik von Ronnie Shannon (1967), Fourteenth Hour Music Corp/Pundit Music Inc, USA, reproduced by permission of EMI Songs Ltd, London WC2HOQP.

Hinsehen und die kleinen Wunder erkennen – Melanies Motto für ihr Leben mit den behinderten Töchtern

Melanie Ahrens
GLÜCK,
ICH SEHE DICH ANDERS
Mit behinderten Kindern leben
Erfahrungen
288 Seiten
ISBN 978-3-404-61599-5

Melanie und Rolf lernen sich mit Anfang 20 kennen. Ihr Traum ist es, zu heiraten und Kinder zu haben. Als kurz nach der Hochzeit Louise geboren wird, scheint ihr Glück vollkommen. Doch die Freude über die Tochter schlägt in Verzweiflung um: Louise leidet am Down-Syndrom – und ein behindertes Kind passt nicht in die heile Welt des jungen Paares. Doch Louise erobert die Herzen ihrer Eltern! Melanie und Rolf wollen sie nicht mehr hergeben. Und dann wird Melanie erneut schwanger. Sie hofft auf ein gesundes Geschwisterchen für Louise ...